国家社会科学基金 2010 年度项目

新型工业化道路省级区域实现模式与机制研究

涂文明 著

科学出版社
北京

内 容 简 介

本书以区域空间工业化水平的差距本质上表现为省级区域工业化发展方式的差异为基点，将省级行政区作为研究工业化区域实现的基本单元，在系统阐释工业化区域实现、工业化省级区域实现理论后，运用定性与定量相结合的方法对我国内地31个省级行政区工业化水平作一般性和整体性考察。本书重新厘清了新型工业化道路省级区域实现的目标与定位，设计了新型工业化道路省级区域实现模式与机制的框架，提出了政府职能改革、省区协调与政策支持构建的重点领域。

本书研究视角新颖、论证逻辑严密、体系完备、结论可靠，适合从事工业化理论的学者和政府部门政策制定者参阅。

图书在版编目(CIP)数据

新型工业化道路省级区域实现模式与机制研究 / 涂文明著.
—北京：科学出版社，2017.10
ISBN 978-7-03-054794-1

Ⅰ.①新… Ⅱ.①涂… Ⅲ.①工业化-研究-中国 Ⅳ.①F424

中国版本图书馆 CIP 数据核字 (2017) 第 248541 号

责任编辑：张　展　孟　锐 / 责任校对：王　翔
封面设计：墨创文化 / 责任印制：罗　科

科 学 出 版 社 出版
北京东黄城根北街16号
邮政编码：100717
http://www.sciencep.com

成都锦瑞印刷有限责任公司印刷
科学出版社发行　各地新华书店经销

*

2017年10月第　一　版　开本：787×1092 1/16
2017年10月第一次印刷　印张：14
字数：332 千字

定价：98.00 元
(如有印装质量问题，我社负责调换)

前 言

发展中国家的工业化发展贯穿发展进程的始终,是发展中国家摆脱贫穷落后,走上发达的必由之路。中国的工业化先后经历了以计划经济为主的重化工业优先发展、改革开放以来的传统工业化和新型工业化三个阶段。1978年,中国工业经济总量为1621.5亿元,2015年则达到23.65万亿元,年均增长率为16%,工业经济当之无愧地成为我国经济发展的支柱。但是我国工业经济时间维度的变迁在区域空间的分布并不均衡。2015年,工业总量最低的省份是西藏,为1026.39亿元,而最高的省份广东则达到72812.55亿元,为西藏的70.94倍。

我国工业经济发展在区域空间的差异显然已经形成了巨大的分化格局,从本质上来看,我国工业化水平的差距体现的是省级区域之间的差距。对于区域的认识,多以省级行政区为单位研究工业化,没有将省级行政区工业化上升到理论的范畴。

本书结构安排:第1章探讨中国特色新型工业化省级区域实现模式与机制的研究背景、国内外相关文献综述、研究思路与方法、内容等基本问题;第2章对中国特色新型工业化的理论形成、内涵以及工业化的时代特征进行分析,对工业化实现、工业化区域实现和工业化省级区域实现的理论进行解读;第3章在对我国内地31个省级行政区工业化水平作一般性和整体性考察的基础上,将我国新型工业化道路省级区域实践分成三个类型,即资源产业依赖型、传统产业主导型和新兴产业导向型,并对每一个类型省级区域的新型工业化实践模式和机制进行系统总结和评析,分析我国三类省级区域的工业化实践面临的挑战;第4章重点分析我国新型工业化道路省级区域发展所面临的国内外环境,探讨我国省级区域工业化实现目标选择的原则,重构我国新型工业化省级区域实现的框架;第5~7章分别对三个类型省级区域的工业化实现模式和实现机制进行分析和设计;第8章从总体上提出政策分析。

本书研究特色体现在三个方面。

(1)从理论上对工业化区域实现、工业化省级区域实现进行了研究。工业化是一个动态的过程,是工业发展方式变革、过程演变和目标实现三者的有机统一。工业化实现是发展中国家工业化发展的必然命题,是新的生产力不断运用于工业产业的发展,推动工业产业结构变迁,促进生产关系发生变革。因此,工业化的实现反映发展方式的变革和结构的演变,也反映对"人"的改变不仅是物质生活的改变,而且是文化等精神生活的改变。工业化的不同时代背景决定着工业化发展的新特征。新型工业化正处于第三次工业革命孕育期,信息化与工业化深度融合、全球化与工业化相互促进、国际国内市场统筹加深,必然构成新型工业化及其实现的新的时代内涵。

(2)重新分类我国工业化省级区域的类型。根据三次产业结构、第二产业增加值占

GDP(gross domestic product，国内生产总值)的比重、省级区域人均GDP、制造行业结构等单项指标，以及对省级区域新型工业化水平进行整体测量的结果，再结合相应省级区域的资源禀赋、产业特点，将我国内地31个省级区域分为三个特色鲜明的类型：资源产业依赖型省级区域、传统产业主导型省级区域、新兴产业导向型省级区域。①资源产业依赖型省级区域的工业化是通过政府的力量与资源产业发展相结合而推进的，其市场需求受制于狭小的省级区域内部，出口能力弱，区域间的贸易量较小，在封闭的区域内部形成了一个内生型工业化道路；此外，这一区域的产业内生机制、集聚机制没有有效建立，体制机制僵化，缺乏改革的动能。②传统产业主导型省级区域工业化具有政府强力推动、改革创新释放工业发展空间、产业关联性强等特征；其工业化发展的内生机制是在政府和市场共同作用下形成的，产业关联机制明显较强。③新兴产业导向型省级区域的工业化水平整体较高，但不同区域的内部工业化模式存在较大差异；珠江三角洲的工业化走了一条加工制造和海外市场相结合的工业化道路，长江三角洲则走了一条区域内生的工业化道路。无论哪一种模式，都是在政府和市场的合理分工与协作下，充分发挥市场机制作用，高度开放参与国际竞争机制上推动的。

(3) 差异化设计了三类省级区域工业化的实现模式与机制。总体来讲，我国省级区域工业化的实现模式与机制设计应在充分发挥政府顶层设计与完善市场功能的基础上，由重视传统政府宏观决策与中观产业的工业化模式向重视中观产业与微观企业共同作用的工业化模式转变，应重点从产业发展机制、企业发展机制、政府作用机制等方面塑造省级区域工业化发展的核心动能。

我国资源产业依赖型省级区域定位于国家战略资源储备区、战略性资源开发区、特色农产品加工区以及生态旅游功能发展区。在产业发展上，依托特色优势产业发展特色优势工业，依托山区农业推动具有山区特色的农业现代化，依托旅游资源推动旅游产业与工业发展相结合；在微观竞争性企业培育上，发展资源型企业、特色型企业、农业产业化企业以及旅游产业关联性企业；在机制设计上，以资源价格形成机制、山区特色农业扶持与发展机制、旅游产业开发扶持机制、工业反哺农业机制、国有企业与民营企业适应资源性产业发展的竞争性机制、生态资源的补偿与修复机制等为建设的重点。

我国传统产业主导型省级区域定位于传统产业向现代产业转变的核心区、现代制造业集中发展区和生产性服务业集聚区。在产业的发展上，淘汰落后产业，调整和优化产业的内部结构，推动以传统产业为主的产业发展格局向现代制造业转变，促进生产性服务业与制造业协同发展，在具有制造业竞争优势的区域建立生产性服务业集聚发展区；在企业发展上，推动传统企业向现代企业转型、促进高端成长型企业发展和推动龙头企业做大做强；在工业化实现机制上，重塑传统产业升级的动力机制、建立高端成长型产业发展机制和服务业与工业化融合发展机制，推动工业化、城镇化与农业现代化联动协调发展机制和农民知识化、农业现代化与农村城镇化协调互促机制建设。

我国新兴产业导向型省级区域定位于创新型国家建设的战略先导区、自主创新的核心发展区和区域创新体系建设的中心区。在产业的发展上，以战略性新兴产业的发展为核心，以带动其他新兴产业的发展为支撑，向第一、三产业辐射，并以战略性新兴产业集聚区的建设推动新兴产业发展。在微观企业发展上，建立以创新为导向，重视企业技术创新，并将创新成果产品化、商品化和市场化，同时推动制度变革和管理变革。在机制设计上，塑造有利于创新型企业成长的微观机制、建立创新型产业发展的生态机制和建立完善的区域创新系统。

本书从工业化的理论文献中挖掘了工业化实现和工业化区域实现的问题，并提出了工业化省级区域实现的相关理论，虽然不甚成熟，但对这一问题的探讨开创了我国省级区域工业化实现问题的理论研究。此外，31 个省级区域的工业化发展各有千秋，但从工业化发展最本质的要求出发是研究任何一个省级区域工业化的基础。本书把握住各类省级区域推进工业化发展的要素特征、产业基础、工业化水平，总结出三个类型的工业化区域，提出了适合我国各类省级区域工业化实现的模式，设计了推进每一种模式的机制，对于指导各类型省级区域的工业化发展具有十分重要的参考价值。

目　　录

第 1 章　导论 1
　1.1　问题提出 1
　1.2　文献评述 4
　　1.2.1　国外工业化区域实现研究 4
　　1.2.2　国内工业化区域实现研究 6
　1.3　研究思路、方法和基本内容 7
　　1.3.1　研究思路 7
　　1.3.2　研究方法 8
　　1.3.3　基本内容 8
　1.4　创新与不足 11
　　1.4.1　创新点 11
　　1.4.2　不足之处 12

第 2 章　工业化区域实现理论：一般性和特殊性 14
　2.1　工业化一般理论 14
　　2.1.1　工业化内涵 14
　　2.1.2　工业化水平测度 16
　2.2　中国特色新型工业化理论 18
　　2.2.1　中国特色新型工业化的理论探索 18
　　2.2.2　中国特色新型工业化的内涵理解 20
　　2.2.3　中国特色新型工业化的时代特征 22
　2.3　工业化区域实现理论 25
　　2.3.1　区域、经济区经济与行政区经济 25
　　2.3.2　工业化实现理论 26
　　2.3.3　工业化区域实现理论 30
　2.4　工业化省级区域实现理论 31
　　2.4.1　我国省级行政区的诞生与沿革 31
　　2.4.2　工业化省级区域发展的理论基础 31
　　2.4.3　工业化省级区域实现理论 32

第 3 章　新型工业化道路省级区域实践模式与机制的考察和评价 33
　3.1　我国省级区域新型工业化发展水平的一般考察 33

v

- 3.1.1 以省级区域三次产业结构看工业化水平 33
- 3.1.2 以省级区域三次产业的就业结构看工业化水平 36
- 3.1.3 以省级区域人均 GDP 和人均收入看工业化水平 40
- 3.1.4 以省级区域制造业发展看工业化水平 42
- 3.2 我国省级区域新型工业化水平的整体测量 47
  - 3.2.1 指标设计 47
  - 3.2.2 模型构建与分析 49
  - 3.2.3 基本结论 55
- 3.3 我国新型工业化道路省级区域发展的三个类型 55
  - 3.3.1 省级区域新型工业化分类标准的重构 55
  - 3.3.2 以资源产业为主的资源产业依赖型省级区域 55
  - 3.3.3 以传统产业为主的传统产业主导型省级区域 56
  - 3.3.4 以新兴产业为主的新兴产业导向型省级区域 57
- 3.4 我国省级区域新型工业化道路实践模式评价 58
  - 3.4.1 资源产业依赖型省级区域新型工业化道路的实践模式评析 59
  - 3.4.2 传统产业主导型省级区域新型工业化道路的实践模式评析 60
  - 3.4.3 新兴产业导向型省级区域新型工业化道路的实践模式评析 62
- 3.5 我国省级区域新型工业化道路实践机制评析 64
  - 3.5.1 资源产业依赖型省级区域新型工业化道路的实践机制评析 64
  - 3.5.2 传统产业主导型省级区域新型工业化道路的实践机制评析 65
  - 3.5.3 新兴产业导向型省级区域新型工业化道路的实践机制评析 65
- 3.6 重构省级区域新型工业化道路实践模式与机制的挑战 67
  - 3.6.1 经济全球化对工业化提出了新要求 67
  - 3.6.2 主体功能区的刚性约束工业化发展 68
  - 3.6.3 区域差距过大影响工业化协调推进 68
  - 3.6.4 城乡二元结构加剧工业化实现难度 69
  - 3.6.5 国际国内市场分割支撑工业化不足 70

第4章 新型工业化道路省级区域实现模式与机制的框架重构 71

- 4.1 新型工业化道路省级区域实现模式与机制重构的基础和条件 71
  - 4.1.1 国际形势正处于剧烈动荡与复杂多变期 71
  - 4.1.2 世界工业产业发展呈现四大新特点 73
  - 4.1.3 人口结构性压力与矛盾与日俱增 73
  - 4.1.4 省级区域技术创新能力差异较大 76
  - 4.1.5 地方政府推动工业化面临多重约束 79
- 4.2 新型工业化道路省级区域实现的战略定位与目标选择 81
  - 4.2.1 新型工业化道路省级区域实现的战略定位 81

4.2.2 新型工业化道路省级区域实现的目标选择……………………… 82
　　4.2.3 三类省级区域工业化实现的目标定位……………………………… 85
 4.3 新型工业化道路省级区域实现模式与机制的框架设计………………… 86
　　4.3.1 工业化实现模式与机制设计的四个认识…………………………… 86
　　4.3.2 模式与机制设计构想…………………………………………………… 90
　　4.3.3 模式与机制设计的框架性安排………………………………………… 91
　　4.3.4 新型工业化道路省级区域实现机制的设计………………………… 93

第5章 资源产业依赖型省级区域新型工业化道路的实现模式与机制 … 95
 5.1 资源产业依赖型省级区域的地理区位与资源分布……………………… 95
　　5.1.1 资源产业依赖型省级区域的地理区位………………………………… 95
　　5.1.2 资源产业依赖型省级区域的资源分布………………………………… 97
 5.2 资源产业依赖型区域的工业化：理论及国际经验……………………… 100
　　5.2.1 资源促进经济发展论…………………………………………………… 101
　　5.2.2 "资源诅咒"论………………………………………………………… 102
　　5.2.3 资源产业依赖型区域工业化的国际经验…………………………… 104
 5.3 我国资源产业依赖型省级区域"资源诅咒"的验证及解释…………… 105
　　5.3.1 资源产业依赖型省级区域"资源诅咒"的简单考察…………… 106
　　5.3.2 资源产业依赖型省级区域"资源诅咒"的验证………………… 107
　　5.3.3 资源产业依赖型省级区域工业化实现面临的挑战……………… 112
 5.4 我国资源产业依赖型省级区域新型工业化道路实现模式及路径…… 117
　　5.4.1 资源产业依赖型省级区域新型工业化道路实现模式构建……… 117
　　5.4.2 资源产业依赖型省级区域新型工业化道路的产业发展路径…… 118
　　5.4.3 资源产业依赖型省级区域新型工业化道路实现的企业发展…… 123
 5.5 资源产业依赖型省级区域新型工业化道路的实现机制………………… 126
　　5.5.1 资源产业依赖型省级区域的产业发展机制………………………… 126
　　5.5.2 资源产业依赖型省级区域的企业发展机制………………………… 129
　　5.5.3 资源产业依赖型省级区域的政府作用机制………………………… 129

第6章 传统产业主导型省级区域新型工业化道路的实现模式与机制 … 131
 6.1 传统产业主导型省级区域的经济地理特征……………………………… 131
　　6.1.1 传统产业主导型省级区域的自然地理……………………………… 131
　　6.1.2 传统产业主导型省级区域的经济地理特征………………………… 132
 6.2 传统产业转型与升级发展理论…………………………………………… 134
　　6.2.1 传统产业的内涵………………………………………………………… 134
　　6.2.2 传统产业的特征………………………………………………………… 135
　　6.2.3 传统产业发展理论……………………………………………………… 136
 6.3 传统产业主导型省级区域工业化实现的挑战…………………………… 138

6.3.1 传统产业转型升级压力较大··················138
6.3.2 高新技术对传统产业支撑不强··················139
6.3.3 传统农业向现代农业转型遭遇多重挑战··················140
6.3.4 对外开放的空间与格局难以有效突破··················142
6.4 传统产业主导型省级区域新型工业化道路实现模式及路径··················144
6.4.1 新型工业化道路实现模式构建思路··················144
6.4.2 传统产业主导型省级区域新型工业化道路的产业发展··················146
6.4.3 传统产业主导型省级区域三类典型企业发展··················154
6.5 传统产业主导型省级区域工业化道路的实现机制··················155
6.5.1 传统产业主导型省级区域工业产业发展机制··················155
6.5.2 工业化、城镇化和农业现代化联动协调机制··················156
6.5.3 农民知识化、农业现代化与农村城镇化的协调互促机制··················158
6.5.4 对外开放与合作机制··················158

第7章 新兴产业导向型省级区域新型工业化道路的实现模式与机制··················160
7.1 新兴产业导向型省级区域的经济地理特征··················160
7.1.1 新兴产业导向型省级区域的自然地理··················160
7.1.2 新兴产业导向型省级区域的经济地理特征··················161
7.2 新兴产业主导下的工业化理论认识··················162
7.2.1 新兴产业的内涵和特征··················162
7.2.2 新兴产业发展的理论基础··················163
7.2.3 新兴产业主导下发达国家工业化道路之争··················164
7.2.4 中国新型工业化进程中新兴产业发展理论··················165
7.3 新兴产业导向型省级区域工业化实现面临的挑战··················167
7.3.1 新兴产业导向型省级区域工业化的质量不高··················167
7.3.2 现代产业体系构建比较滞后··················168
7.3.3 省级区域创新体系建设比较滞后··················169
7.4 新兴产业导向型省级区域新型工业化道路的实现模式及路径··················172
7.4.1 新兴产业导向型省级区域工业化道路实现模式构建··················172
7.4.2 新兴产业导向型省级区域工业化实现的产业发展路径··················174
7.4.3 新兴产业导向型省级区域创新型企业的培育与成长··················186
7.5 新兴产业导向型省级区域新型工业化道路的实现机制··················189
7.5.1 新兴产业发展的内生机制··················189
7.5.2 新兴产业导向型省级区域创新型企业成长机制··················190
7.5.3 新兴产业导向型省级区域工业化实现的政府作用机制··················191

第8章 政府职能改革、省区协调与政策支持体系构建··················193
8.1 深化我国各省级区域政府职能改革··················193

  8.1.1 工业化的过程反映政府和市场共同配置资源 193
  8.1.2 充分发挥地方政府推动工业化的作用 194
  8.1.3 深化政府职能改革和市场体制创新 195
 8.2 加快推动工业化省级区域间的协调互促 196
  8.2.1 区域协调的本质是加强区域之间的合作 196
  8.2.2 推动三类省级区域间的协调互动 196
  8.2.3 促进省级区域协调的重要举措 197
 8.3 加快推动落后区域工业化发展的变革创新 198
 8.4 建立完善的工业化政策支持体系 199
  8.4.1 产业扶持政策 199
  8.4.2 创新支持政策 200
  8.4.3 知识型人力资源开发政策 201
参考文献 202
后记 209

第1章 导　　论

1.1　问题提出

工业化省级区域的提出是基于我国是一个发展中大国、各地区工业化水平差距比较大这一客观现实。发展中国家面临的首要问题就是发展问题。"在过去的半个世纪里，我们目睹了国际社会为促进贫穷国家的发展而付出了前所未有的努力。这种努力的基础，是关于经济发展思考的发展"（杰拉尔德·迈耶等，2003）。发展中国家的发展存在众多成功的典范，"但也存在失败和未尝的夙愿"（杰拉尔德·迈耶等，2003），中国经济发展的历程正印证着这一论断。以改革开放为分水岭分析中国工业化发展的文献众多（郭克莎，1993；张军，1997；郭克莎，2000；大琢启二郎等，2000；张军，2002；武力等，2006），普遍的观点认为，两种截然不同的发展道路导致两种不同的结果。在改革开放前，高度计划经济体制与单一公有制经济相结合的中国经济没有发展，而是走向了衰退；改革开放后，渐进式改革下的社会主义市场经济与多种所有制经济相结合，经济获得了高速的增长，人民生活水平和福利水平大幅度提高。工业化作为经济发展的重要形式，在两种截然不同的时期，表现形式完全不一样。在高度计划经济体制下，重工业优先发展战略并没有遵循经济发展的客观规律，单纯依靠政府的力量而忽视了市场的作用，注定是失败的[①]。随着中国计划经济向有计划的商品经济、市场经济转变，调整轻重工业的比例，优化产业布局和结构，重视市场对资源的配置，中国工业化发展越来越符合经济规律，取得了令人瞩目的成就。从工业结构指标看，1978年中国工业总产值中轻、重工业的比例分别是42.6%和57.4%，1990年为50.3%和49.7%，2000年为39.6%和60.4%，2011年为28.1%和78.9%[②]。中国的工业结构由改革开放前的畸形重工业占绝对优势地位到改革开放后轻、重工业协调发展，再到21世纪以来重工业占绝对优势地位，此格局是产业结构优化的必然结果，是需求拉动导致的结构调整，基本符合市场经济的规律。

中国工业化时间维度的结构优化并不意味着空间发展的均衡。根据中国社科院《中国工业化进程报告(1995~2010)》，中国已经走完工业化中期阶段，全国工业化水平综合指数年均提高3.6，整体处于快速工业化阶段。但工业化的地区发展差距并没有缩小的趋势，而且部分区域与区域之间的差距还比较大。中国工业化的地区差距主要表现在三个方面。①区域工业化水平差距依然十分突出。在各省级区域的工业化进程中，北京、上海、天津、

[①] 武力、温锐在分析中国1949~1978年的工业化时认为，虽然在这一阶段中国基本建立了独立的工业化体系，但是人民生活改善很少，短缺成为经济运行的常态。

[②] 根据相关年份工业经济统计年鉴计算得到。

广东、浙江和江苏等已经进入工业化后期阶段，中部各省级区域、东北各省级区域以及西部地区的内蒙古、宁夏、重庆进入工业化中期阶段。因此，从东、中、西部三大区域看，我国东部地区的三个增长极已进入工业化的后期阶段，中部地区处于工业化的中期阶段，西部地区除了四川、重庆、陕西、内蒙古的工业化水平较高外，其他省级区域还处于工业化中期的前半阶段。我国区域工业化水平差距大，无疑会加大落后地区工业化发展的难度。特别是广大西部落后地区，如何寻求一条最优的工业化路径，缩小区域差距，是决定我国工业化能否实现的关键。②区域工业化质量差距比较明显。工业化质量的差距主要为工业化的产业支撑和工业化进程中价值链分工程度的差距。从产业的支撑看，东部地区具有明显的高科技倾向，而中西部地区主要是资源型产业和传统加工制造业，甚至西部一些省级区域还以初级加工制造为主。从价值链分工的角度看，东部省级区域处于价值链分工中附加价值比较高的环节，中西部地区处于价值链分工的低端环节。③区域工业化要素驱动差异大。工业化发展的要素驱动主要有资源、资金、技术等，不同阶段对驱动力的要求不一样。在工业化初期，驱动力来源于自然资源的简单加工或者劳动力的投入；在工业化中期，驱动力是资金；在工业化后期，驱动力已经由资金驱动向知识、技术驱动转变。这在我国区域工业化发展中表现十分明显，西部地区还处于资源、劳动力、资金等要素驱动的工业化阶段，东部地区已进入技术和知识驱动的工业化阶段。

事实上，中国、印度等大国在经济发展中都面临一个共同的难题，即如何保证经济稳步增长的同时，又能够使区域经济发展差异缩小。由于国家政策导向、制度厚度、地区资源禀赋与资源的使用效率等存在差距，区域经济发展的差距难以避免。尽管区域差距在一定程度上对经济的发展具有积极作用，但差距过大无疑会影响社会的稳定（辛文，1996），不利于公平的分配原则和落后地区享受改革的成果。

对发展中国家而言，特别是大国的发展，区域经济发展的差距本质上表现为地区工业化水平的差距。地区经济发展水平的提高表现为人均收入水平的提高，而人均收入水平的提高是由于农业对劳动力需求的下降，并在农村剩余劳动力向边际劳动生产率较高，需求弹性较大的第二、三产业转移的过程中形成的。在劳动力向第二、三产业转移的过程中，资本、资源等也纷纷向边际收益率较高的产业转移，出现了产业结构、产业规模等的变化，这一过程就是区域工业化发展过程。同样，在不同的经济发展水平上，相应的产业结构存在差异，工业化的水平也不一样。这是因为从需求的角度看，收入水平的差异产生需求的差异，进而出现需求结构的差异，影响供给的差异，最终影响工业化水平的差异。众所周知，由于资源禀赋、区位优劣、政策支持、历史积淀、区域要素集约积聚能力等不同，地区工业化发展模式的选择具有特殊性，这个特殊性造就了区域经济发展的差异性。因此，从区域工业化的发展出发，寻求缩小区域经济发展的差距是一个必然的突破口。

事实证明，传统工业化发展方式不能改变工业化区域之间的差异。当高度计划经济体制下重化工业化的优先发展战略不能推动中国经济取得成功时，以改革开放外延式发展为特征的工业化道路取而代之就成为时代的必然，这一工业化道路的阶段性成功在于：①遵循了工业化发展的客观规律，走了一条先轻工业后重工业的道路；②发挥了市场机制的作用，尽管是不成熟且带有强烈政府干预的市场经济；③突破了发展中国家工业化发展的"瓶颈"，通过对外开放和吸引国外的技术、资金，共同推动中国的工业化发展。尽管如此，传统工业化发展方式面临越来越多的挑战。由于传统工业化发展模式以外延式投入，"先污染、后治理"为主，因此"高投入，高污染、高消耗和低产出"就成为这一阶段中国工业化发展的典型特征。更为严峻的是，市场经济体制改革并没有真正成功，地方政府越权行事、替代市场，使得地方"诸侯"经济盛行，区域经济差距不是缩小，反而是扩大了。

中国特色新型工业化道路正是基于这样的背景而提出的。中国共产党第十六次全国代表大会（简称党的十六大）报告指出，实现工业化仍然是我国现代化进程中艰巨的历史任务，信息化是我国加快实现工业化和现代化的必然选择。坚持以信息化带动工业化，以工业化促进信息化，走出一条科技含量高、经济效益好、资源消耗低、环境污染少、人力资源优势得到充分发挥的新型工业化路子。由此可见，新型工业化道路要求有较高的科技含量和经济效益，较低的资源消耗和环境污染，如果切实走这条道路，能够从根本上破解"高投入、高污染、高消耗和低产出"的问题，为我国未来相当长一段时期内工业化发展提供新的思路。中国共产党第十八次全国代表大会（简称党的十八大）报告进一步指出，坚持中国特色新型工业化、信息化、城镇化、农业现代化道路，推动信息化和工业化深度融合、工业化和城镇化良性互动、城镇化和农业现代化相互协调，促进工业化、信息化、城镇化、农业现代化同步发展，这为中国特色新型工业化道路指明了正确的方向。

中国工业化水平的地区差距比较大是不争的事实，因而探讨工业化地区差距非常重要。除了传统的东、中、西部的划分，或者东、中、西部和东北地区的划分外，以省级行政区为单位研究工业化的比较多。本书从具有较强行政与经济约束的省级区域出发研究工业化的实现，这既符合工业化发展的客观现实，又具有非常强的理论指向。

1. 省级行政区是我国经济研究的基础性单元

我国多年沿袭的东、中、西部划分是抽象地反映区域差异的空间，早在中华人民共和国成立之初就出现了。这一划分是从我国三级地理空间的视角出发，西部主要位于第一级阶梯和第二级阶梯，东部主要位于第三级阶梯。该分类虽在地理上具有明显的空间区域范围，但缺乏经济上明显的空间范围。其原因在于西部地区的内部差异比较大，部分省级区域并不比中部地区落后，甚至经济发展水平更高。而且从区域经济的视角看，这一划分意义不大，各省级之间并没有因此在工业化发展中加强联系，各省级区域的决策与发展依然是以各省级行政单位为中心。

2. 以省级区域为核心的发展一直是区域发展的重心

中华人民共和国成立以来的区域经济发展情况表明，虽然其先后经历了沿海和内地，东、中、西部地区，以及后来的东、中、西部和东北地区的划分，但我国五级行政治理的特点决定着省级行政区履行经济发展职能的要求一直存在，其他区域的划分方式都不能改变这一认识。省级区域既是发展的地理边界，同时又具有推动经济发展的可能性和必然性。其根本原因在于省级行政区的边界具有刚性约束，在行政区可触及的范围内可以根据发展基础和条件自由地配置资源，实施发展战略，而超出行政区之外的其他区域却鞭长莫及。此外，从城市的功能布局以及对GDP的贡献和集聚强弱也可以看出，省级行政区在经济发展中的核心作用：离行政权力中心越近的区域，其获得的发展资源越多，工业化水平也越高。

3. 工业化水平的差距根本上体现的还是省级区域之间的差距

我国区域经济发展的差距不是表现为东、中、西部的差距，而是表现为省级区域的发展差距。我国东部地区的省级区域，既有利用政策和区位优势发展得比较好的地区，也有发展比较落后的地区。西部地区的省级区域，既有发展十分落后的贵州省，又有发展得非常好的四川省、重庆市和陕西省。中部地区相当部分省级区域发展不如东部地区，甚至还有比西部省级区域工业化水平落后的区域。因此，我国省级区域间的工业化差异不再是整齐划一的东、中、西部的差异，而是省级区域与省级区域之间的差异。因此，西部大开发、中部崛起、东北振兴虽然具有很强的现实性，但更应该突出工业化发展中的本质性驱动力量的角度，从这一力量去探讨工业化水平。

1.2 文献评述

区域工业化的差距并非是中国特有的经济现象，而是大国工业化发展进程中比较典型的特征。从理论上看，这是由于资源有限，一个国家不可能在所有区域内部同时展开工业化，只能选择条件相对较好的区域率先发展，发展中国家更是如此，因而是一种非均衡的区域工业化战略。

1.2.1 国外工业化区域实现研究

国外研究工业化区域实现的文献比较少，但国外工业化区域推进十分典型（涂文明，2015）。

早在原工业化时期，英国的农业与乡村毛纺织业是其经济发展的支柱。英国的原工业区域集聚是由地理特征、自然条件、生产方式、传统习惯及社会制度等因素决定的。15世纪末，英国纺织业已经向农村发展。"最先孕育于中古城市之中，在各方面的条件成熟之后，蓄积于市区的资本、技术倾斜于农村，与农村中丰富廉价的劳动力、富裕的自然资源相结合，广大乡村因此走向了英国原工业化的舞台"（毕道村，1999）。据记载，当时有"无数的呢绒制造者分散在整个英国农村，从坎伯兰到康沃尔，从伍斯特到肯特数不清的村庄农舍中"（雷斯金斯，1976）。乡村毛纺织工业的发展使农牧产品的需求量猛增，以此为契机，英国的交通运输业得到了快速发展，丰富的商品促进了全国市场网络和对外贸易的迅猛发展。16世纪，英国的呢绒统治了整个欧洲市场，其呢绒制造业主要分布在英格兰西部、东盎格利亚、约克郡西部和肯特郡的威尔特地区（Zell，1994）。在英国的毛纺织业发展中，城市和乡村形成了合理的分工互补关系，乡村主要负担羊毛分类、梳理和纺纱等初级工序，而染色、起绒、剪呢、修整等高级加工程序多在城市进行，最后由城市输往国内外市场（李群等，2008）。毛纺织工业的收入高于纯农业劳动者，从而使劳动生产力从低效率的农业部门转移到非农业部门。16世纪，英国50%的居民从事毛纺织业，17世纪至少有20%的人靠毛纺织业维持生活，几乎所有的村庄都制造呢绒(刘淑兰，1982)。其中，英格兰的毛纺织区域包括：东盎格利亚、英格兰西部、西南地区、约克郡的西雷丁地区、什罗普郡—威尔士边界地区、以肯德尔为中心的威斯特摩兰工业区、包括肯特郡在内的威尔特地区、萨里郡、伯克郡、汉普郡部分地方的南部地区，以及一个分散的中部地区。其他地区还包括兰开夏郡，原来是一个毛纺织业区，后来集中生产亚麻布和粗斜纹布；以特伦特河谷为中心的针织区，包括诺丁汉郡、德比郡和莱斯特郡的部分地区；专长于生产小五金制造的地区大部分位于西密德兰，包括在考文垂、北安普顿和林肯等城镇及其周围 (Defoe，1927)。在工业革命时期，农业技术得以改进，农业劳动生产率提高了60%~100%(王章辉等，1995)。农业现代化水平的提高和农场的建立使英国能以较少的农业人口养活日益增多的城市人口。城市化水平不断提高，带动了城市第二、三产业的发展，越来越多的劳动力从第一产业向第二、三产业转移，城市成为吸收大量劳动力的场所。1851年，英国城市居民占全国人口的百分比为51%，1861年高达62.3%(王章辉等，1995)，英国的工业化基本完成。

美国工业化区域层面推进最早是在东北及其东部沿海地区，随着西进运动开展，美国在19世纪末完成了大部分区域的工业化，第二次世界大战结束后完成了南方地区的工业化，美国工业化走了一条区域非均衡发展的道路。其东北地区一直是工业活跃的中心，由于煤、铁等资源丰富，在殖民地时期就是工场手工业的中心区。1775~1783年，英属北美13个殖民地争取民族独立的革命战争获得胜利后，北美进入工业资本主义时代，最先发展起来的是纺织业，遍及波士顿、伍斯特等城市。经过二三十年的发展，纺织业完成了产业结构的转变，拥有先进的生产机器，产品能与外国产品甚至欧洲产品竞争。19世纪中期，东北地区工业生产总值占全国工业生产总值的1/3，全国制造业的80%都集中在此，其城市人口约占全国城市人口的60%，形成了纽约、波士顿等著名城市，率先完成了工业化。美国历史上的西部代表落后、蛮荒之地。南北战争不仅扫除了美国资本主义发展的障碍，而且彻底地突破了西部工业化发展的瓶颈。在战争期间，为了解放南方黑奴和促进西部发展，联邦政府于1862年颁布《宅地法》，规定允许所有美国人都可得到西部的土地。在此政策的鼓励下，西部地区人口激增，耕地面积不断扩大。1868~1900年，从事农业生产的劳动者由620万人增至1060万人，1860~1913年，耕地面积由4.07亿英亩增至9.02亿英亩(1英亩≈4046.86平方米)(谢沃斯季扬诺夫，1978)。美国的西进运动不仅为东部地区提供了充足的粮食、材料和工业品市场，还形成了工业和制造业趋势。美国还修建了横贯其大陆的2条铁路，19世纪后三十年，又修建4条铁路，打通了西部和其他地区工业发展的生命线。随着西进运动的不断推进，东北工业发展也向西部迁移。除了继续发展传统钢铁、煤矿等产业外，东部的很多工厂迁移到西部的伊利诺伊州、威斯康星州及西部的匹兹堡、惠灵、辛辛那提等。由于制造业的西移，各地区的工业占全国工业的比例发生了变化。东北工业区在全国工业生产总值中的百分比在1900年仅占14%，西部各州占近40%。西部地区的工业得到快速发展，带动了城市化快速发展。1860~1910年，西部城市化率由20%增长到46%，太平洋沿岸高达56%(王小侠，1999)。铁路不仅是西部工业化的轮轴，而且是南方工业发展的基础。1880~1890年，南方铁路发展迅速，以135.5%的速度增长，从16605英里增长到39108英里(1英里≈1.61千米)(Woodward，1971)，促进了南方农产品和工业与其他区域的联系。随着农奴制废除,南方工业由棉纺种植发展到棉纺织工业。1880~1900年,南方的棉纺织工业发展到顶峰,"粗棉布销量翻了7番,产值翻了9番,工人人数增加了10倍"(Moore et al.,1988),除棉纺织业外,烟草工业、采煤、钢铁冶炼、石油开采等工业都很快发展起来,使南方工业走向多元化发展之路。南方工业的兴起使得南方的城市兴旺,亚特兰大是铁路中心、伯明翰是钢铁重镇、休斯敦成为石油工业中心。

由此可见,工业化分区域推进,继而在整体上实现工业化的模式在发达资本主义国家中是非常典型的。从理论上看,这是由于相对有限的资源只能优先满足一部分地区的发展,先发地区工业化发展对后发地区给予支持和辐射,从而从整体上带动工业化发展是其根本的模式。

1.2.2 国内工业化区域实现研究

国内关于工业化区域实现与省级区域实现的研究比较少,但区域工业化研究较多。这里的"区域"表现多样,既有从某一个省级区域出发进行的研究,也有对东、中、西部区域的研究,还有对增长极区域、主体功能区的研究。从区域视角研究工业化,重点集中在以下四个方面。

(1)从我国经济地理区位的角度加以研究。陆大道(2002)在长期研究工业区位因素和工业交通布局规划的基础上,提出"点—轴系统模型",即在工业化发展过程中,大部分社会经济要素在"点"上集聚,并由线状基础设施联系在一起而形成"轴",并经过长期的发展,最终发展成"点—轴—集聚区"的空间开发格局。任保平(2004)基于工业区位理论对我国西部地区的工业化发展提出了建议,即加快西部地区的城市化进程,培育西部工业增长极、以产业集群为载体,建设制造基地。安虎森等(2011)在拓展新经济地理学非对称自由资本模型的基础上,认为我国外商直接投资(foreign direct investment,FDI)的净流入与工业化、贸易自由化的程度[中国市场的开放、加入WTO(World Trade Organization,世界贸易组织)]以及多样化产品偏好的强度正相关,这无疑是我国落后地区和发达地区工业化差异的重要原因。

(2)从主体功能区的角度研究新型工业化。主体功能区是从发展的空间视角探讨工业化,这种分类考虑的重点是生态约束下的发展问题,是对区域工业化发展比较科学的认识。姜安印(2007)以空间资源优化配置为研究视角,认为主体功能区对区域发展理论的创新就是空间资源价值的新拓展、空间功能互补性的新发现以及在此基础上对空间结构极化规律的认识。主体功能区对区域发展实践的影响就是在空间结构极化的情况下重构区域协调发展的空间秩序。对于工业化而言,主体功能区具有非常强的理论指导意义。付敬东(2010)指出,主体功能区有利于解决我国工业发展方式转变面临的越来越大的技术与制度问题。涂文明(2009)认为,坚持区域生态经济系统的平衡是中国特色新型工业化道路区域实现所必须持有的区域观,主体功能区理论的提出有利于在区域生态经济系统平衡基础上推动工业化发展。主体功能区与中国特色新型工业化道路区域实现具有共生耦合关系,二者的终极目标是推动区域生态经济系统的可持续发展。

(3) 从认同比较多的东部、中部和西部的区域划分出发进行研究。詹懿(2014)对我国东部地区的温州、苏南地区、珠江三角洲地区的工业化模式进行了总结，分析了市场和政府在工业化发展中的作用。管驰明等(2009)运用空间结构、产业结构、就业结构等对我国东部地区的工业化进行了研究，结论表明物质资本存量对工业化有比较明显的影响。尹继东等(2003)比较了中部六省的工业化水平，提出了中部六省工业化发展的对策。赵定涛等(2008)对中部县域工业化与环境负荷关系进行了研究，指出县域工业化是"三废"排放的主导因素。郝华勇(2012)研究了中部六省新兴工业化与新型城镇化协调发展，表明各省级区域的协调性差异比较大。廖元和(2000)对东、中、西部经济关系的现状特征，西部工业化的目标和战略思想，加快西部工业化的途径等进行了探讨。郭俊华(2007)对发展经济学的工业化理论运用与西部地区的工业化发展进行研究，提出了走产业融合的工业化道路。

(4) 单独研究某一个省份的新型工业化。我国省级区域众多，因而单独研究一个省份工业化的文献是最多的。从国家特定功能区划，如珠江三角洲、长江三角洲、环渤海经济圈、成渝经济圈等出发对中国工业化的研究，多从区域工业化的发展历程、工业化发展路径、区域工业化与城镇化的关系等加以研究。夏丽丽等(2009)认为珠江三角洲重化工业发展的空间结构效应主要表现为形成工业空间集聚的新要素；大城市工业核心功能更加突出，工业发展空间分异日益显著；形成新的地方性工业节点以及临海工业空间逐步形成，有利于促进珠江三角洲区域经济的协调发展。

从区域的视角研究工业化是国内外工业发展的共同特征，但国内和国外还是存在差异。国外工业化的区域发展更多地强调市场的作用，国内的工业化比较强调政府和市场的双重作用。这是我国政府的行政职能和经济职能共同作用的结果。

毋庸置疑，我国地域的特殊性要求必须从区域的视角探索中国特色新型工业化道路，但在各区域中，由于区位优势、要素禀赋、人力资源特征、市场化程度、政府作用力度、信息化程度等区域专有属性存在明显差异，如何走出一条适合特定区域发展的特色新型工业化道路，以缩小区域经济发展的差距就是一个十分复杂的工程。从区域的视角研究工业化的已有文献更多地体现了工业化基础、发展模式以及可利用的资源等条件。基于一个省研究工业化并没有从"抽象的省级层面"探讨工业化，特别是从理论层面对省级区域的研究比较少，即将省级区域作为抽象的理论区域加以研究比较少，这显然是一个重大问题。

1.3 研究思路、方法和基本内容

1.3.1 研究思路

我国工业化历经六十余年，整体处于工业化的中期阶段，各地区工业化发展水平差距比较大。基于这样一个客观现实，为了在2020年基本实现工业化、2030年全面实现工业化，本书提出了基于省级区域的视角研究工业化的实现模式与机制这一重大命题。在研究思路上，首先对工业化的理论进行系统的梳理，并对中国特色新型工业化的理论进行了分析，指出中国特色新型工业化在新的发展阶段表现出的新特征，特别是在第三次工业革命孕育期的特殊阶段，新型工业化将具有一些新的判断和认识。其次，对我国工业化水平的总体情况和各省级区域的工业化水平进行了判断，重新将省级区域的工业化分成三个基本类型：资源产业依赖型省级区域、传统产业主导型省级区域、新兴产业导向型省级区域。三个类型的省级区域工业化发展各有其规律，这是我国省级区域工业化实现模式与实现机制的逻辑基础。在上述分类的基础上，对我国三类省级区域的工业化实现模式和实现机制进行了框架设计，指出我国三类省级区域工业化实现需要从宏观战略层、中观产业层和微观企业层三个层面加以探讨和构建，而且实现的重心应由过去"战略-产业"转向"产业-企业"层，对于每一类型的省级区域，除重视发展哪类产业外，塑造具有竞争优势的企业才是工业化实现的关键。最后，针对三种不同类型的省级区域，分别从资源型产业的"资源诅咒"、传统产业转型升级与新兴产业的区域创新系统等核心问题出发，对各类省级区域的工业化实现进行模式设计、工业产业发展路径选择，微观企业发展的重点以及实现工业化需要重点发展的机制设计等加以剖析。最后从政府职能改革、省级区域协调和政策支持体系构建3个方面对我国省级区域工业化实现进行分析，形成本书的结论。

1.3.2 研究方法

(1) 唯物辩证法。唯物辩证法是马克思主义辩证法的核心和精髓，是以自然界、人类社会和思维发展的一般规律为研究对象。本书对我国三类省级区域的工业化实践，首先基于三次产业结构、制造业内部结构等对我国各省级区域的工业化加以分析，其次从整体的角度对我国各省级区域的工业化水平进行分析，从特殊到一般，使得这一分类方式更加令人信服。对各类型省级区域工业化实现模式的分析也是基于区域资源、现有产业的发展等提出的，而不是只采用一个模式，充分体现了唯物辩证法的思想。

(2) 规范分析和实证分析相结合。规范分析和实证分析是经济学的基本分析方法。规范分析是从价值判断出发，对研究对象进行逻辑思维分析和科学推理，探求其价值规律，回答"应该是什么"。本书对工业化理论、工业化省级区域类型及各省级区域工业化实现模式的分析都体现了规范分析方法的运用。实证分析是回答"是什么"的分析，在各省级区域三次产业结构、制造业内部结构、工业化水平整体分析、资源型产业的"资源诅咒"的检验方面都用到了实证分析的方法。同时采用了大量的统计年鉴数据，运用翔实的数据清楚地回答了研究的问题，规避了规范分析有可能脱离实践的危险。

(3) 图表分析法。为了避免单纯文字描述的累赘，本书采用了大量的图表分析方法。在工业化道路区域实现的模式设计和各地区工业化区域实现中运用大量图表，以清晰地反映研究对象。

1.3.3 基本内容

1. 梳理工业化理论，解读中国特色新型工业化及工业化实现的内涵

本书从工业化的发展进程视角对工业化内涵加以梳理，在分析和总结传统工业化的基础上，本书提出工业化是工业发展方式变革、过程演变和目标实现三者的有机统一。工业发展方式变革，即要素驱动向创新驱动转变；过程演变，包括结构的改变，即产业结构和经济结构的改变；目标实现，即达到什么样的人均收入水平，包括物质和非物质的水平。这一工业化理论既考虑了工业化供给端的变化，也考虑了需求端的变化，是两者的有机结合，也是对生产力的变化引起生产关系变革过程的认识。这一理解不同于传统的工业化实现的理解，传统的理论对工业化的认识主要是从生产力的角度，而没有考虑生产关系，导致比较片面。上述工业化的定义意味着生产力变革是推动工业化实现的根本，而生产关系发生深刻变化才标志着工业化的真正实现。

中国特色新型工业化道路是我国在工业化实践中深刻反思传统工业化发展的弊端，在科技革命日益深刻影响经济生活的情况下和不断总结工业化发展经验的基础上，在党的十六大中正式被提出来的，在党的十七大(中国共产党第十七次全国代表大会)和十八大报告中逐步完善的工业化。从内涵上看，中国特色新型工业化是创新推动的工业化、可持续发展的工业化、人力资源优势充分发挥的工业化和生态优先的工业化。从中国特色新型工业化所处的时代背景来看，新型工业化是信息化与工业化深度融合的工业化、全球化与工业化融合的工业化、国际国内市场统筹的工业化及人文国际化与本土化博弈的工业化。

我国工业化实现分为基本实现与全面实现。基本实现工业化是党的十八大提出的一项基本任务，是基于我国人口多、区域发展不均衡的客观现实提出的。基本实现工业化仅仅表明中国只能做到全国平均水平，而有若干省份并不能达到工业化测定的指标要求。全面实现工业化应该是供给与需求相结合的工业化。从供给的角度看，全面实现工业化的终极目标是整体提高人民的生活水平且创造更多的 GDP，当然这一过程必须保证生态环境不被破坏和资源的节约利用，即可持续发展的工业化。从需求看，人均收入应该达到 1 万美元左右，但人均指标反映的只是总量指标，不是个体的指标，应该让人民共享发展成果，这才是工业化的全面实现。

2. 对我国各省级区域的工业化水平进行了测算并对省级区域工业化类型进行了探讨

(1) 对我国省级区域新型工业化水平作一般性的考察。考察主要是从我国各省的三次产业结构、三次产业就业结构和三次产业对 GDP 的贡献，人均 GDP 和人均收入，省级区域制造业水平等几个方面进行分析。在整体分析工业化水平方面，通过工业化水平、工业化内涵和工业化贡献等指标的设计，并运用因子分析方法对我国省级区域工业化水平进行整体测算。结果表明，我国省级区域新型工业化存在三个基本类型，即资源产业依赖型、传统产业主导型和新兴产业导向型。

(2) 对每一类型省级区域的新型工业化已有的发展模式进行总结和评析，对其工业化实践过程中的机制进行分析，指出我国三类工业化发展中存在的主要问题，进而为我国省级区域新型工业化新的模式建立和新的机制设计奠定基础。

3. 构建和设计我国工业化区域实现的框架和机制

在分析省级区域新型工业化道路省级区域发展所面临的国际环境和国内条件的基础上，剖析我国省级区域工业化实现目标选择的原则，制定不同类型省级区域工业化实现的目标，构建新型工业化省级区域实现模式的框架。研究指出，中国特色新型工业化正处于内外都比较特殊的时期，这一时期的主要特点是国际形势剧烈动荡与复杂多变、人口结构性压力与矛盾与日俱增、技术创新能力和水平区域差距较大及地方政府推动工业化面临多重因素的制约，这无疑对工业化提出了新的挑战，形成了新的压力。基于此特殊背景，本书指出传统的宏观政府与中观产业层的工业化实践模式必然让位于中观产业与微观企业层共同作用的工业化，同时发挥政府在战略定位与机制设计上的功能，从宏观战略层、中观产业层与微观企业层三个层面推进不同类型省级区域工业化的发展。

4. 我国资源产业依赖型省级区域工业化的实现

资源产业依赖型省级区域工业化特点是在对资源的高度依赖上形成工业化的主要路径。但从国外资源型工业化道路看，无疑都存在"资源诅咒"的严重问题。针对我国10个典型的资源依赖型省级区域，在检验其是否存在"资源诅咒"的基础上，分析其产生"资源诅咒"的主要原因，指出其工业化阶段的主要特点，进而构建工业化实现的主要模式和路径。

在模式设计上，资源产业依赖型省级区域的工业化在整体上以政府主导下激活市场的工业化道路为主，并将这些省级区域定位于我国战略资源储备区、战略性资源开发区、特色农产品加工区以及生态旅游功能发展区。在产业的选择与发展上，重点依托资源，发展竞争性资源型工业化，依托省级区域的特色优势产业发展特色优势工业，依托山区农业推动发展具有山区特色的农业现代化，依托旅游资源推动旅游产业与工业相结合。在重点企业的培育上，以资源型企业、特色型企业、农业产业化企业以及旅游产业关联性企业为主，微观竞争性企业的培育需要根据不同的产业特点，以全面打造和提升企业的竞争能力为目标，塑造具有竞争优势的企业。

在机制设计上，产业发展机制、企业发展机制、政府作用机制和工业化与城镇化的协调发展机制是推动资源产业依赖型省级区域工业化的重要实现机制。产业发展机制是驱动竞争性资源产业、农业产业以及旅游产业发展的动力机制。竞争性资源产业得以发展的关键在于资源价格改革机制的设计，山区农业产业化发展的机制在于农业产业的扶持机制，旅游产业的发展主要在于建立完善的旅游产业开发与发展机制。资源产业依赖型省级区域的企业发展机制包括国有企业与民营企业适应资源性产业发展的竞争性机制。我国以资源产业为主的企业具有典型的产权不清晰、权责不明及管理落后等弊端，这一机制的核心是推动企业建立现代企业制度。政府作用机制则重点包括生态产业修复机制和对外开放与合作机制。

5. 我国传统产业主导型省级区域的工业化实现

传统产业在我国工业化进程中，特别是在推动我国部分省级区域向工业化中期阶段迈进中发挥了巨大的作用。但传统产业的发展使得资源锐减、环境恶化与生态失衡，以及市场需求日趋饱和，传统产业面临着转型与升级的迫切要求。基于我国传统产业主导型省级区域工业化还没有实现以及传统产业转型升级的现实需要，本书重点探讨其经济地理特征、传统产业转型升级理论及传统产业主导型省级区域工业化的特点，提出传统产业主导型省级区域工业化实现的模式应在科学的工业化战略发展定位基础上，厘清产业发展的思路,充分激发微观市场主体的潜能,不断通过顶层的改革与创新支撑工业化水平的提高。

在具体措施上,加速淘汰落后产能,实施产业转型升级,促进信息化与传统产业深度融合,向先进适用行业延伸传统产业链。此外,推动高端成长型产业对传统产业的引领与带动,推动生产性服务业发展和粮食主产区农业现代化发展是工业化实现的关键性支撑。在企业的发展上,重点致力于推动传统企业向现代企业转型、促进高端成长型企业发展和推动龙头企业做大做强。在工业化实现机制上,重塑传统产业升级的动力机制,建立高端成长型产业发展机制,以及服务业与工业化融合发展的机制,推动工业化、城镇化和农业现代化联动协调机制建设,推动农民知识化、农业现代化与农村城镇化协调互促机制的建设。

6. 我国新兴产业导向型省级区域工业化的实现

我国新兴产业导向型省级区域的工业化水平比较高,天津、上海、北京等省级区域人均 GDP 已超过 1 万美元,但从其他指标判断,其与工业化实现的要求还有不小的差距。尽管部分省级区域的产业以新兴产业为发展导向,但这些省级区域强调以加工制造业为主,对工业化实现的支撑还比较薄弱,省级区域的产业发展亟待转型。可以认为,实现新兴产业导向型向新兴产业主导型的工业化转变是这些省级区域工业化实现的根本性标志。

在分析新兴产业主导型省级区域的经济地理特征的基础上,对新兴产业的内涵、特征及理论基础,发达国家新兴产业主导下是否存在工业化和中国新型工业化进程中的新兴产业发展理论等内容加以探讨。在进一步分析新兴产业导向型省级区域工业化面临的挑战的基础上,指出应将我国新兴产业导向型省级区域定位于创新型国家建设的战略先导区、自主创新的核心发展区和区域创新体系建设的中心区。在产业的发展上,应以战略性新兴产业的发展为核心,带动其他新兴产业的发展为支撑,并向第一、三产业辐射。对于微观企业而言,需要以创新型为发展导向,促进企业技术创新,将创新成果产品化、商品化和市场化的发展作为根本性导向。

1.4 创新与不足

1.4.1 创新点

1. 对工业化及工业化实现的理解

本书在借鉴其他学者对工业化理解的基础上,将工业化理解为建立在工业发展方式变革、过程演变和目标实现三者的有机统一。工业发展方式的变革,即要素驱动向创新驱动转变。过程的演变,包括结构的改变,即产业结构和经济结构的改变;目标的实现,即达到什么样的人均收入水平,包括物质和非物质的水平。这一工业化界定既考虑了工业化供给端的变化,也考虑了工业化需求端的变化,是两者有机结合而成的工业化。

本书指出工业化实现是发展中国家工业化发展的一个必然命题,是新的生产力不断运用于工业产业的发展中，推动工业产业的变革，促进工业产业发展效率提高的过程；是工业产业的变革促进其他产业的发展方式、组织与管理模式的变革，促进三次产业的发展，进而形成相互促进、相互融合的发展过程；也是在三次产业的发展中出现的生产关系的变革过程，而工业化实现也意味着生产关系的完善。因此，工业化的实现反映着发展方式的变革和过程的演变，即结构的变化，也反映在对"人"的改变上，不仅是物质生活的改变，还是文化生活的改变。

2. 深刻剖析工业化实现的时代特征

本书分析指出，新型工业化首先是信息化与工业化深度融合的工业化。我国新型工业化是第三次工业革命以 3D 打印技术为代表的数字化制造、以大数据为代表的信息技术、以绿色能源为代表的新能源技术为背景下推动发展的，这必将在我国工业化进程中有所反映，进而展示出工业化发展的新时序。其次，新型工业化是全球化与工业化融合的工业化。我国的新型工业化就是一个参与、适应并与全球化融合的过程。第三，新型工业化是国际国内市场统筹的工业化。一方面，通过国内市场的开放，吸引了发达经济体的资本、技术和管理经验，为我国充分利用世界先进文明成果，推动我国经济发展寻求有效的途径。另一方面，充分利用国际市场，发展具有比较优势的制造业，参与国际市场分工的同时满足国内市场的需求，两个市场的共同作用推动着中国工业化的快速发展。第四，新型工业化是工业化水平不断提高与社会主义人文价值观不断形成的过程。我国的人文价值观是吸收经典的历史文化，并融于改革开放三十多年的中国文化中。但经济全球化下的人文价值观受国外文化的冲击是一个无可争议的事实。西方人文价值观有其积极的因素，如民主、平等，但也存在与我国文化价值观相冲突的因素。因此，新型工业化人文价值观的形成是人文国际化与本土化博弈的过程。

3. 重新分类我国工业化省级区域并设计工业化区域实现的模式与机制。

对我国省级区域工业化的分类，不是基于地理空间基础，而是从我国各省级区域工业化发展的核心——所依赖的产业进行分类，将我国内地 31 个省级区域分成三个类型：资源产业依赖型、传统产业主导型和新兴产业导向型。由于每一类型的省级区域产业发展重点不一致，导致工业化的发展模式不同，且每一个产业有其自我实现的内生机制。在工业化实现模式上，从过去重视宏观—中观视野下的新型工业化模式到重视中观—微观的新型工业化模式。前者是政府导向的政策驱动与产业选择、企业执行的工业化发展，政府决定产业的发展类型，后者是在重视我国政府对各省级区域工业化定位的基础上，强调重点产业的选择与企业竞争力提升的工业化实现模式。根据产业的发展和内在的关联，本书设计出各类省级区域的工业化实现机制，因而是内生型工业化模式与机制的体现。

1.4.2 不足之处

(1) 我国资源产业依赖型、传统产业主导型与新兴产业导向型省级区域都不同程度地面临着技术创新的问题，但我国技术创新的水平和实力依然比较弱，如何摆脱这一制约工业化发展的障碍,本书探讨不够。

(2)省级区域内部的工业化关注度不够。以省级行政区为单位,分析工业化的发展具有非常重要的意义。但我国每一个省级区域内部的差异比较大,特别是落后地区的工业化起点低、技术水平低、市场需求不旺盛,导致规模经济和范围经济都比较弱,工业化发展的能力相对不足。因此,如何推动省级区域内部,特别是落后地区的工业化依然是一个亟待探索的问题。

第 2 章 工业化区域实现理论：一般性和特殊性

2.1 工业化一般理论

2.1.1 工业化内涵

传统工业化发生在第一、二次工业革命时期的大背景下。第一次工业革命首先发生于英国，随后在法国、德国、意大利、美国等相继发生，是人类历史上第一次深刻的变革，对生产力、生产关系和社会结构等都产生了深刻的影响。工业革命首先引起生产力的变革，机器在工业中被研究和开发出来，广泛运用于生产领域中，促进了单位生产效率的提高，同时促使家庭手工业被机器大工业取代。与此同时，封建制度瓦解，资本主义制度新兴跃起。如果说第一次工业革命发生在轻工业领域，那么 19 世纪后半期和 20 世纪初期的第二次工业革命就发生在重工业领域，工业领域由轻工业向重工业转移，工业化在全球范围迅速展开。

英国是最早经历工业化发展的资本主义国家。经过长达 4 个世纪的原工业化的累积，在科技、自由市场思想都具备的条件下，英国终于在 18 世纪 60 年代开始了工业化的历程。在 19 世纪 60 年代，英国基本上实现了工业化。此后，欧洲大陆、美国、日本等国先后走上了工业化道路。英国工业化的实现是以棉、纺织业等为主，美国工业化的实现则是以羊、毛纺织品、钢铁、运输、汽车、印刷等制造业的发展为主，德国的工业化启动比英国整整晚了一个世纪，在保护幼稚工业的基调下开始发展，很快通过煤炭、铁轨、机车、金属加工、电气、造船等发展实现了工业化。

早期资本主义国家如火如荼的工业化进程并没有引起学者们的重视。美国重商主义的代表人物汉密尔顿是探讨落后国家工业发展的先驱，他向美国国会提交的《关于制造业的报告》建议政府通过奖金、津贴制度和保护关税等措施鼓励和扶持国内制造业，使国内的幼稚工业尽快得到发展(汉密尔顿，1989)。德国历史学派的先驱李斯特是最早对工业化加以系统研究的学者。他将一个国家的经济发展分为原始未开发时期、畜牧时期、农业时期、农工业时期和农工商时期五个阶段，认为在农工业时期扶持国内工业发展需要实施保护关税制度(李斯特，2013)。

20 世纪 30 年代以来，对工业化的认识是伴随发展经济学的研究而推进的，主要探讨了发展中国家的工业化问题。霍夫曼认为，工业化是制造业中消费资料工业生产与资本资料工业生产的比例变化过程。1943 年，奥地利著名经济学家罗森斯坦·罗丹在《东欧和东南欧国家的工业化问题》中指出经济落后国家要从根本上解决贫困，关键在于实现工业化

(Rosenstein-Rodan，1943)，并把工业化看作是与现代经济发展特别是与发展中国家的经济发展同义的一个基本概念(马尔科姆姆·吉利斯等，1989)。曼德尔鲍姆在《落后地区的工业化》(1947)中认为落后地区普遍存在过剩农业人口、工业化不足和大规模农村伪装失业的问题，主张政府干预(Meier，1994)[174,175]。中国著名的发展经济学家张培刚在《农业与工业化》中第一次运用熊彼特的创新理论系统地探讨了农业国家的工业化问题，从技术创新和技术变革的角度对工业化加以定义："工业化是国民经济中一系列基本的生产函数(或生产要素组合方式)连续发生由低级到高级的突破性变化(或变革)的过程。"他认为，这种变化可能最先发生于某一个生产单位的生产函数，然后再以一种支配的形态形成一种社会的生产函数而遍及整个社会。这种基本的生产函数都与资本工业相关联，其变化进一步加强了伴随现代工厂制度、市场结构及银行制度之兴起而来的经济组织上的变化(张培刚，1984)[①]。进入20世纪90年代，张培刚进一步完善了其工业化的内涵，指出工业化是国民经济中一系列基本的生产函数(或生产要素组合方式)连续发生由低级到高级的突破性变化(或变革)的过程。这种变化过程必须是由低级到高级、不断前进的、动态的，即不是往返循环的，更不是倒退的。另一方面，这种变化过程必须是突破性的，是一种社会生产力(包括一定的生产组织形式)的革命或变革。工业化是一场社会生产力的变革或革命，是社会生产力的一场带有阶段性(由低级阶段到高级阶段)的变化。工业化包含着各级生产组织的变革和各个层次经济结构的变化，最终将会导致整个经济体制或省会制度的变化，以及人们生产观念和文化素质的变化(张培刚，1984)。工业化不仅包括工业的机械化和现代化，而且也包括农业的机械化和现代化。

P.M.斯威齐(Paul Marlor Sweezy)从创新的视角界定工业化。他将工业化定义为新生产方法的创用，或新工业的建立。如果我们从一个全无工业的经济社会开始，那么，这种经济社会可能要经历一种通常称之为工业化的转变，在这一转变中，全社会的大部分力量都是投于创新用的生产方式。新工业的建立，有时就总生产而言规模极为庞大，以致还需要在某一时期减少消费品的生产。在工业化的过程中，所有我们通常称为基本工业的，都以新工业的姿态出现，而且这些新工业的建立吸收了新积累的资本，但都未能相应地增加消费品的生产(张培刚，1984)。德国经济史学家鲁道夫·吕贝尔特在《工业化史》中指出，工业化就是以机器生产取代手工操作为起源的现代工业的发展过程(鲁道夫·吕贝尔特，1983)。

20世纪30~50年代，对工业化的认识是建立在市场机制不完善、人力资本作用不足的基础上。重视工业化推进中的物资资本的作用，轻视农业对工业的影响。强调工业化发展中的结构改变，如农业与工业结构的改变、就业结构的改变等。

20世纪60年代之后，发展经济学进入第二阶段，这一阶段重视市场机制的作用，因而称为新古典复兴阶段。西蒙·库兹涅茨认为，工业化是"产品的来源和资源的去处从农业活动转向非农业活动"(西蒙·库兹涅茨，1989)。钱纳里认为，工业化的中心内容就是发展，而发展就是经济结构的成功转变，随着人均收入的增长，制造业在总产出和就业中

---

① 在事隔40年之后，张培刚对工业化进行了重新界定。工业化指"国民经济中一系列基要的生产要素组合方式连续发生变化的过程"。用"生产要素组合方式"代替了生产函数，因为生产函数本来就表示生产要素(劳动、资本和土地等)的某一种组合同它所能生产的最大产量之间的依存关系，规定了物质财富生产过程中生产要素和其产出之间的技术方面的数量依存关系，以及各种生产要素相互之间的技术替代关系。

所占份额的上升及农业所占份额的下降的趋势(钱纳里等,1999)。西蒙·库兹涅茨以更加宽广的视野来观察工业增长的问题,其研究的重点不是资源的分配问题,把工业产出增长描绘为现代经济增长这个全面结构转变中的一个组成部分。因此,工业化不仅是对需求条件和供给条件变化的反应,而且也是获得现代技术的一个基本手段。

总之,传统工业化的理解主张以假设的制造业及其相关部门的技术性质为基础、强调制造业中规模经济和生产率增长的重要性,以及由此造成的外部经济。主张工业化是弥补预料到的专门生产初级产品所造成的不利条件,以及与此相联系的贸易条件持续恶化的趋势。尽管不同学者对工业化的界定视角有差异,但一般认为工业化的基本特征是国民收入中制造业活动或第二产业所占的比例提高了,在制造业或第二产业就业的劳动人口比例一般也有增加的趋势,在这两种比例增加的同时,除了暂时的中断以外,整个人口的人均收入也增加了(约翰·伊特维尔,1992)。因此,在不同的历史阶段,工业化的内涵是不一致的(表2-1)。

表 2-1 不同学者对工业化内涵的理解

学者		工业化定义
张培刚	1940年定义	一系列基要的生产函数连续发生变化的过程。这种变化可能最先发生于某一个生产单位的生产函数,然后再以一种支配的形态,形成一种"社会的生产函数"而遍及于整个社会。"基要的"生产函数能引起并决定其他生产函数的变化,我们可以将其他生产函数称为"被诱导的"生产函数。这种基要的生产函数的变化,最好是用交通运输、动力工业、机械工业、钢铁工业来说明
	修订定义	"国民经济中一系列基要的生产要素组合方式连续发生变化的过程"。用"生产要素组合方式"代替了生产函数,因为生产函数本来就表示生产要素(劳动、资本和土地等)的某一种组合同它所能生产的最大产量之间的依存关系。规定了物质财富生产过程中生产要素和其产出之间的技术方面的数量依存关系,以及各种生产要素相互之间的技术替代关系
库兹涅茨		资源配置的领域主要由农业转向非农业的过程
钱纳里		以各种不同的要素供给组合去满足类似各种需求增长格局的一种途径
吕贝尔特		以机器生产取代手工操作为起源的现代工业的发展过程
诺斯		如何开发一种制度环境,充分利用制度安排这一发展资源,使创新的动力有利于增进社会的经济效率

21世纪的第一个十年,工业化的背景已经发生了深刻的变化,特别是已经进入第三次工业革命的窗口期,工业化必然具有新的内涵。笔者认为,工业化是工业化发展方式变革、过程演变和目标实现三者的有机统一,以此来界定工业化是理解工业化的核心。工业发展方式的变革,即要素驱动向创新驱动转变。过程的演变,包括结构的改变,即产业结构和经济结构的改变;目标的实现,即达到什么样的人均收入水平,包括物质和非物质的水平。这一工业化既考虑了工业化供给端的变化,也考虑了工业化需求端的变化,是两者有机结合而成的工业化。

2.1.2 工业化水平测度

工业化实现是建立在工业化水平基础上的,因此对工业化水平的测度是理解工业化实现的基础。但必须注意的是,工业化水平仅仅是工业化实现的一个重要指标,本书在后文的分析中还提出了一些其他的指标。在工业化水平的测度上，先后有以下几种测度方法。

1. 配第-克拉克定律

1940 年，克拉克(Colin Clark)在配第研究的基础上，对 40 多个国家和地区不同时期三次产业的劳动投入产出资料进行了整理和归纳，得出结论：随着人均国民收入水平的提高，劳动力首先从第一产业向第二产业转移；当人均国民收入水平到达一定阶段之后，劳动力将从第二产业向第三产业转移。劳动力在产业间的分布状况是第一产业将减少，第二产业和第三产业将增长。

2. 霍夫曼比例

1931 年，德国经济学家霍夫曼(W.G.Hoffmann)在《工业化的阶段和类型》一书中，对 20 多个国家 1880~1929 年消费品工业和资本品工业比例的数据进行了归纳，从产业结构演进的角度，通过测算工业内部结构比例关系的变化，分析了制造业中消费资料工业和生产资料工业的比例关系，即

$$霍夫曼比例=\frac{消费资料工业净产值}{生产资料工业净产值}$$

该公式将全部产业分为消费资料产业、生产资料产业与其他产业三种类型，某类产品有 75%以上属于消费资料就归入消费资料产业，75%以上是生产资料则归入生产资料产业，不能归入上述两类的就归入其他产业。

3. 罗斯托划分法

美国经济学家罗斯托在 1960 年出版的《经济成长的阶段：非共产党宣言》一书中将经济成长的过程分为六个阶段：传统社会阶段、为起飞创造条件的阶段、起飞阶段、走向成熟的阶段、大众高消费阶段以及消费阶段之后，并根据资本积累水平和主导产业两项指标，将工业化过程划分为准备阶段、起飞阶段、成熟阶段与后工业化阶段(罗斯托，1960)。

4. 钱纳里等人均 GDP 划分标准

美国经济学家钱纳里等运用投入产出方法、一般分析方法和计量经济模型，考察了第二次世界大战后发展中国家的工业化过程，并借助多国模型，以人均 GDP 为划分标准，将经济结构转换过程划分为 4 个阶段(表 2-2)(钱纳里等，1999)。

表 2-2 人均收入水平变动所反映的工业化阶段

工业化阶段	人均 GDP/美元			
	1964 年	1970 年	1982 年	1996 年
1	200~400	280~560	728~1456	1240~2480
2	400~800	560~1120	1456~2912	2480~4960
3	800~1500	1120~2100	2912~5460	4960~9300
4	1500~2400	2100~3360	5460~8736	930~14880

5. 联合国工业发展组织的划分标准

联合国工业发展组织（United Nations Industrial Development Organization，UNIDO）在《2009 年度工业发展报告》中将工业化理解为"在产品空间、地理空间和时间上'呈聚块性特征'发展的过程"。在产品空间上呈现的聚块性特征使生产过程从产品生产向任务型生产转变，并将导致各国专注于制造活动中相对很窄的一个产品范围；在地理空间上呈现的聚块性特征使生产地点分布表现为大量的产业集群；在时间上呈现的聚块性特征，使得"后来者"进入国际产业分工体系非常困难，可一旦经济体跨越了竞争力的阈值，其产业扩张将可能是爆炸式的发展，并根据工业净产值在国民收入中的比例，对工业经济发展阶段进行划分。

6. 世界银行工业化阶段划分。

世界银行根据工业净产值在国民收入中的比例，将工业化阶段划分为农业经济阶段、工业初兴阶段和加速阶段（表 2-3）（张美云，2012）。

表 2-3 联合国工业化阶段划分法

工业化阶段	阶段特征 R（工业净产值/国民收入）/%
农业经济阶段	$R < 20$
工业初兴阶段	$20 < R < 40$
工业加速阶段	$R > 40$

2.2 中国特色新型工业化理论

2.2.1 中国特色新型工业化的理论探索

改革开放以来，中国探索适合国情的工业化先后经历了两个截然不同的阶段，以"三高一低"为特征的传统工业化阶段和以"三低一高"为特征的新型工业化阶段。新型工业化是传统工业化的继承与辩证扬弃，是我国工业化历史演进的产物。早在改革开放之初，我国就开始探索具有中国特色的工业化，但直到 2002 年才最终比较完善地提出新型工业化道路。

长期以来，我国传统工业化助推了中国经济的快速发展，但存在着资源环境的恶化、生态失衡、地区经济差距扩大等严重问题。早在我国工业化的发展初期，党和国家领导人多次提出工业化的可持续发展思想，但由于唯 GDP 论，使得工业化的发展方式并没有出现根本性的改变。但经济发展中环境的压力与日俱增，以及我国社会主义市场经济体制逐渐完善，中国经济发展融入世界经济一体化进程，实现传统工业化向现代工业文明、新型工业文明的转变是必然的。由此可见，中国提出新型工业化道路是深刻反思中国传统工业化弊端的需要，是符合产业发展的要求所致，同时也是全世界工业文明进程发展的必然。

改革开放以来，中国虽然在实践上继续以传统工业化道路为主，但理论的探索已经开始,首先是对工业化道路的不断反思和一些新的发展思路的提出。1981年,在总结传统工业化时,政府明确指出,要切实改变长期以来在左的思想指导下的一套老的做法,真正从我国实际情况出发,走出一条速度比较实在、经济效益比较好、人民可以得到更多实惠的新路子(中国经济年鉴编辑委员会,1981)。这是我国最早对新型工业化思想的论述。1987年,中国共产党第十三次全国代表大会(简称党的十三大)指出,"必须坚定不移地贯彻执行注重效益、提高质量、协调发展、稳定发展的战略。归根结底,就是要从粗放经营为主逐步转变为以集约经营为主的轨道(《中国共产党第三次全国代表大会文件汇编》编委会,1987)。"1997年,中国共产党第十五次全国代表大会(简称党的十五大)重申了"真正走出一条速度较快、效益较好、整体素质不断提高的经济协调发展的路子"(《中国共产党第十五次全国代表大会文件汇编》编委会,1997)。

中国特色新型工业化道路是我国在工业化实践中深刻反思传统工业化发展弊端、科技革命日益深刻地影响经济生活和不断总结经验的基础上,在党的十六大中正式被提出来的,指出:"走新型工业化,走出一条科技含量高、经济效益好、资源消耗低、环境污染少、人力资源优势得到充分发挥的新型工业化路子"(《中国共产党第十六次全国代表大会文件汇编》委员会,2002)。"新型工业化道路"是立足于我国基本国情,对我国传统工业化道路所做出的重大改变,是对我国工业化发展模式做出的重大战略调整。在党的十六大中提出走新型工业化道路的基础上,党的十七大报告进一步突出了"中国特色",同时提出"大力推进信息化与工业化融合",这是对新型工业化内容的拓展、思路的升华和发展方式的转变。我国的新型工业化提出之后,在不同时期有着不同的表述(表2-4)。

表 2-4 新型工业化在不同时期的表述内容(孙智君,2012)

时间	文件名称	主要内容
2002	《中国共产党第十六次全国代表大会报告》	新型工业化,走出一条科技含量高、经济效益好、资源消耗低、环境污染少、人力资源优势得到充分发挥的新型工业化路子
2005	《中共中央关于制定国民经济和社会发展第十一个五年规划的建议》	推进国民经济和社会信息化,切实走新型工业化道路,坚持节约发展、清洁发展、安全发展,实现可持续发展
2007	《中国共产党第十七次全国代表大会报告》	要坚持走中国特色新型工业化道路。由主要依靠增加物质资源消耗向主要依靠科技进步、劳动者素质提高、管理创新转变
2008	《国务院机构改革方案》	组建工业和信息化部。加快走新型工业化道路的步伐
2009	《关于开展创建"国家新型工业化产业示范基地"工作通知、创建国家新型工业化产业示范基地管理办法》	为全面贯彻落实科学发展观,加速推进中国特色新型工业化进程,加快转变经济发展方式,促进信息化与工业化融合,进一步调整优化产业结构,引导产业集聚发展、集约发展,工业和信息化部决定开展创建国家新型工业化产业示范基地
2011	《中华人民共和国国民经济和社会发展第十二个五年规划纲要》	坚持走新型工业化道路,适应市场需求变化,根据科技进步新趋势,发挥我国产业在全球经济中的比较优势,发展结构优化、技术先进、清洁安全、附加值高、吸纳就业能力强的现代产业体系
2012	《关于进一步做好国家新型工业化产业示范基地创建工作的指导意见》	国家新型工业化产业示范基地创建的总体要求、主要人物、主要举措和保障机制。其中,总体目标是力争经过5年发展,到十二五规划末形成约300个产业特色鲜明、创新能力强、品牌形象优、配套条件好、节能环保水平高、产业规模和影响居全国前列的国家新型工业化产业示范基地
2013	《中国共产党第十八次代表大会》	坚持走中国特色新型工业化、信息化、城镇化、农业现代化道路,推动信息化和工业化深度融合、工业化和城镇化良性互动、城镇化和农业现代化相互协调,促进工业化、信息化、城镇化、农业现代化同步发展

国外几乎鲜见学者论述新型工业化的相关问题。钱纳里等(1999)认为,少数新兴工业化国家和地区极力主张发展战略由内向型转为外向型。四个超级出口区"沿着一条新型的工业化道路前进,其特点是制造业增长异常迅速,这种增长以制造业参与世界经济活动的程度不断提高为基础。他所指的新型工业化道路主要是以出口为导向的工业化。这种工业化主要指在对外贸易中工业化类型及方式的选择。

中国特色新型工业化是将中国置于一个特殊的背景下研究这一最大发展中国家工业化发展所必需的。这一工业化模式是对其他发展中国家的发展进程和我国传统工业化道路充分的经验总结,是在面临着新的形势和新的情况下而推出的工业化,是因信息化的高度发展、资源的日益枯竭和生态环境的压力严重制约着传统工业化道路在我国具有不可行性而提出的。

中国特色新型工业化是党的十六大正式提出的。其内涵是坚持以信息化带动工业化,以工业化促进信息化,是科技含量高、经济效益好、资源消耗低、环境污染少、人力资源优势得到充分发挥的工业化道路。与传统的工业化相比,新型工业化有三大突出的特点:①以信息化带动,以科技进步和创新为发展动力,注重劳动者素质的提高,能够实现跨越式发展;②低碳化,这一过程特别强调生态建设和环境保护,强调处理好经济发展与人口、资源、环境之间的关系,降低资源消耗,减少环境污染,从而大大增强可持续发展能力;③能够充分发挥人力资源优势,人力资源优势分为数量型优势和质量型优势,尽管质量型优势的利用是新型工业化发展的根本,但短期而言,数量型优势和质量型优势都是中国特色新型工业化发展过程中必须充分利用的优势,因而在发展过程中不能偏废。从根本上讲,新型工业化是发展方式得以改变的工业化是在坚持传统工业化发展方式,即以石油、煤炭为主要的能源的发展方式。

在党的十八大中进一步对新型工业化的发展方向进行了明确:坚持走中国特色新型工业化、信息化、城镇化、农业现代化道路,推动信息化和工业化深度融合、工业化和城镇化良性互动、城镇化和农业现代化相互协调,促进工业化、信息化、城镇化、农业现代化同步发展。在新的工业化发展中,提出了工业化与其他"三化"有机协调发展的要求。

2.2.2 中国特色新型工业化的内涵理解

不同时期,中国特色新型工业化的表述是不同的,这表明其是一个不断发展、推陈出新的理论体系。因而,在工业化的动态历程中把握工业化内涵具有十分重要的意义。

钱纳里(1989)在《工业化与经济增长的比较研究》一文中对新兴工业化国家和地区,特别是香港、韩国、新加坡和台湾4个东亚经济体的研究发现,其发展战略由内向型转为外向型,这4个"超级出口区"沿着一条新型的工业化道路前进,其特点是制造业增长异常迅速,这种增长以制造业参与世界经济活动的程度不断提高为基础。他认为只要不同于传统的、原有的发展方式,就是新型工业化,是以制造业为主的工业化。可以看出他的理解比较简单,仅仅强调制造业的增长。中国特色新型工业化自提出以后,其理论体系不断完善,内涵也不断丰富。笔者认为,中国特色新型工业化具有以下内涵。

1. 中国特色新型工业化是创新推动的工业化

针对中国工业发展的高投入、高消耗、低产出的外延式发展道路，江泽民认为要不断为工业化和产业结构优化升级提供强大的技术支持，那就是必须坚持和勇于创新，创新是新型工业化发展的核心思想。他认为"创新是一个民族进步的灵魂，是国家兴旺发达的不竭动力"（中共中央文献研究室，2002）。"只有坚持创新才能不断前进，只有不断前进才能始终掌握主动"（中共中央文献研究室，2002）。江泽民在《论科学技术》一书中论述了用高科技带动经济发展，除了要实现产业化之外，更重要的是创新。落后国家要赶超先进国家，要善于在学习和引进技术的基础上再创新。创新分为技术创新和制度创新，技术创新居于主导地位，将成为21世纪经济和社会发展的主导力量，技术创新与工业化的结合将更为紧密。在体制创新方面，江泽民认为就是要不断完善适应发展社会主义市场经济、全面建设中国社会主义要求的各方面的体制。

在党的十七大会议上，胡锦涛进一步谈论了科技创新与新型工业化的关系，指出通过中国特色的自主创新道路实现中国特色的新型工业化道路是工业化发展的必然举措。在党的十八大上，更是旗帜鲜明地提出了创新驱动发展战略，指出科技创新是提高社会生产力和综合国力的战略支撑，必须摆在国家发展全局的核心位置。要坚持走中国特色自主创新道路，以全球视野谋划和推动创新，提高原始创新、集成创新和引进消化吸收再创新能力，更加注重协同创新。深化科技体制改革，推动科技和经济紧密结合，加快建设国家创新体系，着力构建以企业为主体、市场为导向、产学研相结合的技术创新体系[①]。在中国共产党第十八届中央委员会第三次全体会议的报告中，习近平多次提到创新对工业化的重要性。

2. 中国特色新型工业化是可持续发展的工业化

1996年，江泽民在中央计划生育工作座谈会上阐述了可持续发展的内涵："所谓可持续发展，就是要考虑当前发展的需要，又要考虑未来发展的需要，不以牺牲后代人的利益为代价来满足当代人的利益"。同年的第四次全国环境保护会议上，他指出："经济发展，必须与人口、环境、资源统筹考虑，不仅要安排好当前的发展，还要为子孙后代着想，为未来的发展创造更好的条件"（中共中央文献研究室，1998）。可持续发展不仅仅是经济的发展问题，更是人口、资源、经济三者的关系问题。2001年，江泽民在"七一"讲话中再次强调"要促进任何自然的协调与和谐，使人们在优美的生态环境中工作和生活，坚持实施可持续发展战略，正确处理经济发展同人口、资源、环境的关系，改善生态环境和美化生活环境，改善公共设施和社会福利设施，努力开创生产发展、生活富裕和生态良好的文明发展道路"。他的论述深刻阐明了经济发展与人口、资源环境的关系，只有实现经济、人口和资源的可持续发展，整个人类社会才真正实现了可持续发展。

3. 中国特色新型工业化是人力资源优势充分发挥的工业化

人力资源优势是一个多元化的概念，既可能是质量的优势，又可能是数量的优势。对

---

① 中国共产党第十八次代表大会报告。

于发达国家而言，人力资源优势表现为质量的优势，主要体现在生产高知识含量的产品。对于广大发展中国家而言，人力资源优势表现为数量的优势，但质量偏低，因此对低端产业的需求比较大。

中国人力资源的优势既表现为质量优势，又表现为数量优势。人口总数决定了我国人力资源的数量优势，因而加工制造业势必消化这一部分人力资源。另一方面，我国高等教育的发展培养出一些高质量的劳动者，无疑需要生产高知识含量的产品。

人力资源优势从数量优势到质量优势的转变是这一阶段的重要特征。而实现这一优势的转变则需要推动我国产业发展方式的转变，即由要素投入的大国向创新驱动的大国转变，因此，要围绕创新型产业进行转变。

4. 中国特色新型工业化是生态优先的工业化

从中国特色新型工业化道路的提出就可以看出生态化是其基本要求。党的十八大提出中国特色社会主义道路的"五位一体"，坚持了生态优美的发展要求，因此在工业化发展中应该成果共享。

传统工业化是对资源"大量开采—大量生产—大量消费—大量废弃"的单向线性生产过程，这既造成资源短缺，大量废弃物出现，又造成环境不断恶化。随着传统工业化对自然环境负面影响的日益凸显，环境容量成为20世纪70年代以来一直探讨的话题。经济发展对自然资源的开采利用和因发展社会经济而排放到自然环境的废弃物都有量限，不可能无限。虽然人类对环境的保护举措、新的技术手段和思想措施等可以改善环境，改变环境容量，承载力趋于延长，但如果改变的环境容量不能消解变坏的容量，环境仍然将会恶化。因此，新型工业化的过程就是一个善待自然环境，在经济发展与环境保护中寻求均衡的过程。

2.2.3 中国特色新型工业化的时代特征

新型工业化的内涵是其不同阶段的内涵，而其时代特征则是国际国内的时代赋予工业化的时代内涵。这是工业化发展进程中必须遵循的要求，也就是说，如果遵循这一要求，则会助推工业化的发展，如果违背这一要求，则会阻碍工业化的发展，因而把握时代特征是新型工业化加速发展的必要要求。

1. 新型工业化是信息化与工业化深度融合的工业化

我国新型工业化仍是以第五次技术革命浪潮的主导技术——信息技术革命为基础，并没有反映出以第六次技术革命浪潮为核心的第三次工业革命对工业化的影响（贾根良，2013）。第三次工业革命的核心包括以 3D 打印技术为代表的数字化制造、以大数据为代表的信息技术、以绿色能源为代表的新能源技术，这必将在工业化进程中有所反映，进而展示出工业化发展的新时序。

信息化与工业化的深度融合是信息技术与工业化的快速发展促进二者相互交织、叠加和渗透的过程。二者融合的本质是信息化带动工业化、工业化促进信息化。这意味着信息技术、信息产业和信息化的发展提高了新型工业化的发展效率，也意味着新型工业化的发展推动着信息技术和信息产业水平的提高。信息化与工业化的深度融合是全方位、多层次的融合，是技术融合、产业价值链信息化、产业衍生与社会信息化"四位一体"的融合过程。

(1) 技术融合是信息化与工业化融合的"内核"，是决定二者能否融合成功的关键。随着信息技术的快速发展，工业化进程中的技术研究和开发重点与信息技术密切相关，促进了工业领域的信息技术进步。另一方面，随着信息技术在工业化领域的运用所产生的巨大生产力效应，信息技术的研究与工业化领域的技术相结合，改造传统技术产业并培育出一些新兴产业。因此，技术融合使工业化与信息化形成互为需求和供给的内生体系，融合的过程也就是技术创新的过程。

(2) 产业价值链的信息化是信息化与工业化在产业领域融合的表现。这一融合是产业价值链的采购、设计、产品制造、销售、客户服务等各环节，运用信息技术和信息化管理手段，促进业务创新、管理创新和服务创新的过程。如供应链管理的信息化可以节约采购时间，降低采购成本。财务管理的信息化提高了企业资金周转速度，提高了企业财务管理效率。制造环节的信息化能够促进技术创新、提高制造的精度和产品的质量。如传统家电采用了电子信息技术之后就变成了信息家电和智能家电，可以实现远距离、人性化和自动控制。

(3) 产业衍生是工业化与信息化融合下由于产业之间的边界模糊而催生出的新兴产业。我国当前很多新兴服务业，如教育培训业、IT咨询业等就是典型的衍生型产业。需求是引致这些衍生型产业涌现的根本动因，信息技术的创新为衍生型产业由可能变为现实提供了动能。

(4) 社会信息化是工业化和信息化发展引起经济发展和社会变革的反映，是衡量一个国家或地区现代化程度的重要标志。社会信息化是以信息指标为核心，包括信息资源、信息网络、信息技术运用、信息产业、信息化人才、信息化政策和法规等方面的发展。社会信息化的发展是信息化与工业化深度融合的结果，其程度直接反映二者融合的深度，因而是二者深度融合的本质要求。

2. 新型工业化是全球化与工业化融合的工业化

经济全球化是跨国商品、服务贸易、国际资本流动规模和形式的增加，技术的广泛传播使世界各国经济相互依赖性增强的过程(国际货币基金组织，1997)。经济全球化具有先进技术推动，资本、技术等要素在全球范围内配置，各国市场相互依赖等特征。全球化在本质上被视为资本主义的全球化，反映着现代制度在全球范围内扩张，以及文化、文明达到的一种目标(杨雪冬，1999)。

20世纪60年代以来，经济全球化的发展推动着工业化的进步，工业化的快速发展又促使全球化加速发展，二者紧密结合，相互吸收(Kaya，2010)。历史证明，适应全球化的工业化将乘势而上，否则，如逆水行舟，不进则退。全球化是一个动态发展的过程，不同阶段的全球化对工业化的影响程度不同。现阶段的全球化正处于科技革命快速发展时期，大数据、互联网等信息技术全面渗透到工业化进程中，影响着工业化的发展。因此，今天的工业化不同于历史上任何一个阶段的工业化，其显著特征在于受全球化的影响如此深刻，以至于本身就是全球化的工业化。

对于发展中国家而言，全球化的工业化一般要历经三个阶段。一是主动参与的阶段。这一阶段是工业化国家全球价值链分工的主观需要和发展中国家廉价的资源、劳动力和开放政策等客观现实相结合，但国内工业产业面对全球化的竞争处于被动地位，在全球分工体系中处于被"俘获"地位。二是适应提升阶段。这一阶段是资源、劳动力比较优势逐渐丧失，国内制度变革、技术和管理水平不断提高，部分产品和产业竞争优势不断增强的过程。三是融合互促阶段。随着发展中国家的制度变革趋于稳定，全球化治理思想和文化体系逐渐形成，产业竞争优势不断放大并在一些领域处于主导地位，工业化与全球化进入深度融合阶段。

我国的新型工业化就是一个参与、适应并与全球化融合的过程，中国已经成为全球化的重要参与者和重要阵地。2008年，中国成为制造业出口第一大国，出口总额达1.37万亿美元，占全球市场份额的11.3%。但单一的加工制造参与全球化暴露出比较多的问题：①中国制造业远远不能适应经济全球化技术水平的发展要求，整体素质不高、自主知识产权缺乏、大多处于产业链的中低端、精细化程度不高（金碚，2013）；②不能适应全球化的产业发展方式，即低碳化、生态化与循环化；③在全球范围内资源配置能力比较弱。虽然我国最近几年对外投资持续增长，但以资源的开发和利用为主，品牌竞争力弱，没有真正形成在全球范围内配置资源的跨国公司，国有企业依然占据着对外资源配置的主导权。

经济全球化的加速发展将中国工业化置于新的国际环境中，中国新型工业化已经表现为全球化的工业化。因此，把握全球化进程中工业化的发展趋势，调整和改变新型工业化的发展方式，寻求全球化给予工业化注入的新动力是新型工业化的必然诉求。

3. 新型工业化是国际国内市场统筹的工业化

我国改革开放以来的工业化是在依托国际国内两个市场基础上发展起来的。一方面，国内市场的开放，吸引了发达经济体的资本、技术和管理经验，为我国充分利用世界先进文明成果，推动我国经济发展奠定了基础。另一方面，充分利用国际市场，发展具有比较优势的制造业，参与国际市场分工的同时满足国内市场的需求。两个市场的共同作用推动着中国工业化的快速发展。但是，我国国际市场的利用程度比较低，国际国内市场处于分割的状态。

国际国内市场的统筹是适应全球工业化发展的需要，是在更大的范围内和程度上参与全球资源配置和产业发展。国际国内市场的统筹发展应立足国内市场，稳定和拓展国际市场。这既源于大国经济增长必须依靠国内市场的经验判断，又源于大国经济发展必须牢牢把握主动权的要求。立足国内市场是前提，国内市场的利用是建立在不断优化投资结构、建立新的消费增长点的基础上，而不是长期依赖低端消费；稳定和拓展国际市场，是建立在国际市场利用方式转变的基础上，而不是单纯依赖低端制造扩大出口规模。

4. 新型工业化是人文国际化与本土化博弈的工业化。

工业化的过程并非是面对无生气的技术、冰冷的厂房、僵硬的机械，其进步推动人文的发展与变迁。诞生于16世纪的欧洲文艺复兴奠定了追求自由真理的基础，孕育了经济制度上倡导自由的希望，照亮了近现代工业人文化的前进之路。工业革命时期，民众文化水平与工业化水平相互推进、同步增长。第二次工业革命是在自由人文精神的倡导下激发了创新的热情，推动技术创新的不断涌现。第三次科技革命把人从繁重单调的劳动中解放出来，释放出温暖的人性。因此，人类工业化的历史就是不断尊重人的价值、维护人的权利和满足人的需要的历史。正是源自人文化与工业化的有机统一、融合发展，推动着工业化的进步，让人类享受着工业文明的优秀成果。因此，工业化就是与人文化得以不断发展的过程。

新型工业化是工业化水平不断提高与社会主义人文价值观形成的过程。我国的人文价值观首先是本土化的人文价值观，即吸收经典的历史文化，并融于改革开放三十多年的中国文化中；其次，经济全球化下的人文价值观受国外文化的冲击是一个无可争议的事实。西方人文价值观有其积极的因素，如民主、平等，但也存在与我国固有的文化价值观相冲突的因素。因此，新型工业化人文价值观的形成是人文国际化与本土化博弈的过程。在博弈过程中，吸收国际先进文化并建立特色鲜明的中国文化体系是必然使命。

2.3 工业化区域实现理论

2.3.1 区域、经济区经济与行政区经济

1. 区域

区域的概念最早被地理学使用，20 世纪以来，政治学家、经济学家、社会学家纷纷展开区域问题的研究，但对区域的界定一直存在较大的争议。最早对区域概念进行界定的是 1922 年全俄中央执行委员会直属经济区划问题委员会即"区域应该是国家的一个特殊的经济上尽可能完整的地区，这种地区由于自然特点、文化积累和居民及其生产活动能力的结合而成为国民经济总链条中的一个环节"（全俄中央执行委员会直属经济区划问题委员会，1961）。美国地理学家 R.Hartshore 指出"区域"是一个具有具体位置的地区，在某种方式上与其他地区有差别。另一位学者艾德加（1992）认为区域是基于描述、分析、管理、计划或制定政策等目的而作为一个应用性整体加以考虑的一片地区。在《简明不列颠百科全书》中，区域是指有内聚力的地区。同时，对区域的分类也一直存在着异议[①]。

2. 经济区经济

经济区经济是在地理分工的基础上形成的地域经济单元，这一类经济单元一般是以城市为节点，以产业为关联，包括三次产业之间的关联为纽带，以及人与人之间的往来形成的具有共同特征的地域生产综合体。经济区又被称为经济圈或经济区划。其理论溯源于德国经济地理学家马克斯·韦伯的工业区位论和克里斯托尔的中心地理论。经济区经济具有客观现实性、多元性、经济上的高度关联性和开放性等特征。

---

① 美国经济地理学家 J.R.Boudeville 主张将区域分为均质区、节点区和规划区；L.H.Klaassen 提出按增长率进行区域分类；N.Hansen 利用三种资本或投资即直接生产活动、经常经济资本与经常社会资本，根据它们的组合状况将区域分为三类：拥挤区、中间区和落后区。

3. 行政区经济

舒庆等(1994)提出行政区经济是指由于行政区划对区域经济的刚性约束而产生的一种特殊区域经济现象,是我国从传统计划经济体制向社会主义市场经济体制转轨过程中,区域经济由纵向运行系统向横向运行系统转变时期出现的具有过渡性质的一种区域经济类型。从基本属性上看,行政区经济不属于诸侯经济,但具有强烈的行政色彩,首先属于行政区范畴的概念,又属于经济区,不过其经济区受到行政力量的制约,具有行政和经济的双重约束。

4. 我国对区域的认识

中华人民共和国成立以来,我国对区域的划分历经了几个阶段。早在一五规划(1952~1957年)时期,我国出于改变沿海和内地经济发展不平衡的需要,采用将全国划分为沿海与内地两大地区的两分法,并且在二五规划时期沿用这一区域分类方式。20世纪60年代中期,出于备战的需要,在区域划分方面提出了一、二、三线的分类方法,这一分类法一直沿袭到20世纪70年代末。改革开放以来,对中国经济区域的划分在每一个五年计划中都不同(表2-5),如六五和八五规划称为沿海地区、内陆地区,七五、九五和十五规划称为西部地区、中部地区和东部地区,十一五规划又将我国的经济区称为东部、中部、西部和东北地区(表2-5)。

表2-5 改革开放以来中国经济区的划分(魏后凯,2008)

国家计划	年份	地区划分
六五规划	1981~1985	沿海地区、内陆地区
七五规划	1986~1990	东部沿海地区、中部地区、西部地区
八五规划	1991~1995	沿海地区、内陆地区
九五规划	1996~2000	东部地区、中西部地区
十五规划	2001~2005	西部地区、中部地区、东部地区
十一五规划	2006~2010	西部地区、东部地区、中部地区、东北地区

2.3.2 工业化实现理论

1. 工业化实现的经典认识

工业化的实现是在追求工业化发展过程中出现的结果,是发展中国家工业化发展的一个必然命题,怎样实现工业化是发展中国家努力的方向所在。张培刚(1984)指出,工业化是人类社会(不论是一个国家或是一个地区)已经经历了或即将要经历的一个历史发展过程;也就是从以手工劳动为主的小农经济的社会进化到以机器(及其后的电脑等)操作为主的社会化大生产的经济社会,或者说从落后的农业国或欠发达国家进化到先进的工业国或工农并重的国家。一个国家或一个地区,只要达到了这一境界,就可以说它的"工业化"任务基本完成。张培刚进一步指出,一个国家实现了工业化以后,可以变成一个以制造工业为主的国家,也可以仍然是以农业为主的国家,也可以成为一种制造工业与农业保持适当平衡的国家。这种变动的决定因素是人才和生产技术,其限制因素是资源和人口。

20世纪60年代,发展中国家的工业化实践并没有获得成功,其主要原因在于广大的发展中国家只重视发展制造业,特别是重工业,而不顾及或不重视发展农业,当然还有其他经济和非经济的原因,如经济政策失误、过多地举借外债和使用不当、人口数量庞大等。事实上,早在20世纪40年代,张培刚就指出随着工业化过程的进展,农业在国民经济中所占相对比例都有逐渐降低的必然趋势。农业劳动人口占全国总劳动人口的比例与农业生产总值占国民生产总值的比例减小是"工业化"普遍性或规律性的特征。因此,可以把农业的这种相对比例看作是一个国家或地区工业化程度标志。农业是工业化进程中不可分割的一部分,工业化不是农业及其他初级生产的增加,而是制造业及次级生产的增加,包括工业和农业的现代化,不能认为工业化只是单纯地发展制造工业而不顾及发展农业。张培刚(1984)认为,工业化至少带来三个层面的变化:①生产技术和社会生产力的变革;②这一过程所引起的并且必然伴随而来的国民经济结构的调整和变动;③人们思想观念和文化素质的变化,在一定的情况下,它将会导致整个经济体制或社会制度的变革和变化。当然社会制度或经济体制也将会对工业化的实现产生重大的甚至关键性的影响。配第-克拉克、钱纳里、库兹涅茨等也指出,从工业化起步阶段到基本实现,工业在国民收入和就业人口中所占的份额持续上升,同时农业在国民收入及就业人口中的份额则持续下降。这种现象更深层次的变化,是可供利用的资源总量的扩张和资源配置结构的不断调整。这个过程的时间长短、演进速度、变化过程的均衡与否以及具体的产业所占比例,不同国家有不同的特点,但这并不影响工业化过程本质特征的规定。工业化过程是工业及其主导之下的经济以较高速度增长的过程。国内有学者指出:工业化的实现指工业特别是制造业取代农业成为经济发展的主导力量,由此导致的国家经济发展水平上升到一个较高的层次;工业化的终结是工业特别是制造业对于经济发展的主导地位为第三产业所替代。本书并不赞成工业化只是人类历史上一个特定的阶段,后工业化社会对工业的依赖并未减弱,而是增强,只是说工业的地位下降,方式发生了变化,从美国的再工业化就可以看出。这一认定虽然造成工业化的实现有一定的难度,但客观地对工业化进行了补充。结合美国再工业化的问题来看,工业化并没有结束,对于实现与否虽然没有明确判断标准,但是当制造业比例下降后,工业还是需要不断发展,这一阶段是工业主导的工业化向服务业主导的工业化迈进,工业比例下降、服务业比例上升的过程,且农业占有较大比例。

工业化实现的衡量指标主要包括以下四个方面。

(1)工业总产值标准。斯大林提出一个国家如果工业总产值达到或超过工农业总产值的70%,就已经实现了工业化。

(2)人均收入标准。工业化的实现可以被定义为人均收入达到8000美元(按照1992年汇率折算成美元,以下同)。原因是根据世界银行的分类标准,发展中国家按人均收入划分为:低收入国家(低于675美元)、中等收入国家(675~8000美元)、中低收入国家(低于2700美元)、中高收入国家(2700~8000美元)(大多数是工业产出快速增长的亚洲国家和少数拉美国家或地区,也被称为新兴工业国家)、高收入国家(高于8000美元)(如经济合作与发展组织的成员国)(吉利斯等,1998)。

(3)阶段论标准。钱纳里把经济增长划分为初级产业阶段、中期产业阶段、工业化中期阶段、工业化后期阶段、后工业化社会和现代化社会阶段,第六个阶段作为工业化实现的标准。在这一阶段,第三产业出现分化,知识密集型产业开始从服务业中分离,并占据主导地位,消费欲望多样化与多元化并存,个性化消费出现(钱纳里等,1989)。

(4)复合标准。国际上衡量一个国家或地区是否完成工业化主要依据四项指标:人均 GDP 达到 2100 美元、第二产业增加值占 GDP 比例达到 60%、城镇人口比例达到 60%、农业从业人数占全社会从业人数的比例在 20%以下。我国工业和信息化部原部长李毅中认为,从量上看,比较公认的标准是人均 GDP 达到 1 万美元;此外,工业化实现还应该考虑生产力发展水平指标、产业结构合理化指标、民生指标。因此,工业化实现的指标可以从四个方面加以考虑:①借鉴先进国家的工业化历程,人均 GDP 达 1 万美元左右;②体现生产力发展水平,要有先进的行业经济技术指标和掌握一些核心、关键技术;③产业结构要有合适比例,一、二、三产业比例要科学计算,工业领域中新兴产业、高新技术产业比例要提升;④应与民生指标相关联(李毅中,2013)。这四个指标基本上反映了与现代工业化发展有着紧密联系的指标。

本书认为,工业化实现的理解应该建立在对工业化正确理解的基础上。前文述及,工业化应从生产力的变化引起生产关系的变革过程中加以认识。经典的理论对工业化的认识主要是从生产力的角度,而没有考虑生产关系,导致工业化的实现认识是比较片面的。众所周知,生产力变革是推动工业化实现的根本,而生产关系发生深刻变化才标志着工业化的真正实现。因此,应从以下三个方面理解工业化的实现。

(1)新的生产力不断运用于工业产业的发展中,推动工业产业的变革,促进工业产业发展效率的提高。这一效率的提高,不仅是技术在工业产业中的运用,而且是以技术为驱动的全要素生产效率的变化。因此,工业化实现的根本性动力是不断运用新的技术于产业发展中。

(2)工业产业的变革促进其他产业的发展方式、组织与管理模式的变革,促进三次产业的发展,进而相互促进、相互融合。这是工业化得以实现的产业支撑。也就是工业化的实现不仅是第二产业的发展,还包括第一、三产业的快速发展,即没有农业和第三产业的工业式发展,也就没有工业化的全面实现。

(3)在三次产业的发展中出现的生产关系的变革。工业化实现过程也就是生产关系发生深刻变革的过程,而工业化实现也意味着生产关系的完善。我国工业化进程中的生产关系依然是城乡差距比较大,城乡二元结构比较突出,城镇化质量和水平还比较低,以人为本的城镇化践行还缺乏清晰的思路。这应该是工业化实现中生产关系变革的重点。

因此,传统的观念认为工业化是制造业比例的上升引起的农业比例下降,这仅仅是工业化的一个基本内核,作为全面实现工业化而言,工业化不仅是一个过程,同时又是一个目标,而实现这一目标需要一些特定的方式和方法。围绕着工业化实现的农业现代化的推进,又需要城镇化水平的提高,同时还需要三次产业之间良性互动,也需要人的发展水平的根本性提高,这才是全面实现工业化所必须具备的要义。

2. 基本实现工业化与全面实现工业化

工业化实现分为基本实现和完全实现。基本实现工业化是党的十八大提出的一项基本任务,是基于我国人口多、区域发展不均衡的客观现实提出的。吕铁等(2013)对基本实现工业化进行了研究,认为工业化基本实现的指标主要包括经济发展标志、结构变动标志、技术进步标志、生态建设标志、国际经济联系标志等(表2-6)。

表2-6 我国基本实现工业化的标志及其指标

基本实现工业化的标志	对应指标
经济发展标志	人均GDP
结构变化标志	服务业占GDP比例 人口城镇化率 第一产业就业比例
技术水平标志	研发经费支出占GDP比例 每百人互联网用户
生态建设标志	人均二氧化碳排放量 环境污染治理投资占财政支出的比例
国际经济联系标志	主要出口产品占全球贸易比例 人均对外投资金额

钱津指出,中国工业化基本实现也仅仅表明中国只能做到全国的平均水平,有若干省份的经济社会发展状况并未能达到工业化测定的指标要求(钱津,2013)。鲜有学者对全面实现工业化提出新的认识。从已有的文献看,钱津也仅仅指出全面实现工业化的时间,预计在2030年,全国按省区市统计,除西藏外,能达到或基本达到工业化的水平,基本上不再有未能实现工业化的省级区。但在省以下的行政区域,还可能有个别经济不发达或是没有完成工业化的地方(钱津,2013)。

本书认为,全面实现工业化应该是供给与需求相结合的工业化。从供给的角度看,全面实现工业化的终极目标是整体提高人民的生活水平和创造更多的GDP,当然在过程中必须确保生态环境不被破坏、资源节约利用,即可持续发展的工业化。同时这一发展模式是充分借鉴和汲取进入后工业化社会的美国、日本等国的工业新发展方式的工业化。从需求看,对人均收入的衡量应该是达到1万美元左右。但人均指标最终反映的只是总量指标,不是个体的指标。应该让所有人共享发展成果,全面实现工业化需要真正落实到人民福祉的改善上去。

因此,基本实现工业化强调总量目标的实现,但存在个体的差异性。也就是说,对于基本实现工业化而言,中国只能做到全国平均水平(钱津,2013)。全面实现工业化强调每一个个体福利的改善和生活水平的不断提高,个体差异性逐渐减弱,达到每一个个体都获得同样的满足。但只有基本实现了工业化,全面实现工业化才具备可能。因此,基本实现工业化具有非常重要的作用。笔者在基本实现工业化的基础上,进一步分析由基本实现工业化到全面实现工业化需要建立和完善的指标。这些指标除了考虑传统的人均收入外,还必须加上生态环境指标、技术性指标、民生指标,以及反映人类文明程度的指标。具体说来,这些指标反映于以下四个方面。

(1)人均收入标准。人均收入标准是衡量工业化实现程度的刚性标准,是任何一个国家完成工业化都需要重点考核的指标。利用这一指标可以直接观察各国真实的收入水平。比如按照2012年的统计数据,世界人均GDP高达9998美元,但我国人均GDP仅为5432美元,仅有几个省级区域可以达到这一水平,其他各省级区域的人均收入都还有不小的差距。因此,从人均GDP可以直接观察工业化实现程度的差距。

(2)生产力标准。生产力标准主要表现为运用现代生产方法,实现工业发展过程的智能化、集成化、数字化、模块化,推动工业化发展的绿色发展、低碳发展、循环发展、可持续发展。

(3)产业结构合理化。产业结构合理化就是改变现有单一的以传统产业为主的产业结构,优化和提升传统产业,大力发展高新技术产业和战略性新兴产业,力争在各类产业的构成比例中有着比较明显的改善和提高。

(4)民生指标工业化。注重民生的工业化,也就是工业化的发展不是为了工业本身、为了产业结构优化而优化,而是为了实现以人为本的工业化。这意味着工业化实现的根本目标是解决就业、社保、医疗、住房等问题,提高人民的整体生活水平和福祉。

2.3.3 工业化区域实现理论

一直以来,工业化区域实现的问题并没有引起发展经济学的高度关注,可能是因为西方主流学者在选择发展中国家的时候,这些国家都比较小,因而没有对这一问题进行分析,甚至认为这本身就不是一个问题。此外,在已经实现工业化的国家中,市场经济比较完善,各区域的发展虽然有差距,但差距并不大,因而工业化区域实现的问题并没有引起重视。没有意识到并不意味着不存在。西方大国,诸如美国等区域经济发展的差距是比较明显的,所以工业化区域发展问题一直受到高度关注。我国学者对这一问题也一直关注,1991年在内蒙古举行的一场关于发展经济学与中国区域经济发展的研讨会上,学者们指出20世纪五六十年代的发展经济学比较重视发展中国家一般发展规律的研究,但只适用于中小国家和地区,不适合发展中的大国,如中国、印度等。研究大国的经济发展,必须在方法论上考虑空间因素、地理环境对大国的影响。对空间区位的分析,是发展经济学长期忽视的问题(刘建国等,1991)。对于发展中的大国而言,只有将区域的问题与发展的问题结合起来,经济的发展才会更快捷,均衡的追求才更有可能。

工业化区域实现的核心是工业化具有差异性,而不是高度趋同性,这是尊重经济发展规律的结果。但工业化进程中如果不注重区域的差距,模式的差距,将会导致不均衡越来越严重,会影响整个国家的工业化进程。因此,必须高度重视工业化的区域实现问题。

工业化区域实现理论既包括经济区工业化实现理论,又包括行政区工业化实现理论。经济区工业化实现理论主要是针对西方比较发达的市场经济国家,其市场的功能比较强大,市场自身的优势可以有效地实现资源的优化配置,因而工业化更多地依靠市场,而不是政府。在充分竞争的市场机制下,各区域的工业化发展相对有序。

行政区主导下的工业化实现,意味着政府在工业化中的作用不可缺失。政府在工业发展中的资源配置、决策与策略的选择等都发挥着主导型的作用。虽然市场会发生作用，但市场的作用会由于行政的割裂而导致资源配置缺乏效率。如何权衡政府与市场的作用，是行政区工业化实现需要重点关注的问题。

2.4 工业化省级区域实现理论

2.4.1 我国省级行政区的诞生与沿革

自秦统一中国以来，以郡县制代替世袭等级制度，全国设 40 郡。西汉政权为加强对郡县的监督，设州制。唐朝在州之上设大监察区——道。金朝创行省制。魏晋时期，省为中央政府的机关。经过多年的发展，到民国时期，全国共 22 个省、4 个特别区及 2 个地方。抗日战争胜利后，国民党政府在全国建 35 省、12 直辖市及 1 地方(顾保国，1999)。中华人民共和国成立后，在承袭历代的省级建制以及经济社会发展需要的基础上，东北设 6 个省、5 个中央直辖市，华北设 5 个省、2 个中央直辖市，西北设 5 个省、1 个中央直辖市，华东设 4 个省、4 个省级行政公署和 2 个中央直辖市，中南设 6 个省、2 个中央直辖市，西南设 3 个省、4 个省级行政公署和 1 个中央直辖市。此后，经过不断的变革和调整，形成如今的 31 个省、市、自治区和直辖市(此处不包括香港、澳门、台湾)。

2.4.2 工业化省级区域发展的理论基础

省级区域首先是行政区划的概念，是国家为实行分级管理、建立相应的国家机关而划分的地域，是一个政府治理的概念。省级区域不仅是一个行政区概念，更重要的是一个经济区概念，具有典型的行政区经济特征。省级行政区域的双重属性决定其政府的治理功能，又决定其经济属性。这两个属性直接影响着省级行政区域在我国经济发展中的功能。从工业化省级区域发展的理论范畴看，省级行政区域与空间经济学高度关联。空间经济学重点探讨经济活动为什么位于特定的地理位置与范围，也就是说主流的经济学解决了生产什么、如何生产和为谁生产的问题，但没有解决在哪生产。空间经济学由此产生。一般而言，空间经济学经历了三个阶段：一是什么地方有什么阶段，二是为什么形成这样的分布，三是怎么办(张可云，1992)。空间经济学包括区域经济理论和经济地理理论。

区域经济理论包括古典区位理论和近代区位理论。古典区位理论以产业的空间布局为核心，以成本-收益分析为方法对经济活动的空间分布和空间联系进行考察。近代区位理论以利润最大化为目标，注意对市场区划和市场网络合理结构的关注。区域经济理论关注区域经济增长的差异，以及不同经济政策在各国实施的效果有差异的原因。区域经济理论对空间的认识是基于地理特征与要素分布，将空间分为均质与非均质空间。区域经济理论强调以经济效果最佳为目标，其出发点要么在资源一定的情况下，如何进行选择才能优化目的；要么是通过制度的设计减少资源稀缺程度。两种出发点都对区域经济的优化有积极作用，但多数人侧重于研究区域内各个生产要素如何才能达到最优效果。这种最优效果可以通过产出最大、最小成本或综合效益最大来衡量。最初区域经济理论就是研究区域内生产要素在空间上如何组合。

经济地理理论中的区域是有界的、实体的地域，具有特定的资源、环境与人口特征，是一个具体的地表空间，在区域经济理论中，区域是客观存在但又比较抽象的空间概念，没有严格的边界和定位。经济地理理论强调人地关系地域系统理论。新经济地理理论是20 个世纪 70 年代发展起来的理论。新经济地理理论认为经济活动在空间的集聚主要是由于收益递增和不完全竞争、外部经济与规模经济、路径依赖和锁定效应。

从二者的对比看，区域经济理论主要是要素配置的最优化、分工与专业化以及规模收益递增，如产业集群、区域差异以及区域专业化；经济地理理论把地理对经济活动的影响作为人类社会活动的一种，考察自然地理对经济地理圈层的影响，如经济活动的地理基础、区域可持续发展、主体功能区等，表明经济活动与地理环境的协调。

2.4.3 工业化省级区域实现理论

从理论上看，省级区域工业化发展是区域经济、经济地理与行政区经济等综合交叉学科的产物。经济活动嵌入凹凸不平的社会形态中，不同区域的经济地理属性影响着工业化的发展，此外行政力量的干预会改变工业化的路径。这意味着在各种影响工业化发展的因素中，不同因素的作用会形成工业化的不同模式和路径。

在传统的工业化道路中，由于对资源的高度依赖，形成了一条市场发挥作用比较小、依靠行政力量主导的工业化，这属于行政区经济理论范畴。行政区经济理论强调行政力量作用的固定边界(固定空间)，以及行政控制下的资源是有限的，发展是无限的，因而既定的资源只能用于有限的空间经济配置，形成了我国独有的中心-外围格局模式，也就是集聚区模式。行政力量配置随着距离的增加呈现衰减。因而，企业在经济的发展中则更多地向行政权力密度比较大的区域集中，形成了集聚经济。行政资源也呈现出递减趋势，行政是不均衡的推动者，行政造成了新的不均衡。由于市场对资源配置的作用不明显，过于强调行政力量的作用，其工业化的效果不佳。

新型工业化道路的行政区经济理论则是在不断激活市场潜力的基础上发挥政府作用的工业化，这一条件下，行政力量的作用会促进区域的发展由不均衡向相对均衡和比较均衡演变，这一过程就是转变过去行政直接作用于经济发展的模式，促进行政配置资源向市场配置资源转变是我国新的发展阶段工业化发展的逻辑基石，市场化为市场主体不断提供可以预见的潜在利益。通过行政和市场的双重驱动，促进产业的发展，进而实现人的集聚的改变，重塑城镇空间格局。所以，工业化的实现是通过改变工业产业发展方式，引起人的集聚的变化，重塑人的聚集方式以实现城镇化，但核心是产业的发展引起的人的集聚方式的变化。

第3章　新型工业化道路省级区域实践模式与机制的考察和评价

3.1　我国省级区域新型工业化发展水平的一般考察

省级区域新型工业化水平的一般考察主要是根据我国各省级区域的三次产业结构、三次产业就业结构和三次产业对GDP的贡献、人均GDP和人均收入等几个方面加以分析。在省级区域的分类研究中，主要根据当前一致认可的东部、中部、西部和东北四大省级区域进行对比分析，[①]但在具体的工业化实现模式与机制研究中，是基于一种新的分类方式展开的。

3.1.1　以省级区域三次产业结构看工业化水平

三次产业结构分类法是英国经济学家阿·格·费希尔和科林·克拉克提出来的。三次产业结构是根据三次产业的产值、劳动就业和国民收入三个指标的关系变动来反映工业化的基本水平，可以对工业化的产业发展类型进行基本的判断。当第一产业所占比例降低到20%以下，第二产业所占比例上升到高于第三产业而在GDP结构中占最大比例时，工业化进入中期阶段。当第一产业所占比例再降低到10%左右，第二产业所占比例上升到最高水平时，工业化就到了结束阶段(郭克莎，2000)。

1. 三次产业结构占比比较

我国在2002年正式提出新型工业化，因此本书以2003~2013年的省级区域的三次产业结构来分析工业化水平。

三次产业结构如图3-1所示，从第一产业占比看，处于5%以下的主要有北京、天津、上海和浙江四个省市，占比在10%以上的省级区域中，最高的是海南，占比为24%，其次分别是新疆、黑龙江、广西、云南、甘肃、四川、河北、吉林、安徽、江西、河南、湖北、湖南、贵州14个省份。从第三产业占比看，北京高达77.5%，其次是上海62.2%，西藏位居第三，达53%[②]。从第二产业占比看，青海排名第一，达57.3%，50%以上的省级区域有

[①] 本书后面的分析并没有根据我国这一区域划分的分析方法加以研究，而是对我国各省级区域的基本特点做进一步分析的基础上，提出了资源产业依赖性省级区域，传统产业主导型省级区域和新兴产业导向型省级区域。进一步分析了各类型省级区域工业化的实现问题。

[②] 由这一数据可以看出，西藏和海南的产业结构，一、三产业所占比例比较高，第二产业所占比例比较低。

15个，45%~50%的有8个。三次产业结构比接近于发达国家水平的仅有北京和上海。我国工业产业结构既有农业占比比较高的省级区域，如海南，也有第三产业占比较高的省级区域，如西藏，但从整体上看，工业产业的占比，特别是制造业的占比偏高，处于工业化发展的特殊阶段。

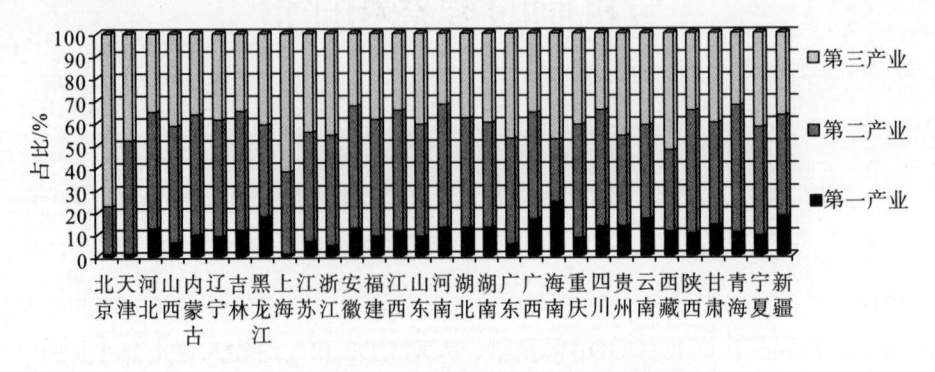

图 3-1 2013 年我国省级区域三次产业结构比较

2. 第二产业增加值占 GDP 比例的比较

第二产业增加值占 GDP 的比例是指一定时期内，一个国家或地区第二产业增加值占国内生产总值的比例。这一指标反映了工业化发展水平的快慢。增长速度快的地区，工业化水平的发展速度明显就高，增长速度慢的地区，工业化水平比较低，因而提高第二产业的效率有利于工业化水平的高速发展。

我国第二产业增加值维持在 25%左右的只有北京市。上海市虽然在持续不断地下降，但是 2013 年仍然达到 37.16%。其他经济比较发达的地区，如天津、浙江、广东等地，第二产业增加值占 GDP 的比例依然高达 50%。黑龙江、新疆、甘肃、云南、湖南等省的比例偏低，平均达到 45%左右，其余部分省级区域至少是 50%以上（表 3-1）。

表 3-1 2003~2013 年各省第二产业增加值占 GDP 比例　　　　　　　（单位：%）

省级区域	2003	2004	2005	2006	2007	2008	2009	2010	2011	2012	2013
北京	29.70	30.72	29.08	27.31	25.48	23.63	23.50	24.01	23.09	22.70	22.32
天津	48.30	50.15	55.47	55.76	55.08	56.87	53.02	52.47	52.43	51.68	50.64
河北	53.10	50.74	52.63	52.44	53.30	54.82	51.99	52.50	53.54	52.69	52.16
山西	51.25	53.74	55.72	56.49	57.34	58.31	54.65	56.89	59.05	55.57	53.90
内蒙古	40.51	41.05	45.41	48.04	49.72	50.27	52.50	54.56	55.97	55.42	53.97
辽宁	48.29	45.89	50.05	50.84	52.22	54.96	51.97	54.05	54.67	53.25	52.70
吉林	41.26	42.59	44.44	44.80	46.84	48.20	48.66	51.99	53.09	53.41	52.83
黑龙江	51.38	52.35	53.90	54.65	52.02	52.51	47.29	49.19	50.31	44.10	41.15
上海	46.77	50.85	48.40	47.56	45.45	44.32	39.89	42.05	41.30	38.92	37.16
江苏	54.47	54.40	56.59	56.49	55.62	54.38	53.88	52.51	51.32	50.17	49.18
浙江	52.51	53.66	53.41	54.07	54.15	53.96	51.80	51.58	51.23	49.95	49.10
安徽	38.64	38.33	41.78	43.20	44.59	47.44	48.75	52.08	54.31	54.64	54.65

续表

省级区域	2003	2004	2005	2006	2007	2008	2009	2010	2011	2012	2013
福建	47.61	45.77	48.35	49.16	49.19	50.04	49.08	51.05	51.65	51.71	52.00
江西	43.36	45.71	47.42	48.62	48.98	48.99	51.20	54.96	54.61	53.62	53.50
山东	55.12	56.32	57.40	57.76	57.33	57.23	56.16	54.63	52.95	51.46	50.15
河南	48.20	48.89	52.32	54.12	55.17	58.15	56.52	57.28	57.28	56.33	55.38
湖北	41.11	41.19	43.28	44.18	44.39	43.81	46.59	48.64	50.00	50.31	49.34
湖南	38.50	39.25	39.61	41.45	42.14	43.52	43.55	45.79	47.60	47.42	47.01
广东	39.53	49.20	50.35	50.66	50.37	50.28	49.19	50.02	49.70	48.54	47.34
广西	36.85	36.51	37.07	38.98	41.65	43.27	43.59	47.14	48.42	47.93	47.73
海南	25.34	22.58	23.95	27.02	29.05	28.18	26.81	27.66	28.32	28.17	27.69
重庆	49.95	43.87	45.10	38.42	39.18	52.78	52.82	55.00	55.37	52.37	50.55
四川	37.78	39.02	41.53	43.44	44.01	46.21	47.43	50.46	52.45	51.66	51.71
贵州	40.62	40.62	41.24	41.98	39.81	38.47	37.75	39.11	38.48	39.08	40.51
云南	41.83	41.59	41.74	42.74	42.98	43.09	41.87	44.63	42.51	42.87	42.04
西藏	25.99	23.96	25.48	27.52	28.85	29.33	31.04	32.32	34.46	34.64	36.26
陕西	47.26	49.14	53.09	54.26	51.87	52.79	52.78	53.80	55.43	55.86	55.54
甘肃	43.41	44.90	43.38	46.03	47.45	46.46	45.08	48.17	47.36	46.02	45.01
青海	44.06	45.42	48.77	51.18	52.55	54.69	53.30	55.14	58.38	57.69	57.32
宁夏	43.62	45.44	45.91	48.43	49.51	48.28	48.94	49.31	50.24	49.52	49.32
新疆	42.18	40.66	44.14	47.92	46.78	49.88	45.64	47.67	48.80	46.39	45.05

资料来源：根据相关年份的统计年鉴计算得到。

通过对比第二产业增加值占GDP的比例可以看出，我国东部经济发展条件好的省级区域占比在经历持续上升之后出现缓慢下降的态势，这一态势的形成是工业化动态演化的必然结果，第二产业增速的下降是由于第三产业比例上升所致。其他类型省级区域的第二产业增速明显上升，有些省份高达60%左右，基本上可以判断正处于工业化加速上升的时期。边疆少数民族地区的占比增速持续下降，反映出工业产业的发展缓慢甚至有衰退的迹象。

3. 各省第三产业增加值占GDP比例的比较

第三产业增加值占GDP的比例反映了一个国家或地区在一定时期内第三产业新创造的价值占国内生产总值的比例。从最近十年的数据可以看出，第三产业增加值占比最高的是北京，最近几年平均高达70%以上，其次是上海，达到了60%以上，排在第三位的是西藏，达到了50%，江苏、浙江、广东和天津的这一比例达到了45%左右。但相当一部分省级区域，如河北、内蒙古、吉林、江西、广西、陕西和新疆这一比例在35%左右。青海省这一比例至2003年以来，持续下降，由2003年的43.52%下降到2013年的32.80%（表3-2）。

通过对比工业化水平比较高的省级区域，其第三产业增加值占GDP的比例也高，比如北京、上海、广东明显具有优势。一些省级区域工业化水平不高，但有着比较发达的旅游产业。如海南的第三产业增速比较快，显然是得益于充分利用旅游资源的结果，这一点也反映在西藏自治区。

表 3-2 2003～2013 年各省级区域第三产业增加值占 GDP 比例   (单位：%)

省级区域	2003	2004	2005	2006	2007	2008	2009	2010	2011	2012	2013
北京	68.62	68.18	69.65	71.91	73.49	75.36	75.53	75.11	76.07	76.46	76.85
天津	43.06	42.42	41.49	39.27	38.99	42.96	45.27	45.95	46.16	46.99	48.05
河北	35.25	33.54	33.22	33.78	34.27	33.58	35.21	34.93	34.60	35.31	35.47
山西	41.21	38.52	38.08	37.84	33.61	37.72	39.23	37.09	35.25	38.66	39.96
内蒙古	41.90	41.76	39.50	39.12	38.41	37.81	37.96	36.06	34.93	35.46	36.53
辽宁	42.10	42.48	40.95	40.82	35.95	34.00	38.73	37.11	36.71	38.07	38.73
吉林	40.40	39.19	39.06	39.46	38.33	38.01	37.87	35.89	34.82	34.76	35.54
黑龙江	36.18	35.16	33.86	33.72	35.09	34.95	39.27	37.24	36.16	40.47	41.35
上海	45.26	47.86	49.97	49.60	51.30	52.24	59.36	57.28	58.05	60.45	62.24
江苏	36.65	33.51	35.55	36.40	37.40	38.37	39.55	41.35	42.44	43.50	44.66
浙江	40.09	39.44	40.09	40.07	40.77	41.05	43.14	43.52	43.88	45.24	46.15
安徽	41.24	40.80	39.77	38.87	38.70	36.54	36.39	33.93	32.52	32.70	33.02
福建	39.05	36.44	38.84	39.70	40.76	40.16	41.26	39.70	39.17	39.27	39.10
江西	36.85	35.02	34.69	33.50	33.08	33.79	34.45	33.03	33.51	34.64	35.08
山东	34.05	30.76	32.19	32.55	33.67	33.51	34.72	36.84	38.29	39.98	41.18
河南	34.35	31.83	30.05	29.78	30.06	28.30	29.27	28.62	29.67	30.94	32.00
湖北	42.52	40.93	40.30	40.85	40.85	39.43	39.56	37.91	36.91	36.89	38.10
湖南	42.83	40.67	43.71	42.00	38.74	40.10	41.37	40.09	38.33	39.02	40.34
广东	33.77	44.34	43.32	37.56	40.88	44.36	45.72	45.01	45.29	46.47	47.76
广西	39.30	39.67	40.54	39.09	39.25	36.03	37.62	35.35	34.11	35.41	35.97
海南	39.77	37.76	41.05	39.46	42.17	42.81	45.28	46.19	45.54	46.91	48.27
重庆	47.58	39.10	41.54	42.21	39.03	37.29	37.89	36.35	36.20	39.39	41.42
四川	41.06	39.35	38.42	38.20	36.75	36.20	36.74	35.09	33.36	34.53	35.25
贵州	39.14	39.44	40.66	42.30	45.52	46.39	48.20	47.31	48.78	47.91	46.64
云南	39.66	38.69	39.58	38.88	39.74	39.14	40.91	40.04	41.63	41.09	41.79
西藏	52.27	56.32	55.73	54.98	55.74	55.63	54.65	54.50	53.24	53.89	52.98
陕西	44.35	37.17	38.28	35.28	32.28	36.91	38.48	36.44	34.81	34.66	34.95
甘肃	42.14	40.77	40.93	39.53	38.38	39.23	40.56	37.29	39.12	40.17	40.96
青海	43.52	41.56	39.72	38.40	36.99	34.94	36.90	34.87	32.34	32.97	32.80
宁夏	43.89	42.40	41.30	38.77	39.84	39.45	41.66	41.57	41.00	41.96	41.99
新疆	35.29	37.73	35.80	34.75	35.39	34.08	37.13	32.49	33.97	36.02	37.39

资料来源：根据相关年份的统计年鉴计算得到。

3.1.2 以省级区域三次产业的就业结构看工业化水平

1. 第一产业就业结构占比比较

根据工业化的发展规律，随着工业化的推进，第一产业的就业占比是下降的。我国所有的省级区域都有这一规律性的反映。但从历年占比的情况看，北京、天津、上海第一产业就业占比接近于发达国家的水平，浙江在 2013 年下降到 13.67%，广东、江苏、福建、辽宁等省份占比为 20%～25%。其他西部地区、边疆地区和东北的黑龙江、吉林第一产业就业结构占比比较高。贵州在 2013 年还有 63.28%，甘肃为 59.26%（表 3-3）。第一产业就业比例的下降，表明第二产业和第三产业吸纳就业人数在上升，但我国大部分省级区域，甚至包括东部发达省级区域第一产业就业比例仍然较高，反映出我国工业化任重道远。

表 3-3 2003~2013 年各省第一产业就业结构占比 （单位：%）

省级区域	2003	2004	2005	2006	2007	2008	2009	2010	2011	2012	2013
北京	8.92	7.20	7.08	6.56	6.46	6.42	6.23	5.95	5.52	5.17	4.86
天津	—	—	15.08	14.41	12.54	11.79	11.18	10.13	9.59	8.87	8.14
河北	48.19	45.86	43.84	42.24	40.42	39.76	39.00	37.88	36.33	34.91	33.57
山西	—	—	42.78	40.97	40.04	39.81	38.94	37.86	37.35	36.15	35.28
内蒙古	54.59	54.51	53.84	53.78	52.64	50.46	48.84	48.20	45.87	44.71	41.25
辽宁	34.71	34.39	34.05	33.65	32.36	31.88	30.63	30.36	29.59	28.66	27.15
吉林	49.25	46.10	45.67	45.20	44.59	44.01	43.84	43.26	42.90	41.08	38.96
黑龙江	—	—	46.00	45.19	43.70	43.39	43.25	41.34	—	—	—
上海	—	—	7.07	6.25	5.24	4.69	4.56	3.40	3.38	4.10	4.08
江苏	35.90	33.20	30.90	28.60	26.30	25.10	23.70	22.30	21.50	20.80	20.10
浙江	—	—	24.49	22.63	20.07	19.22	18.32	16.00	14.57	14.14	13.67
安徽	—	—	48.60	46.57	42.95	40.67	39.27	39.10	38.80	36.40	34.37
福建	42.40	40.18	37.60	35.20	32.65	31.15	29.45	28.40	26.32	25.00	24.10
江西	42.00	41.00	39.87	39.10	38.01	37.43	36.50	35.56	34.37	32.90	31.71
山东	46.94	44.38	40.24	39.06	37.25	37.39	36.50	35.51	34.10	33.08	31.70
河南	40.08	40.30	41.36	41.19	41.09	39.56	38.75	38.52	38.26	38.02	37.25
湖北	47.80	47.70	47.71	47.55	47.35	47.35	47.00	46.40	45.70	44.45	42.85
湖南	53.10	50.31	48.58	46.60	44.90	44.00	43.02	42.43	41.95	41.52	41.03
广东	—	—	32.05	30.37	29.40	28.80	28.04	24.44	23.95	23.77	22.97
广西	—	—	56.19	55.11	54.92	54.59	54.81	54.12	53.31	53.50	53.14
海南	58.48	57.78	56.67	56.23	55.71	54.18	53.14	50.37	48.99	47.69	43.23
重庆	49.53	47.86	46.58	45.67	44.83	43.70	42.17	40.34	38.13	36.29	34.51
四川	53.01	52.14	51.50	48.93	47.90	46.12	45.08	43.65	42.70	41.50	40.60
贵州	—	—	75.27	76.15	74.12	72.32	70.54	68.30	66.62	65.12	63.28
云南	72.63	71.29	69.44	67.40	65.46	63.62	62.30	60.43	59.40	56.79	55.46
西藏	64.11	62.63	60.17	58.93	56.04	54.69	54.52	53.61	50.34	46.32	45.16
陕西	—	—	48.43	48.14	46.35	44.58	42.52	41.27	40.02	51.32	49.43
甘肃	58.91	58.58	63.67	63.23	62.66	62.35	62.01	61.61	61.26	60.45	59.26
青海	54.10	51.20	49.50	47.30	44.30	44.50	43.00	41.40	39.40	37.02	37.11
宁夏	—	—	48.43	45.47	45.73	44.87	39.82	49.69	48.94	48.51	47.57
新疆	55.07	54.17	51.54	51.06	50.30	49.71	49.35	48.97	48.66	48.73	46.17

资料来源：根据相关年份的统计年鉴计算而得。

2. 第二产业就业结构占比比较

从第二产业就业结构占比看，经济比较发达的省份，除了北京由2003年的32.11%下降到2013年的18.48%外，其余经济比较发达的省级区域这一比例仍然较高。2013年，天津为41.75%，浙江为49.97%，广东为41.90%。经济比较弱，工业化水平不高的西部少数民族地区，如新疆、宁夏、青海、甘肃、西藏、云南、贵州等这一比值维持在10%~20%（表3-4）。可以看出，工业比较发达的省级区域第二产业就业占比偏高，工业落后的省级区域吸纳就业的能力严重不足。

表3-4 2003~2013年各省第二产业就业结构占比 （单位：%）

省级区域	2003	2004	2005	2006	2007	2008	2009	2010	2011	2012	2013
北京	32.11	27.26	26.32	24.51	24.20	21.14	19.99	19.65	20.49	19.20	18.48
天津	—	—	41.91	41.72	42.57	42.00	41.50	41.49	41.41	41.20	41.75
河北	27.17	28.23	29.24	29.99	30.96	31.41	31.73	32.36	33.31	34.28	34.37
山西	—	—	25.71	26.63	26.28	26.37	26.35	26.26	26.91	27.37	28.15
内蒙古	15.17	14.91	15.63	15.99	16.98	16.87	16.92	17.41	17.73	18.09	18.79
辽宁	28.17	27.98	28.11	27.73	27.58	27.52	27.19	27.68	27.28	26.86	28.75
吉林	17.42	18.60	18.70	19.00	19.21	19.64	20.18	20.05	20.20	20.88	22.74
黑龙江	—	—	20.97	21.01	21.62	20.79	20.59	19.38	—	—	—
上海	—	—	37.34	37.00	41.25	40.27	39.74	40.68	40.30	39.44	39.22
江苏	34.40	36.00	37.20	38.40	39.70	40.20	41.10	42.00	42.40	42.70	42.90
浙江	—	—	45.08	45.78	46.78	47.61	48.05	49.79	50.86	50.96	49.97
安徽	—	—	21.36	22.33	23.70	24.74	24.97	25.10	25.20	26.32	27.34
福建	27.80	29.41	31.16	33.18	35.10	35.57	35.76	36.62	37.76	38.80	39.10
江西	26.20	27.03	27.21	27.55	27.99	28.07	29.04	29.66	30.14	31.00	31.83
山东	26.23	27.60	30.50	31.38	32.72	31.60	32.00	32.60	33.70	34.26	34.50
河南	29.47	29.11	29.04	29.75	30.70	31.63	32.22	32.36	32.43	32.50	33.39
湖北	20.50	20.54	20.50	20.55	20.65	20.25	20.34	20.71	21.00	21.20	21.50
湖南	21.40	21.48	21.52	21.60	22.00	22.40	22.78	22.98	23.29	23.61	23.90
广东	—	—	38.15	38.81	38.99	38.95	39.13	42.38	42.39	42.07	41.90
广西	—	—	11.91	55.11	54.92	54.59	54.81	54.12	53.31	53.50	53.14
海南	9.83	10.09	10.36	10.55	10.85	11.22	11.36	11.90	11.92	12.23	12.68
重庆	18.72	19.08	19.44	19.69	20.04	20.61	21.55	22.85	24.65	25.88	26.86
四川	19.36	19.53	19.70	20.06	22.53	23.38	24.00	24.91	25.30	25.70	26.04
贵州	—	—	6.50	8.92	9.20	9.68	10.73	11.49	12.04	13.04	14.18
云南	8.92	9.09	9.96	10.42	10.87	11.32	11.97	12.60	13.10	13.49	13.21
西藏	9.31	9.59	9.47	9.63	10.79	10.45	10.75	10.87	12.16	13.41	14.07
陕西	—	—	18.62	18.88	19.92	20.60	23.93	27.05	28.41	19.19	20.43
甘肃	18.68	18.72	14.66	14.79	15.00	15.12	15.26	15.36	15.43	15.64	16.05
青海	15.80	16.50	17.40	19.20	20.60	21.30	21.90	22.60	23.90	23.97	23.17
宁夏	—	—	22.26	23.40	22.66	25.07	25.78	16.50	16.31	16.52	17.19
新疆	13.27	13.23	15.52	13.71	14.25	14.16	14.69	14.84	15.63	15.61	16.30

资料来源：根据相关年份的统计年鉴计算得到。

3. 第三产业就业结构占比比较

从第三产业就业占比可以看出各省历年呈现缓慢增长的态势。2013 年，北京达到了 76.66%，其次是上海，达到了 56.70%，其他比较发达的省级区域第三产业就业比例也并不高。值得注意的是，新疆等少数民族地区第三产业的就业比例维持在 20%~30%（表 3-5）。

表 3-5　2003~2013 年各省第三产业就业结构占比　　　　　　　　　　（单位：%）

省级区域	2003	2004	2005	2006	2007	2008	2009	2010	2011	2012	2013
北京	58.98	65.54	66.59	68.94	69.34	72.43	73.78	74.40	73.98	75.63	76.66
天津	—	—	43.01	43.87	44.89	46.21	47.32	48.38	49.01	49.93	50.11
河北	24.64	25.91	26.92	27.77	28.62	28.83	29.27	29.76	30.36	30.81	32.06
山西	—	—	31.51	32.40	33.68	33.82	34.71	35.88	35.74	36.48	36.57
内蒙古	30.24	30.58	30.53	30.24	30.38	32.67	34.24	34.40	36.40	37.20	39.96
辽宁	37.11	37.63	37.84	38.61	40.06	40.60	42.18	41.96	43.13	44.48	44.10
吉林	33.33	35.30	35.63	35.80	36.20	36.34	35.97	36.69	36.90	38.04	38.31
黑龙江	—	—	33.04	33.80	34.67	35.82	36.16	39.29	—	—	—
上海	—	—	55.59	56.75	53.51	55.04	55.70	55.92	56.32	56.46	56.70
江苏	29.70	30.80	31.90	33.00	34.00	34.70	35.20	35.70	36.10	36.50	37.00
浙江	—	—	30.43	31.59	33.15	33.17	33.63	34.21	34.57	34.90	36.36
安徽	—	—	30.04	31.11	33.35	34.59	35.75	35.80	36.00	37.28	38.28
福建	29.81	30.40	31.24	31.62	32.24	33.28	34.79	34.98	35.92	36.20	36.80
江西	31.80	31.97	32.93	33.35	33.99	34.49	34.46	34.78	35.49	36.10	36.46
山东	26.83	28.02	29.26	29.56	30.03	31.01	31.50	31.90	32.20	32.67	33.80
河南	30.45	30.59	29.60	29.06	28.21	28.81	29.03	29.11	29.32	29.47	29.35
湖北	31.70	31.76	31.80	31.90	32.00	32.40	32.66	32.90	33.30	34.35	35.65
湖南	25.50	28.21	29.90	31.80	33.10	33.60	34.19	34.58	34.77	34.87	35.08
广东	—	—	29.80	30.82	31.61	32.25	32.83	33.18	33.67	34.16	35.13
广西	—	—	11.91	32.79	54.92	54.59	54.81	54.12	53.31	53.50	53.14
海南	31.70	32.13	32.96	33.22	33.44	34.60	35.50	37.73	39.09	40.07	44.09
重庆	31.75	33.06	33.98	34.64	35.12	35.69	36.28	36.81	37.22	37.83	38.63
四川	27.63	28.34	28.80	31.01	29.57	30.50	30.92	31.44	32.00	32.80	33.36
贵州	—	—	18.23	14.93	16.68	18.00	18.73	20.21	21.34	21.84	22.54
云南	18.45	19.62	20.60	22.17	23.67	25.07	25.74	26.97	27.50	29.73	31.33
西藏	26.59	27.78	30.36	31.44	33.16	34.86	34.73	35.52	37.49	40.27	40.77
陕西	—	—	32.95	32.98	33.73	34.82	33.54	31.68	31.57	29.49	30.14
甘肃	22.41	22.70	21.68	21.98	22.34	22.53	22.73	23.03	23.31	23.91	24.69
青海	30.10	32.30	33.10	33.50	35.10	34.20	35.10	36.00	36.70	39.01	39.72
宁夏	—	—	29.31	31.13	31.61	30.07	34.40	33.80	34.75	34.98	35.24
新疆	31.66	32.60	32.95	35.23	35.45	36.13	35.95	36.19	35.70	35.66	37.52

资料来源：根据相关年份的统计年鉴计算而得。

3.1.3 以省级区域人均GDP和人均收入看工业化水平

经典工业化理论认为,工业化的重要标准之一就是随着工业化水平的变化,人均收入将发生变化。即随着制造业比例的不断提高,劳动就业人口占第二、三产业的比例将提高,城市化会快速发展,人均收入呈现不断增长的态势。因此,人均收入增长是工业化水平的一个重要衡量指标(表3-6)。

表3-6 我国各省级区域的人均GDP(2003~2013年)　　　　　(单位:%)

省级区域	2003	2004	2005	2006	2007	2008	2009	2010	2011	2012	2013
河北	10251	12487	14814	16962	20033	22986	24581	28668	33969	36584	38716
山西	8641	10741	12647	14497	16945	21506	21522	26283	31357	33628	34813
内蒙古	10015	12728	16371	20693	26521	34869	39735	47347	57974	63886	67498
辽宁	14270	15835	19074	21914	26057	31739	35149	42355	50760	56649	61686
吉林	9854	11537	13350	15720	19383	23521	26595	31599	38460	43415	47191
黑龙江	10638	12449	14467	16268	18580	21740	22447	27076	32819	35711	37509
上海	38486	46338	52535	58837	62041	66932	69164	76074	82560	85373	90092
北京	34777	40916	45993	50467	60096	64491	66940	73856	81658	87475	93213
天津	25544	30575	35783	41163	47970	58656	62574	72994	85213	93173	99607
江苏	16830	20031	24953	28943	34294	40014	44253	52840	62290	68347	74607
浙江	20149	24784	27703	31874	37411	41405	43842	51711	59249	63374	68462
安徽	6375	7768	8810	10055	12045	14448	16408	20888	25659	28792	31684
福建	14125	16235	18646	21471	25908	29755	33437	40025	47377	52763	57856
山东	13268	16413	20096	23794	27807	32936	35894	41106	47335	51768	56323
湖北	8378	9897	11554	13360	16386	19858	22677	27906	34197	38572	42612
广东	17798	20876	24647	28747	33890	37638	39436	44736	50807	54095	58540
海南	8592	9812	11165	12810	14923	17691	19254	23831	28898	32377	35317
四川	6623	7895	9060	10613	12963	15495	17339	21182	26133	29608	32454
云南	5870	7012	7835	8970	10609	12570	13539	15752	19265	22195	25083
江西	6678	8189	9440	11145	13322	15900	17335	21253	26150	28800	31771
河南	7376	9201	11347	13313	16060	19181	20597	24446	28661	31499	34174
湖南	7589	9165	10562	12139	14869	18147	20428	24719	29880	33480	36763
广西	5969	7461	8788	10296	12555	14652	16045	20219	25326	27952	30588
重庆	8091	8584	12404	12457	16629	20490	22920	27596	34500	38914	42795
贵州	3701	4317	5119	6305	7878	9855	10971	13119	16413	19710	22922
西藏	6893	8103	9114	10430	12109	13824	15295	17319	20077	22936	26068
陕西	7057	8638	9899	12840	15546	19700	21947	27133	33464	38564	42692
甘肃	5429	6566	7477	8757	10346	12421	13269	16113	19595	21978	24296
青海	7346	8693	10045	11889	14507	18421	19454	24115	29522	33181	36510
宁夏	7734	9199	10349	12099	15142	19609	21777	26860	33043	36394	39420
新疆	9828	11541	13184	15000	16999	19797	19942	25034	30087	33796	37847

注:按照当年价格计算。

以表 3-6 看，我国各省级区域的人均 GDP 都已经达到比较高的水平。2003 年以来，一些省级区域的人均 GDP 增长了 5 倍以上，最少的也增长了 3 倍。从绝对数看，北京、上海、天津等人均 GDP 已经达到了 90000 元以上，但我国广大西部地区的人均 GDP 还比较低，最低的贵州 2013 年仅仅为 22922 元，云南仅为 25083 元，西藏仅为 26068 元，西部地区最高的内蒙古为 67498 元。

钱纳里等学者根据人均收入水平将经济发展划分为六个阶段，其中第三至第五个阶段为工业化阶段。工业化按人均收入水平可以分为四个阶段。由于国际美元币值的变动，工业化阶段以不同年份的人均 GDP（美元）来反映有很大的差别。以 1970 年的美元计算，人均 GDP 为 280~560 美元是工业化的初期阶段，2100~3360 美元为工业化发达经济阶段，而以 2005 年的美元来衡量，人均 GDP 为 1490~2980 美元才进入工业化的初期阶段，到 11175~17880 美元才是工业化发达经济阶段（表 3-7）（郭克莎，2000）。

表 3-7　钱纳里的人均收入六阶段理论（人均 GDP）

阶段	人均 GDP（1970 年，美元）	人均 GDP（2005 年，美元）	经济发展阶段
1	140~280	745~1490	初级产品生产阶段
2	280~560	1490~2980	工业化初期阶段
3	560~1120	2980~5960	工业化中级阶段
4	1120~2100	5960~11175	工业化高级阶段
5	2100~3300	11175~17880	工业化发达经济阶段
6	3300~5040	17880~26820	发达经济高级阶段

资料来源：钱纳里等《工业化和经济增长的比较研究》，三联书店，1995 年版。2005 年数据参照钱纳里方法计算而出。

根据钱纳里的美元折算法，按 2005 年美元折算，我国各省级区域工业化所处的水平和阶段如表 3-8 所示。

表 3-8　钱纳里人均收入水平反映的工业化阶段（2005 年）

省级区域	人均 GDP/美元	经济发展阶段
北京	7271	高级阶段，工业化阶段
天津	5461	中级阶段，工业化阶段
辽宁	3096	中级阶段，工业化阶段
山东	2977	初级阶段，工业化阶段
江苏	3839	中级阶段，工业化阶段
浙江	4201	中级阶段，工业化阶段
上海	6456	高级阶段，工业化阶段
福建	2846	初级阶段，工业化阶段
广东	3549	中级阶段，工业化阶段
陕西省	1853	初级阶段，工业化阶段
四川	1470	初级产品生产阶段

续表

省级区域	人均 GDP/美元	经济发展阶段
重庆	1882	初级阶段，工业化阶段
黑龙江	1983	初级阶段，工业化阶段
吉林	2149	初级阶段，工业化阶段
河北	2232	初级阶段，工业化阶段
河南	1732	初级阶段，工业化阶段
山西	2020	初级阶段，工业化阶段
湖北	2004	初级阶段，工业化阶段
湖南	1828	初级阶段，工业化阶段
安徽	1445	初级产品生产阶段
江西	1621	初级阶段，工业化阶段
内蒙古	2768	初级阶段，工业化阶段
广西	1528	初级阶段，工业化阶段
贵州	1002	初级产品生产阶段
云南	1300	初级产品生产阶段
西藏	1367	初级产品生产阶段
青海	1838	初级阶段，工业化阶段
宁夏	2151	初级阶段，工业化阶段
新疆	2304	初级阶段，工业化阶段
海南	1884	初级阶段，工业化阶段
甘肃	1278	初级产品生产阶段

数据来源：根据 2014 中国统计年鉴计算得到。

对我国各省级区域人均 GDP 折算成美元所反映的工业化水平进行比较，北京和上海属于工业化发展的高级阶段。但其他各省级区域的工业化处于中期阶段，包括广东、江苏、浙江、江苏等经济比较发达的省份。内蒙古、贵州、广西、云南、西藏、青海、宁夏、新疆、海南和甘肃处于工业化的初级阶段。

3.1.4 以省级区域制造业发展看工业化水平

工业化过程中产业结构的变动，特别是第二产业占比的变化是由于制造业占比的变化引起的。钱纳里认为，工业化国家制造业产出在 GDP 中占比一般为 18%，大国模式为 19%，随着工业化的进一步推进，制造业产出在 GDP 中的占比上升到 36%，当人均收入水平衡量的工业化达到了第三个阶段,制造业在 GDP 中的占比基本上达到了最高水平(郭克莎，2000)。由此看出，制造业是工业化的重要产业，没有制造业，也就没有工业和工业化，工业化的重要表现之一就是通过制造业予以实现的，所以脱离制造业的工业化是不存在的，也是不可能的。因而，从制造业的发展考察工业化就成为工业化水平验证的一个必然命题。工业化的核心就是制造业，但工业化的不同阶段，制造业的产业类型是不一样的，制造业发展水平也有着比较明显的差距，与工业化水平相当的也有与其相适应的制造业水平。

1. 以省级区域制造业整体水平看工业化

通过制造业整体水平来考察各省级区域工业化的发展有利于从本质上揭示工业化的质量，通过分年度的制造业数据看，我国内地 31 个省级区域存在比较大的差异(表 3-9)。

表 3-9　我国内地省级区域工业增加值及增长率比较(2013 年)

省级区域	工业增加值/亿元	比上年增长/%	规上工业企业增加值/亿元	规上工业增加值增长率/%	工业增加值占地区GDP 的比例/%
北京	3536.90	7.80	3432.10	8.00	18.10
天津	6678.60	12.80	—	13.00	46.50
上海	7230.69	6.30	6769.60	6.60	33.50
江苏	25612.24	7.10	—	11.50	43.30
山东	24222.20	10.90	—	11.30	44.30
浙江	16368.43	8.50	11701.00	7.10	43.60
福建	9455.32	12.80	8944.30	13.20	43.50
广东	27426.26	8.00	25647.20	8.70	44.10
河北	13194.30	9.40	11711.10	10.00	46.60
河南	15960.60	9.90	13986.50	11.80	49.60
山西	6032.99	0.20	—	10.50	47.90
内蒙古	7944.40	11.30	—	12.00	47.20
辽宁	12510.30	9.00	—	9.40	46.20
吉林	6080.29	9.60	6080.30	8.80	46.50
黑龙江	7944.40	11.30	—	12.00	35.40
安徽	8928.02	11.20	8646.00	13.70	46.90
江西	6434.40	11.90	5755.50	12.40	44.90
湖北	10531.37	8.20	—	11.80	42.70
湖南	10001.00	11.10	—	11.60	40.80
陕西	7507.34	12.70	7258.60	13.10	46.80
四川	11578.5	11.00	—	11.10	44.10
重庆	5249.65	13.10	—	13.60	41.50
广西	5749.65	11.40	—	12.90	40.00
云南	3767.58	12.00	—	12.30	32.10
新疆	2895.95	12.90	2933.90	7.70	36.20
贵州	2686.52	13.10	2531.90	13.60	33.60
甘肃	2225.20	11.60	2045.20	11.50	35.50
青海	1019.70	12.60	1019.70	13.70	46.20
宁夏	944.50	12.00	907.22	12.50	36.80
海南	551.11	6.40	509.60	6.30	17.50
西藏	61.16	12.20	45.80	12.20	7.60

数据来源：2013 年各省级区域国民经济和社会发展统计公报。

表 3-9 数据表明，从工业增加值增长速度和规模以上工业增加值增长率看，各省级区域基本上都处于正常的水平，但绝对差距比较大。工业增加值最高的是广东和山东，达到

了 2 万亿元以上，上 1 万亿元的还有浙江、河北、河南、四川、辽宁五个省级区域，北京、天津和上海的工业增加值并不高的主要原因是工业化水平处于已经实现的基础点上，广东、山东的工业增加值绝对值比较大，工业产出占有较大的比例。云南、新疆、贵州、甘肃、青海、宁夏、海南和西藏的工业增加值水平低于 4000 亿元，西藏的工业增加值最低，只有 61.16 亿元，表明这些省级区域的工业化水平也比较低。从工业增加值占地区生产总值的比例看，一些经济比较发达的省级区域对工业的依赖已经明显减弱，如北京、上海、天津等，但一些省级区域的工业化明显对制造业依赖比较大，如四川、河北、河南、山西、重庆等，但我国一些边疆落后的省级区域工业增加值绝对值比较低，对经济增长的贡献不如其他类型的省级区域突出。

2. 以省级区域制造行业结构看工业化水平

由于工业化发展的水平和能力不同，我国各省级区域制造业发展的重点是不一致的。通过对比制造业产值占制造业总产值比例排在前 10 位的各省区域，可以清楚地观察出各省级区域制造业发展的重心所在。

从各省级区域制造业排名前 10 位的情况看，制造业差异比较大，反映出工业化的产业发展差异也比较大，以制造业类型为主要分类标准，可以将我国省级区域工业化分为比较明显的现代制造业、传统制造业和资源型制造业三个类型，这一分布在地域上呈现由西向东、由边疆向内地推进的格局（表 3-10）。

表 3-10　各省级区域排名前 10 位的制造业分布表

省级区域	制造业排名(序号)									占比/%
北京	24	27	13	26	23	15	22	18	1	14	81.2
天津	19	27	24	14	13	21	23	2	26	22	76.4
上海	27	24	14	22	26	13	19	23	21	17	77.4
江苏	27	14	26	19	22	5	24	21	23	18	70.9
山东	14	1	5	22	18	13	26	19	20	17	65.3
浙江	5	26	14	22	24	17	16	19	21	27	63.3
福建	27	7	18	1	5	19	26	6	17	14	62.3
广东	27	26	14	21	24	17	18	12	13	6	69.8
河北	21	18	19	3	6	13	14	1	12	4	83.6
河南	18	1	19	14	23	22	20	7	24	26	63.4
山西	19	13	27	14	18	20	1	3	23	22	84.1
内蒙古	19	20	14	1	18	2	13	21	5	24	82.5
辽宁	19	1	13	22	18	14	24	23	26	21	75.2
吉林	24	1	14	18	15	19	8	23	3	2	84.9
黑龙江	1	13	14	18	2	19	8	15	3	26	85.5
安徽	26	1	18	24	14	18	20	22	23	17	69.1
江西	20	14	18	26	19	1	27	6	15	24	72.2

续表

省级区域	制造业排名(序号)									占比/%
湖北	24	1	14	19	18	5	26	27	3	21	70.9
湖南	23	14	20	1	18	19	22	26	27	13	68.1
陕西	13	20	24	18	19	1	14	25	26	23	72.7
四川	27	1	3	19	18	14	24	22	23	26	70.8
重庆	24	27	25	26	18	14	19	1	20	22	78.6
贵州	19	14	3	20	18	4	15	1	17	25	81.2
云南	1	4	20	14	19	18	15	3	13	2	90.5
广西	19	1	24	18	20	14	13	27	8	26	75.5
海南	13	24	1	18	10	15	26	2	27		89.6
甘肃	13	20	19	14	1	18	26	3	4	23	89.6
青海	20	14	19	18	13	15	1	3	22	5	91.0
西藏	3	18	15	1	11	2	19	12	10	14	95.4
宁夏	13	20	14	19	18	5	2	1	23	26	88.8
新疆	13	19	14	18	20	26	5	2	17		90.5

注：表格中的数字分别代表以下制造业。1.农副食品加工业；2.食品制造业；3.酒、饮料和精制茶制造业；4.烟草制品业；5.纺织业；6.纺织服装、服饰业；7.皮革、毛皮、羽毛及其制品和制鞋业；8.木材加工和木、竹、藤、棕、草制品业；9.家具制造业；10.造纸和纸制品业；11.印刷和记录媒介复制业；12.文教、工美、体育和娱乐用品制造业；13.石油加工、炼焦和核燃料加工业；14.化学原料和化学制品制造业；15.医药制造业；16.化学纤维制造业；17.橡胶和塑料制品业；18.非金属矿物制品业；19.黑色金属冶炼和压延加工业；20.有色金属冶炼和压延加工业；21.金属制品业；22.通用设备制造业；23.专用设备制造业；24.汽车制造业；25.铁路、船舶、航空航天和其他运输设备制造业；26.电气机械和器材制造业；27.计算机、通信和其他电子设备制造业；28.仪器仪表制造业；29.其他制造业；30.废弃资源综合利用业；31.金属制品、机械和设备修理业。

排列依据主要是根据各省2013/2014年统计年鉴制造业规模以上工业企业生产总值或增加值进行排序。"占比"表示排名前10位的制造业占总制造业的比例。

我国东部的三大增长极——珠江三角洲、长江三角洲和环渤海经济圈以现代制造业为主，这些省级区域工业化水平比较高，经济发展水平和条件比较好。在我国珠江三角洲的制造业中，排在前10位的主要是交通运输设备制造业，化学原料及化学制品制造业、计算机通信和其他电子设备制造业，电力、热力的生产和供应业，电气机械及器材制造业，石油加工、炼焦及核燃料加工业，黑色金属冶炼及压延加工业，通用设备制造业，金属制品业及橡胶和塑料制品业，前10位中除了化学原料制造排在第二外，其他制造业都是现代制造业。长江三角洲主要包括上海、浙江和江苏，排在前十位的制造业主要有电子元器件、黑色家用电器、通信产品及计算机产品、化学制造、医药制造、通用机械、专用设备、运输设备、电气机械、电子及通信、仪器及仪表等。环渤海经济圈包括山东、天津、北京和辽宁，排在前10位的制造业主要有电子及通信产品、化工及冶金、原油、化学农药、玻璃制造、金属切削机床、家用电器、医药制造、黑色金属冶炼及压延加工、农副食品制造。

以传统制造业为主的省级区域主要包括东北的黑龙江、吉林、河北,中部地区六省、以及西部地区的四川、重庆和陕西三省。从排在前 10 位的制造业情况看,有资源型产业,但更多的是传统产业。湖北以交通运输设备制造业、黑色金属矿业、非金属矿采选、食品加工、黑色金属冶炼及压延加工为主。湖南以烟草加工、有色金属采矿、有色金属冶炼及压延、自来水生产和供应、石油加工及炼焦、非金属矿采选等为主。河南以有色金属矿采选、煤炭采选、非金属矿采选、有色金属冶炼及压延加工、食品加工及制造、专用设备制造、电力蒸汽热水生产和供应为主。山西以煤炭采选、有色金属冶炼及压延加工、黑色金属冶炼及压延加工、石油加工及炼焦、黑色金属矿采选、电力、蒸汽等为主。安徽以黑色金属矿采选、煤炭采选、饮料制造、橡胶制品、木材加工、烟草加工、有色金属冶炼及压延加工等为主。江西以有色金属冶炼及压延加工、有色金属矿采选、医药制造业、印刷业、木材加工、交通运输设备制造、食品加工业、自来水生产和供应、电力、蒸汽等为主(彭道宾等,2005)。传统产业主导型省级区域的工业化具有非常典型的重工业特征,其重工业的占比较高(表 3-11)。

表 3-11 传统产业占有较大比例的省级区域轻重工业之比

省级区域	轻工业/%	重工业/%
黑龙江	30.1	69.9
吉林	28.6	71.4
河北	20.4	79.6
河南	32.9	67.1
山西	5.6	94.4
安徽	32.6	67.4
江西	32.0	68.0
湖北	34.2	65.8
湖南	30.6	69.4
陕西	16.4	83.6
四川	33.9	66.1
重庆	27.1	72.9

资料来源:中国统计年鉴。

以资源加工为主的省级区域主要包括新疆、西藏、贵州、云南、广西、海南、青海、宁夏、内蒙古等,其制造业发展的基础完全依赖于区域内部的资源,是在资源加工基础上发展起来的工业。新疆排在前十位的制造业分别是石油加工、炼焦及核燃料加工业、黑色金属冶炼及压延加工业、化学原料及化学制品制造业、农副食品加工业、非金属矿物制品业、有色金属冶炼及压延加工业、纺织业、食品制造业、橡胶和塑料制品业。云南排在前十位的制造业分别是农副食品加工业,烟草制品业,有色金属冶炼及压延加工业、化学原料及化学制品制造业,黑色金属冶炼及压延加工业,非金属矿物制品业,医药制造业,酒、饮料和精制茶制造业,石油加工、炼焦及核燃料加工业,食品制造业。内蒙古排在前十位的制造业分别是黑色金属冶炼和压延加工业，有色金属冶炼和压延加工业、化学原料和化学制品制造业，农副食品加工业，非金属矿物制品业，食品制造业，石油加工、炼焦和核燃料加工业，金属制品业，纺织业，汽车制造业。

3.2 我国省级区域新型工业化水平的整体测量

从新型工业化的整体水平去分析各省级区域的工业化，进而指出各省级区域工业化的特征和差异是非常必要的。陈佳贵等(2006)对我国省级区域工业化进行了系统研究，从经济发展水平、产业结构、工业结构、就业结构、空间结构等方面对省级区域的工业化水平进行了评价(表3-12)。

表3-12 中国各地区工业化阶段的比较(2005年)

阶段		全国	四大经济板块	七大经济区	31个省级区域
	后工业化阶段				上海、北京
工业化后期	后半阶段			长三角、珠三角	天津、广东
	前半阶段		东部	环渤海	浙江、江苏、山东
工业化中期	后半阶段				辽宁、福建
	前半阶段			东北	山西、吉林、内蒙古、湖北、河北、黑龙江、宁夏、重庆
工业化初期	后半阶段		中部 西部	中部六省 大西北 大西南	陕西、青海、湖南、河南、新疆、安徽、江西、四川、甘肃、云南、广西、海南
	前半阶段				贵州
前工业化阶段					西藏

3.2.1 指标设计

尽管不同学者对工业化水平的测量指标有差异，但这一差异并不太大。本书在借鉴其他学者研究的基础上，基于前文对工业化的理解，设计了新型工业化发展水平的指标，并根据相关指标，计算各省级区域的工业化发展水平，以判断各省级区域的工业化所处阶段。

本书设计的工业化指标分为三个维度。①工业化总体水平指标，用经济发展水平、非农化、空间结构加以反映，其中经济发展水平用人均GDP反映；非农化用非农产业比值和非农业就业人数占总就业人数比例表示；空间结构用城镇化率指标反映。②工业化内涵指标。从新型工业化的内涵看，中国特色新型工业化以信息化带动工业化、工业化促进信息化，工业化科技含量高、经济效益好、资源消耗低、环境污染少。因此，在设计中，信息化以互联网上网人数、互联网普及率、电话普及率、光缆线路长度等反映；科技含量以高科技出口和高科技从业人员表示；环境保护以林业投资和森林覆盖率表示。③工业化贡献指标，指工业化的结果达到的标准，以人类发展指数HDI和恩格尔系数反映(表3-13)。

表 3-13 新型工业化评价指标体系构建

I级指标	II级指标	III级指标
工业化总体水平	经济发展	人均 GDP
	非农化	非农产业占比
		非农业就业人数占总就业人数比例
	空间结构	城镇化率(城市人口占总人口的比例)
工业化内涵	信息化	互联网上网人数
		互联网普及率
		电话普及率
		光缆线路长度
	科技水平	高科技出口
		高科技从业人员
	经济效益	总资产贡献率
		工业增加值增长速度
	资源消耗	万元工业增加值能源消耗
		万元工业生产总值废气排放量
		工业三废综合利用
	环境保护	林业投资
		森林覆盖率
工业化贡献	人类发展	人类发展指数(Human Development Index, HDI)
		恩格尔系数

其中，人类发展指数计算如表 3-14 所示。

表 3-14 人类发展指数 HDI 计算

HDI 的计算方法(UNDP)			
向度要素	向度指标	响度指数	HDI
健康	H: 平均预期寿命(岁)	$X1=(H-25)/(85-25)$	
教育	$E1$: 成人识字率(%) $E2$: 毛入学率(%)	$X2=(2/3)*(E1/100)+(1/3)*(E2/100)$	$(1/3)*(X1+X2+X3)$
生活条件(收入)	W: 人均 GDP(美元购买力平价)	$X3=(\ln W-\ln 100)/(\ln 4000-\ln 100)$	

3.2.2 模型构建与分析

3.2.2.1 因子分析法建模及分析步骤说明

1. 因子分析法简介及建模

因子分析是通过研究多个变量间相关系数矩阵(或协方差矩阵)的内部依赖关系,找出能综合反映所有变量的少数几个随机变量,这几个随机变量是不可测量的,通常称为因子。然后根据相关性的大小把变量分组,使得同组内的变量之间相关性较高,但不同组的变量相关性较低。各个因子间互不相关,所有变量都可以表示成公因子的线性组合。这样因子分析就成功地减少了变量的数目,可以用少数因子代替所有变量去分析整个经济问题。因子分析数学模型构建如下:

设有 M 个样本,P 个指标,$X=(x_1,x_2,...,x_p)'$ 为随机变量,要寻找的公因子为 $F=(F_1,F_2,\cdots,F_M)'$,则模型

$$X_1 = \alpha_{11}F_1 + \alpha_{12}F_2 + \cdots + \alpha_{1M}F_M + \varepsilon_1$$
$$X_2 = \alpha_{21}F_1 + \alpha_{22}F_2 + \cdots + \alpha_{2M}F_M + \varepsilon_2$$
$$X_P = \alpha_{P1}F_1 + \alpha_{P2}F_2 + \cdots + \alpha_{PM}F_M + \varepsilon_P$$

称为因子模型。矩阵 $A=(\alpha_{ij})$ 称为因子载荷矩阵,α_{ij} 为因子载荷,其实质就是公因子 F_i 和变量 X_i 的相关系数。ε_i 为特殊因子,代表公因子意外的影响因素,实际分析时忽略不计。

2. 因子分析步骤

因子分析通常包括四个主要步骤。①进行 KMO(Kaiser-Meyer-Olkin)检验。KMO 检验用于检查变量间的偏相关性,取值为 0~1。一般来说,KMO 大于 0.5 就适合做因子分析。②提取因子。本书提取公因子的方法是主成分分析法。解决现实问题往往只需选择前几个主成分进行分析,实际中人们常用两个准则来确定因子的个数:一是特征值准则,取特征值大于或等于 1 的主成分为公共因子,而放弃小于 1 的;二是碎石检验准则,按照因子被提取的顺序,画出因子的特征值随因子个数变化的散点图,再根据图的形状来判断所要提取的公共因子及其个数。碎石图形状似山峰的一侧,从第一个因子开始,曲线迅速下滑,后变得平缓,最后成一条直线,一般认为曲线开始变扁平前的一个点对应的因子数目是提取公因子的最大数。实际中,共同使用两个准则来进行判断。③进行因子旋转。找出公因子后需要确定其实际意义,进而分析实际问题。进行因子旋转的前提是:所求的公因子的典型代表变量不是很突出。因子旋转的目的是重新分配各个因子所解释的方差的比例,使因子结构更简单,更容易被解释,其所用手段就是通过正交旋转或是斜交旋转来改变坐标轴的位置。④解决因子并计算因子值。得到因子解后,需要赋予每个因子一个有意义的解释,即给因子命名。解释因子需要借助因子载荷矩阵,首先找出每个因子上有显著载荷的变量,据此再进行命名。得到因子解后,才能利用这些因子作为自变量对样本案例进行分类或评价,这就需要对因子进行测度,求解出因子相对应的样本案例上的值,即是因子值。

第 P 个因子在第 i 个样本案例上的值可以表示为

$$F_{Pi} = \sum_{j=1}^{k} w_{Pi} x_{ij}$$

式中, x_{ij} 是第 i 个变量在第 j 个样本案例上的值, w_{pi} 是第 P 个因子和第 i 个变量之间的因子值系数。得到因子值后就可以对各个样本案例进行比较和分析,同时,根据各个因子对样本案例的解释程度,可计算出其综合得分,从而对样本做出综合的排序和评价。

3.2.2.2 新型工业化省级区域水平模型分析

1. 因子提取

运用 SPSS 软件,通过 KMO 样本测度和 Bartlett's 球形检验进行因子分析(表 3-15)。

表 3-15 KMO 和 Bartlett's 球形检验

取样足够度的 KMO 度量		0.658
Bartlett's 球形检验	近似卡方	486.020
	Df	91
	Sig.	0.000

使用 SPSS 软件对上述指标进行因子分析,把观测变量浓缩为几个因子,能够比较真实地反映观测变量所代表的主要信息,并说明其相互关系。数据通过了统计检验,采用广泛使用的主成分分析法构造因子变量,各主成分因子方差如表 3-16 所示。

表 3-16 解释的总方差

成分	初始特征值			提取平方和载入			旋转平方和载入		
	合计	方差/%	累计/%	合计	方差/%	累计/%	合计	方差/%	累计/%
1	6.583	47.021	47.021	6.583	47.021	47.021	5.779	41.276	41.276
2	2.942	21.017	68.039	2.942	21.017	68.039	3.413	24.378	65.654
3	1.404	10.027	78.066	1.404	10.027	78.066	1.404	10.029	75.683
4	1.004	7.171	85.236	1.004	7.171	85.236	1.337	9.553	85.236
5	0.617	4.409	89.645						
6	0.456	3.255	92.901						
7	0.381	2.722	95.623						
8	0.219	1.562	97.185						
9	0.147	1.050	98.235						
10	0.122	0.873	99.108						
11	0.061	0.435	99.543						
12	0.039	0.276	99.820						
13	0.021	0.150	99.970						
14	0.004	0.030	100.000						

提取方法:主成分分析。

按照特征值大于 1 的准则,结合碎石图的曲线,运用 SPSS 软件选出 4 个公因子,它们的方差贡献率分别为 47.021%、21.017%、10.027%、7.171%,累计方差贡献率为 85.236%。这 4 个因子描述的信息基本上包含了原有变量的大部分信息,说明抽取的主成分是合适的(一般来说,经济研究抽取的解释度在 75%以上就可以认为是不错的)。经过方差最大正交旋转,得到了比较明显的因子载荷结构,其因子载荷分布如表 3-17 所示。

表 3-17　旋转成分矩阵

	成分(C)			
	1	2	3	4
人均 GDP($X1$)	0.934	0.100	−0.024	−0.155
非农产业比例($X2$)	0.743	0.213	−0.224	−0.256
非农业就业人数占总就业人数比例($X3$)	0.892	0.204	−0.050	−0.075
城市人口占总人口的比例($X4$)	0.957	0.071	0.067	−0.077
互联网上网人数($X5$)	0.167	0.908	0.210	0.017
互联网普及率($X6$)	0.935	0.123	−0.064	−0.001
电话普及率($X7$)	0.870	0.159	−0.137	0.032
光缆线路长度($X8$)	−0.036	0.891	0.234	−0.096
高科技出口($X9$)	0.323	0.872	−0.172	0.138
高科技从业人员($X10$)	0.276	0.914	−0.109	0.152
人类发展指数 HDI($X11$)	0.805	0.178	0.350	−0.186
恩格尔系数($X12$)	−0.382	0.112	−0.096	0.825
林业投资($X13$)	−0.086	0.084	0.835	0.009
森林覆盖率($X14$)	0.039	0.084	0.596	0.684

注:提取方法为主成分法。旋转法:具有 Kaiser 标准化的正交旋转法。旋转在 5 次迭代后收敛。

旋转后的因子载荷矩阵(表 3-17)显示了进行方差最大化旋转后各个因子中各原始变量的系数。主成分 1($C1$)主要体现了指标"人均 GDP""非农产业比例""非农业就业人数占总就业人数比例""城市人口占总人口的比例""互联网普及率"与"电话普及率",这些指标主要反映了一个地区的工业化、城市化以及信息化水平,主要是工业化的结构和信息化进程方面,因此可以将主成分 1 命名为经济基础因子。主成分 2($C2$)主要体现了指标"互联网上网人数""光缆线路长度""高科技出口"与"高科技从业人员",这些指标主要反映了一个地区的科技含量以及信息化,体现了工业化质量方面的情况,因此可命名为科技因子。主成分 3($C3$)主要体现了指标"林业投资",可以命名为环保因子。主成分 4($C4$)主要体现了指标"恩格尔系数",可以命名为人类发展因子。

2. 因子值计算

得到公因子之后,运用 SPSS 软件计算它们各自的得分系数矩阵,如表 3-18 所示。

表 3-18 成分得分系数矩阵

	成分(C)			
	1	2	3	4
人均GDP($X1$)	0.173	-0.047	0.009	-0.007
非农产业比例($X2$)	0.101	0.034	-0.135	-0.110
非农业就业人数占总就业人数比例($X3$)	0.164	-0.014	-0.026	0.049
城市人口占总人口的比例($X4$)	0.194	-0.073	0.068	0.056
互联网上网人数($X5$)	-0.056	0.289	0.113	-0.091
互联网普及率($X6$)	0.193	-0.055	-0.042	0.131
电话普及率($X7$)	0.179	-0.035	-0.104	0.157
光缆线路长度($X8$)	-0.116	0.316	0.144	-0.221
高科技出口($X9$)	-0.004	0.264	-0.185	0.094
高科技从业人员($X10$)	-0.017	0.279	-0.143	0.086
人类发展指数HDI($X11$)	0.136	-0.020	0.287	-0.113
恩格尔系数($X12$)	0.023	-0.008	-0.192	0.670
林业投资($X13$)	-0.017	-0.003	0.617	-0.126
森林覆盖率($X14$)	0.107	-0.081	0.350	0.519

注：提取方法为主成分法。旋转法：具有Kaiser标准化的正交旋转法。

利用如下公式，我们可以得到各主成分的分值：

$$C1 = 0.173*X1 + 0.101*X2 + 0.164*X3 + 0.194*X4 - 0.056*X5 + 0.193*X6 \\ + 0.179*X7 - 0.116*X8 - 0.004*X9 - 0.017*X10 + 0.136*X11 + 0.023 \\ *X12 - 0.017*X13 + 0.107*X14$$

以此类推，$C2$，$C3$，$C4$ 计算的结果如表 3-19 所示。

表 3-19 各省级区域因子得分结果

省级区域	$C1$	$C2$	$C3$	$C4$
北京	2.6945	-0.97669	0.58474	-0.32196
天津	1.83516	-0.88259	-0.86311	-0.23405
河北	-0.44361	0.40662	0.23755	-1.3874
山西	-0.16852	-0.06409	-0.04557	-1.52207
内蒙古	0.30413	-0.63205	0.18635	-0.7986
辽宁	0.82769	-0.29645	0.55387	-0.22542
吉林	0.07247	-0.65029	0.23501	-0.30871
黑龙江	-0.30812	-0.48028	0.71259	-0.00013
上海	2.28315	-0.33542	-1.00162	-0.40124
江苏	0.32322	2.87462	-0.40001	-1.17824
浙江	1.21637	0.51608	0.68535	0.31253

续表

省级区域	C1	C2	C3	C4
安徽	-0.68977	0.14664	-0.18002	0.21675
福建	1.00915	-0.1645	1.07486	1.33455
江西	-0.41436	-0.28976	0.39654	0.89899
山东	-0.14296	0.85404	0.65806	-0.93834
河南	-0.91769	0.80775	0.02769	-1.07574
湖北	-0.30841	0.05922	0.09083	0.37594
湖南	-0.62602	0.21998	0.88503	-0.25987
广东	0.93985	3.51952	-0.8763	1.89761
广西	-0.86229	-0.27222	3.59877	0.40381
海南	-0.03815	-1.13725	-0.14777	2.53166
重庆	0.13552	-0.32056	-0.48753	1.14478
四川	-0.86857	0.82834	0.39626	0.15072
贵州	-1.22273	-0.22998	-0.53206	0.35572
云南	-1.11023	-0.23112	-0.03019	1.09579
西藏	-1.24124	-0.63781	-2.4779	1.34134
陕西	-0.11615	-0.27142	0.13052	0.26931
甘肃	-1.17596	-0.30837	-0.71147	-0.63064
青海	-0.27374	-0.79293	-1.19192	-1.1763
宁夏	-0.18044	-0.85492	-0.98389	-0.778
新疆	-0.53226	-0.40409	-0.52468	-1.09281

为了得到各省级区域的新型工业化总得分，并对其进行排名，利用以下公式：

$$F = C1*47.021\% + C2*21.017\% + C3*10.027\% + C4*7.171\%$$

式中，F 为新型工业化水平总得分，公式中 47.021%、21.017%、10.027%、7.171%分别是 $C1$、$C2$、$C3$、$C4$ 的方差贡献率。结果如表 3-20 所示。

表 3-20　各省级区域新型工业化水平排名

省级区域	综合得分	排名
北京	1.120343	1
广东	1.093775	2
上海	0.902637	3
浙江	0.749138	4
江苏	0.716044	5
天津	0.590874	6
福建	0.547716	7
辽宁	0.38242	8
山东	0.178259	9

续表

省级区域	综合得分	排名
内蒙古	0.02885	10
重庆	-0.05253	11
吉林	-0.07903	12
山西	-0.09728	13
陕西	-0.09857	14
河北	-0.09931	15
广西	-0.10183	16
湖北	-0.12346	17
湖南	-0.15939	18
黑龙江	-0.17437	19
四川	-0.19458	20
江西	-0.21598	21
河南	-0.25896	22
海南	-0.27178	23
安徽	-0.31157	24
宁夏	-0.36318	25
新疆	-0.38781	26
青海	-0.41488	27
云南	-0.57365	28
贵州	-0.67663	29
甘肃	-0.6891	30
西藏	-0.96615	31

各省级区域工业化水平的最终分布如图 3-2 所示。

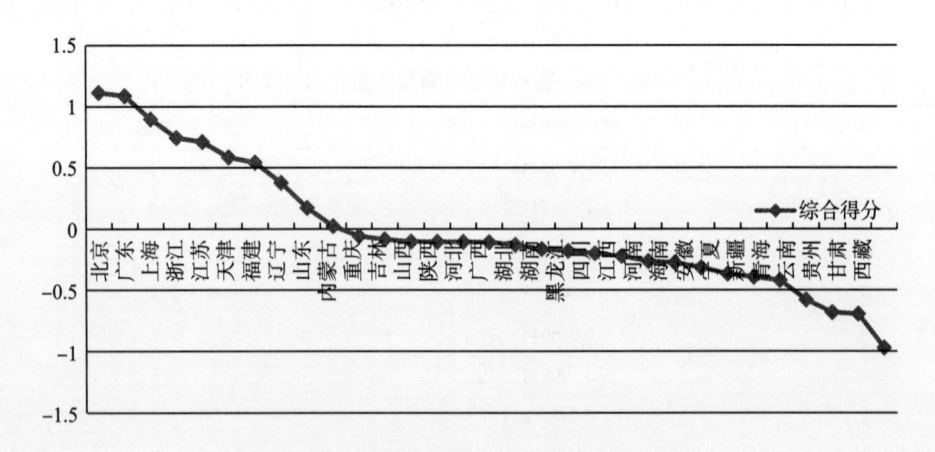

图 3-2 各省级区域工业化水平的最终分布

3.2.3 基本结论

通过以上分析看出,我国 31 个省级区域(不包括香港、澳门、台湾)的新型工业化水平可以分为 3 个档次:最好的是北京、广东和上海,紧随其后的是浙江、江苏、天津、福建、辽宁、山东等,属于第 1 档;排在第 2 档的有内蒙古、黑龙江、吉林、重庆、山西、陕西、湖北、广西、河北、四川、江西、河南、海南、湖南、安徽等;其余省级区域归为第 3 档,工业化水平明显较低。

3.3 我国新型工业化道路省级区域发展的三个类型

3.3.1 省级区域新型工业化分类标准的重构

长期以来,我国区域工业化划分比较多的是从东、中、西的视角进行划分,但这一分类并不意味着我国东部地区工业化水平都比较高,西部地区工业化水平都比较低。从前文分析可以看出,我国西部地区工业化水平比中部地区还高,甚至工业增加值超过了东部的一些省级区域。这一分类标准掩盖了工业化发展的产业关联属性,我国省级区域工业化的发展需要重新分类。

根据本书对工业化的理解以及其他学者的认识,工业化的过程最为重要的表征就是产业的变化以及引起的结构变化,这一变化的动力虽然是技术,但不同产业发展类型具有不同的工业化特征。所以,基于不同的产业形态而判别工业化是划分各省级区域工业化的根本性标志。前文分析的多个层面表明,我国存在着三类不同的省级区域,即资源产业依赖型省级区域、传统产业主导型省级区域和新兴产业导向型省级区域[①]。

3.3.2 以资源产业为主的资源产业依赖型省级区域

所谓资源产业依赖型,就是指在工业化过程中,主要依靠本地区的自然资源发展加工制造业,其他类型的工业产业较少,因而形成了对资源高度依赖的工业化格局。这一类省级区域主要是我国边疆少数民族地区,包括内蒙古、新疆、青海、宁夏、甘肃、西藏、贵州、云南、广西和海南 10 个省级行政区域(表 3-21)。

表 3-21 资源产业依赖型省级区域的产业类型

省级区域	前 10 位资源型制造业占比/%	农业占 GDP 的比例/%	第三产业占 GDP 的比例/%
内蒙古	90	7.89	36.50
新疆	80	21.60	37.40

---

① 有些省级区域的传统产业就是与资源产业有着高度关联,因而从这一层面理解,二者没有多大区别。但是资源产业依赖型省级区域强调工业进程中的资源依赖,离开资源就没有其他可以支撑工业化发展的产业。传统产业主导型省级区域虽然传统产业占有较大的比例,但还存在其他类型的新兴产业。

续表

省级区域	前10位资源型制造业占比/%	农业占GDP的比例/%	第三产业占GDP的比例/%
西藏	80	7.17	53
甘肃	70	17.62	41
宁夏	80	16.76	42
青海	80	6.58	32.8
云南	100	26.07	41.8
广西	70	12.99	36
贵州	90	12.45	46.6
海南	50	15.43	48.3

资料来源：由2014年中国统计年鉴整理而得。

从资源产业依赖型省级区域制造业看，云南前10位制造业都是资源型制造业，内蒙古和贵州90%的制造业都来源于资源型产业，新疆、西藏、宁夏和青海的资源型制造业占80%，甘肃和广西各占70%，海南占50%。

事实上，这些省级区域的资源依赖不仅体现在制造业上，而且还体现在第一产业和服务业上。农业作为一种分散型的资源，在新疆、甘肃、宁夏、云南、广西、贵州和海南等大多数资源依赖型省级区域占有较大的比例。在第三产业的贡献中，旅游资源的依赖也比较明显，如西藏、甘肃、宁夏、云南、贵州和海南的第三产业比例较高，明显是旅游产业贡献比较大的结果。

这一类省级区域的工业化水平除了内蒙古比较高外，其他省级区域基本上都处于工业化的初期向中期迈进的阶段，其共同特点是对资源的高度依赖形成了各个省级区域的主导产业，新兴产业偏少。如内蒙古的工业以能源、化学、冶金、农副产品加工为主；新疆的工业以钢铁、煤炭、电力、化学、食品等资源型工业为主；宁夏的工业以煤炭开采、有色冶炼、石油天然气开采、石油加工、橡胶制品等为主；云南形成以煤炭开采、黑色金属矿采选、有色金属矿采选、农副食品加工、烟草加工等为主的工业；贵州形成以能源、原材料、农副产品加工为主的工业格局。这些省级区域工业化的整体水平除了内蒙古外，其他省级区域工业化整体水平都不高，初步判断，"资源诅咒"的工业化现象比较明显。

3.3.3 以传统产业为主的传统产业主导型省级区域

传统产业主要是指在新兴产业出现之前就已经存在的产业，重点包括煤炭、石油、钢铁、机械、纺织、化工等。这一类型的省级区域主要包括黑龙江、吉林、山西、四川、重庆、陕西、河南、河北、安徽、江西、湖北、湖南12个省级区域(表3-22)。

表3-22 传统产业主导型省级区域的传统制造业占比

省级区域	前10位制造业中传统制造业占比/%	其他类型产业占比/%
黑龙江	80	20
吉林	70	30
河北	80	20

续表

省级区域	前10位制造业中传统制造业占比/%	其他类型产业占比/%
河南	90	10
山西	70	30
安徽	60	40
江西	70	30
湖北	70	30
湖南	60	40
陕西	60	40
四川	50	50
重庆	50	50

资料来源：由2014年中国统计年鉴整理得到。

从传统产业主导型省级区域看，排在前10位的传统产业占比最高的省份是河南，占90%；其次是黑龙江和河北，各占80%；吉林、山西、江西和湖北各占70%；安徽、湖南、陕西各占60%；四川、重庆各占50%。传统产业的类型以黑色金属冶炼及压延加工业，石油加工、炼焦及核燃料加工业，化学原料及化学制品制造业，非金属矿物制品业，有色金属冶炼及压延加工业，农副食品加工业，酒、饮料和精制茶制造业为主。这些省级区域的传统产业既有依托于资源发展起来的传统产业，还有利用其他条件，特别是中华人民共和国成立以来依靠政府力量布局的一些传统产业。

我国传统产业主导型省级区域也基本上进入了工业化中期阶段，这一阶段的产业特点是传统产业向优势产业过渡，并尽可能地发展新兴产业。如四川省七大优势产业中，除了传统的油气化工、钒钛钢铁、饮料食品等外，还推动电子信息、装备制造、现代中药等新兴产业发展。山西除了重视煤炭、冶金、电力、化工等优势产业的发展外，还将装备制造等作为重点发展的产业。重庆除了重点发展石油天然气化工、材料等产业外，还将电子信息、汽车摩托车、装备制造等产业作为优势产业加以发展。

3.3.4 以新兴产业为主的新兴产业导向型省级区域

这一类型省级区域主要包括北京、天津、上海、辽宁、山东、江苏、浙江、福建、广东9个省级区域，是我国三大增长极的核心地带，也是我国工业化水平最高的省级区域。我国新兴产业主导型省级区域的产业主要以汽车、计算机、通信、其他电子设备、电气机械和器材、专用设备、医药、通用设备制造业等为主，但一些省级区域的传统产业也具有相当大的优势，如山东的化学原料和化学制品制造业、农副食品加工业、纺织业、石油和炼焦及核燃料加工业、电气机械及器材制造业、黑色金属冶炼及压延加工业、有色金属冶炼及压延加工业等工业优势依然十分明显。我国新型产业导向型省级区域工业化发展的典型特征是在产业发展过程中重视创新的因素，因而具有创新驱动的特征(表3-23)。

表 3-23 新兴产业导向型省级区域的重点产业

省级区域	重点发展产业
北京	汽车制造业，计算机、通信和其他电子设备制造业，电气机械和器材制造业，专用设备制造业，医药制造业，通用设备制造业
天津	计算机、通信和其他电子设备制造业，汽车制造业，专用设备制造业，电气机械和器材制造业，通用设备制造业
上海	计算机、通信和其他电子设备制造业，汽车制造业，通用设备制造业，电气机械和器材制造业，专用设备制造业
江苏	计算机、通信和电子设备制造业，电气机械和器材制造业，通用设备制造业，汽车制造业，专用设备制造业
山东	通用设备制造业、新能源、信息技术、先进制造业
浙江	电气机械和器材制造业，通用设备制造业，汽车制造业，计算机、通信和其他电子设备制造业
福建	计算机、通信和其他电子设备制造业，电气机械和器材制造业
广东	计算机、通信和其他电子设备制造业，电气机械和器材制造业，文教、工美、体育和娱乐用品制造业
辽宁	通用设备制造业，汽车制造业，专用设备制造业，电气机械和器材制造业

资料来源：2014年中国统计年鉴。

3.4 我国省级区域新型工业化道路实践模式评价

对工业化模式的研究一直受到学者的高度关注。蒋伏心(2005)认为工业化不同阶段的工业化模式是不同的，工业化模式服务于工业化发展目标的需求，是在政府的推动下完成的。宋小芬等(2006)总结了我国新型工业化发展的六种模式，即技术进步模式、以信息化带动工业化模式、非技术创新模式、资源综合利用与循环经济模式、产业集群模式和充分利用人力资源模式。但这些学者对工业化模式的认识和理解缺乏统一标准，因此工业化模式也没有明确而统一的界定。根据新帕尔格雷夫经济学大辞典的解释，"模式"就是根据经验而总结出来的方式，是可以参考的做法和经验。工业化模式就是工业化发展的主要方式，具有通用性和普适性。"模式"的建立是依托既有的基础，也就是说是建立在历史基础上的，具有制度依赖性，但"模式"又需要不断摆脱传统约束追求一种新的发展方式，因此，模式的形成又是一种自我否定、建立新的发展轨迹的过程。

新型工业化道路的模式是资源优势、产业特征、对外开放水平、政府力量等多重因素作用的结果。在中华人民共和国成立初期到改革开放之时，我国高度重化工业的模式是失败的，反思工业化的发展模式就成为新的要求。本书认为，工业化模式取决于如何驱动由农业为主的发展方式向工业为主的发展方式的转变，也就是驱动力的问题。这在我国不同类型的省级区域中是完全不一样的，因而工业化也走过了不同的路径。从改革开放以来我国工业化的实践模式看，模式选择经历了从重视宏观政策因素、区位因素到重视微观的技术创新因素，促使这一变化产生的根本性原因是各因素在区域工业化的时空变迁过程中，比较优势的形成与逐渐丧失，又逐渐产生新的比较优势的过程。当旧的比较优势逐渐丧失，新的比较优势尚没有形成之际，工业化发展模式就会陷于困境中。

3.4.1 资源产业依赖型省级区域新型工业化道路的实践模式评析

追溯资源产业依赖型省级区域的工业化历程发现，由于旧中国遗留下来的工业化基础薄弱，经济发展十分落后，因此依托资源性产业布局相应的工业是其必然选择。资源产业依赖型省级区域工业化发展是以苏联援建的 156 个项目为契机，其中 1/3 的项目都布局在优势资源集中的省级区域，如甘肃 16 项、内蒙古 5 项、云南 5 项、新疆 3 项，涉及重点领域包括航空炼油、化工、兵器、电子、石化机械、电力设备和有色金属开采，这些企业的布局为资源产业依赖型省级区域发展工业奠定了基础。改革开放后，工业经济发展的重心东移，我国资源产业依赖型省级区域走了一条内生型的工业化道路，其工业产业发展的重点依然是矿产资源的开发、原材料工业、农产品加工业等，经过 20 多年的发展，这些省级区域基本上形成了以资源产业为主的工业化。

从资源产业依赖型省级区域工业化的形成模式看，由于技术、资本以及高素质人力资源的缺乏，推进过程中的初始力量源于政府的强力干预，产业的选择以发展弹性比较大、具有地域优势的资源型产业为主，无论是制造业、加工业，还是第三产业都与资源产业高度相关，且市场需求受制于狭小的省级区域内部，出口的能力弱，区域间的贸易量较小，因而是在封闭的区域内部形成的内生型工业化道路。此外，由于推进市场化改革的力量比较小，市场配置资源的能力比较弱，因此，竞争性的工业产业比较少。

资源产业依赖型省级区域工业化模式的选择是由于我国工业化整体水平不高、决策层优先发展我国东部沿海比较发达地区，走了一条内生型工业化道路，具有以下特点。

(1) 工业化受特殊的地理区位影响。资源产业依赖型省级区域基本上都位于少数民族地区、高海拔山地、远离海洋，其特殊的自然地理特征导致其长期依赖单一的资源、工业化道路起步比较晚，发展方式相对单一，工业化水平和质量比较低。

(2) 行政力量是工业化的重要驱动者。在工业的发展过程中，由于经济基础比较弱、人力资源的素质不高、市场化程度比较低、可以依赖的发展要素偏少，因而政府在工业化发展中扮演着非常重要的角色。行政力量推动源于几个方面的原因：①行政力量控制着资源要素的配置，也就是说生产什么、如何生产以及为谁生产由政府说了算，而不是基于市场的判断；②政府可以调动资金去支撑资源产业的发展，这一资金的调动包括向银行融资、农产品价格支持等，这是行政力量可以解决的；③资源型产业的市场需求有保障。由于我国基础设施比较落后，市场对资源型产业的需求非常旺盛。

(3) 产业之间的关联性比较弱。由于资源型工业的产业链比较短，对工业的辐射较差，对农业和服务业的带动性不强，因此三次产业整体上是各自发展的状态。产业的关联性弱导致三次产业间的互动和协调性比较差。此外，资源产业关联度比较低，对就业的拉动作用不明显，产出效率也比较差，因而形成了比较畸形的工业产业结构。

(4) 城镇的空间结构具有典型的"中心-外围"特征。资源产业依赖型省级区域由于产业的关联性比较差，人口集聚功能不强，因而城镇往往是因为政治的中心而聚集人口，各级别的城镇具有典型的"中心-外围"特征。行政区中心是经济中心，是政府主导的重点发展区域。聚集了区域内部可能发展的产业，城市化的发展速度相比省级区域内部其他地方明显较快。但集聚效应比较差，对就业的影响十分有限，因此城镇化的水平不高。

（5）工业化陷入恶性循环。资源产业依赖型工业化模式虽然能够在短期内提高工业化的水平，但是从长期看，由于忽视市场化内生机制的建设，工业化的质量势必难以提高。在长期受制于技术水平、资本投入以及高素质人力资本的约束下，这一开发模式既会形成资源投入的路径依赖，又会掉入发展中的恶性循环陷阱——资源型产业的高度依赖→技术水平低→产业推动工业化力度弱→工业化水平不高→对资源的继续依赖→……。由于缺乏摆脱工业化恶性循环的发展机制，这些省级区域的工业化水平是我国各省级区域中最低的。

在资源产业依赖型省级区域工业化发展中，政府作为初始力量推动工业化的优缺点都是十分鲜明的，在工业化发展初期需要政府的干预力量，但随着进一步发展，工业化的核心驱动力量不可能再由政府发动。此外，资源依赖性省级区域的核心是资源，以及与资源密切关联的产业。这是一种不计成本约束、资源浪费和产出效率的工业化，是仅仅重视产出量增长的工业化。因而，工业产值是得到了高速增长，但其总体效益并不高。随着新型工业化道路的提出，在新型工业化发展的约束下，对环境约束变量考核的提高导致工业化效益比较低下。此外，由于产业之间的关联性比较弱，产业的附加价值并不高，区域空间经济关联的割裂从整体上制约着工业化的发展水平。这一模式的本质特征是过于重视工业而忽视农业和第三产业，特别是农业相对弱质化导致工业化是不协调的工业化。在这一模式的主导下，工业化的实现既不能解决生态环境的问题，也不能解决民生问题，工业化的实现必将面临较大的挑战。

3.4.2 传统产业主导型省级区域新型工业化道路的实践模式评析

我国传统产业主导型省级区域早期工业化的发展同样得益于苏联的援建和三线建设时期对内地工业产业的布局，如陕西、四川、重庆、湖北、湖南、吉林和黑龙江都受益于中华人民共和国成立初期苏联援建的 156 个项目以及后来三线建设时期的大力推进，工业化的基础比较厚实，但工业发展以重化工业为主，工业化水平比较低。改革开放开启了我国传统产业主导型省级区域的工业化之路，但在相当长的一段时期内，工业主要以资源型工业为主。进入 20 世纪 90 年代后，由于可持续发展理念的提出，以及对资源的节约与环境保护的双重要求，我国传统产业主导型省级区域在工业化发展中提出了一些新的发展思路，布局和发展了其他类型的产业。如四川省在 20 世纪末和 21 世纪初根据自身产业的特点，提出了"工业强省"战略，重点发展了电子信息、装备制造、食品加工等五大优势产业；重庆发展了汽车摩托车、信息制造产业；陕西发展了航天航空制造、装备制造等。这些产业的发展同样是政府的强力主导与市场竞争的共同作用下的结果，但对资源的依赖型明显减弱。

传统产业主导型省级区域的工业化初期同样是依托区域内部的资源优势发展起来的，具有资源依赖型特征。随着工业化的进一步推进，改变原有产业格局，发展新的产业就成为这些省级区域的现实之选。出现这一变化的主要原因是资源型工业的竞争力减弱，地方经济发展内在地要求各省必须塑造新的具有竞争优势的产业。这一模式是政府与市场双重作用的结果,是在政府释放权力、推动市场化进程的改革、激发市场潜力基础上的工业化模式。因此,一些新的产业和企业脱颖而出,使得传统产业主导型省级区域的产业结构比资源依赖型产业更具有竞争优势。

但从相应省级区域看,传统产业占据绝对优势的地位是不争的事实。以四川省 2013 年的产业结构为例,四川省优势产业初步形成于改革开放时期,工业强省战略提出后逐步明确发展电子信息、装备制造、饮料食品、油气化工、汽车制造、能源电力、钒钛钢及稀土七大优势产业。2013 年,四川省七大优势产业工业增加值累计增长 11.0%(表 3-24)。

表 3-24 2013 年四川省七大优势产业主要指标

产业名称	工业增加值	销售产值		
	累计增长/%	总量/亿元	总量占全省比重/%	累计增长/%
全　省	11.1	35039.5	/	/
七大优势产业	11.0	26492.9	75.6	10.4
电子信息	18.4	3375.0	9.6	19.5
装备制造	9.0	4425.4	12.6	8.8
饮料食品	10.9	5854.9	16.7	9.7
油气化工	8.2	3823.3	10.9	8.1
汽车制造	27.4	1858.9	5.3	26.6
能源电力	2.7	3990.6	11.4	2.6
钒钛钢铁及稀土	11.1	3164.8	9.0	11.3

资料来源:四川省统计年鉴。

在我国传统产业主导型省级区域工业化实践过程中,传统产业发挥了非常重要的作用。这些产业之所以能够得以发展,其关键原因在于适应工业化阶段发展以及市场的需要。从工业化的发展阶段看,这些省级区域处于工业化中期阶段,其产业的"传统性"较强,因此钢铁、化工、电子、食品等产业既满足了物质资料生产的需求,又满足了生活资料的需求。从现实看,这一阶段的基础设施建设、房地产业发展较快,当然对传统产业的需求旺盛,所以相关产业的发展推动着工业经济的高速增长。但随着相关基础设施建设日趋饱和,以及房地产业高速增长之后的衰落,传统产业的需求随之下降,其地位和作用也下降。此外,传统产业的生产效率、对环境的污染以及对资源的消耗等都迫使其处于转型的边缘。这是我国传统产业主导省级区域工业化发展所面临的一个重要问题。该类工业化模式的主要特征如下。

(1)政府是工业化推动的重要力量。我国传统产业主导型省级区域工业化的整个发展历程都能比较清晰地看到政府的重要作用。在其发展初期由政府确定引进产业,在改革开放进程中由政府确定发展和扶持的产业类型,以及采取什么样的产业政策,在全面推进市场经济体制建设之后也可以观察到政府发挥的作用。政府为了发展各自省级区域内部的某些产业,为了引进具有较强竞争力的企业,在资金、税收、土地等方面做文章,争相以具有竞争性的政策措施吸引企业进入,从而在整体上提升区域产业的发展力量。

(2) 以改革创新释放工业化发展的新空间。除了充分发挥政府的作用外，通过改革创新释放工业化发展的潜能，寻求工业化发展的新空间。一是鼓励民营资本进入重点发展的领域，各个省级区域通过制定民营经济进入的政策措施，鼓励民营资本进入。如早在 1997 年，四川省委、省政府出台《关于进一步加快民营经济发展的若干政策的意见》；2014 年，四川省人民政府印发《关于支持民营经济发展十五条措施》《四川省人民政府关于支持外商投资企业发展八条措施》。二是推动市场化改革。20 世纪 90 年代初，我国社会主义市场经济体制建设的总体导向提出，使传统产业主导型省级区域不断推动市场化改革，改变了过去由政府主导的工业化发展格局，使得市场主体能够适应市场的规律，根据市场发出的信号加以判断，进而决定如何生产、为谁生产的问题。因此，这是从根本上实现工业化的重要创新。

(3) 形成了若干关联性强的产业群。不同于资源产业依赖型省级区域的工业化，传统产业主导型省级区域在工业化进程中形成了支撑工业化发展的若干产业群。如四川省重点发展电子信息、装备制造、饮料食品、油气化工、能源电力、钒钛稀土、汽车制造七大优势产业群；重庆重点发展装备制造、环境保护、汽车与电子等优势产业群；陕西重点发展了石油天然气及化工、煤及煤化工、电力、盐化工、输变电设备、汽车、机床工具、重型装备、工程机械、石油装备、航空航天、电子信息、软件和信息服务产业群。这些产业群内部具有非常紧密的分工与合作，高度的关联性产生出比较强的规模经济效应和范围经济效应。

(4) 产业的高度关联促进城镇化的快速发展。各省级区域重点发展的产业不仅是市场需求比较大的产业，是适应国民经济与社会发展的重大产业，而且产业的高度关联性集聚了大量的人口，促进了就业水平的提升和人口的城镇化。2013 年四川的城镇化水平达到 44.90%，对于一个人口大省而言已经是非常不错的成就。四川省城镇化水平的提高是建立在成德绵城市群、川南城市群、川东北城市群、攀西城市群的基础上，每一个城市群都有高度关联的产业与之匹配和支撑，因而城镇化水平和质量明显优于资源依赖型省级区域。

传统产业省级区域的工业化是一种内生型的工业化道路，是植根于本地资源而发展起来的工业化，因而自我生长与繁衍能力比较强。传统产业的经济基础和条件决定其工业化道路优于资源依赖型省级区域的工业化发展。但其工业化路径同样在没有约束下经历了"三高一低"，即高投入、高消耗、高污染以及低产出的工业化模式。虽然新型工业化提出意欲扭转传统产业发展中的不足，但是在资源消耗与环境制约的软约束下，对资源的依赖以及对增长的追求使得传统产业的发展出现越来越严重的问题。这一模式虽然能够使 GDP 增加，但是造成的环境污染比较严重，而且随着经济发展的进一步推进，会加剧产能的严重过剩。这一模式显然难以完成工业化实现的重任。

3.4.3 新兴产业导向型省级区域新型工业化道路的实践模式评析

我国新兴产业导向型省级区域的工业化始于传统工业化终结和新的工业化模式率先探索的特定时期，即在改革开放初期全面展开。总体上看，新兴产业导向型省级区域的工业化受惠于国家区域发展的政策倾斜。在优先发展东部地区的基础上，东部地区充分利用资源价格、廉价的人力资本优势推动了工业化的发展，但不同区域内部工业化模式存在较大的差异。珠江三角洲的工业化是结合承接海外产业的转移与区域承接产业的优势，走了一条加工制造和海外市场相结合的工业化道路，形成了具有中国特色的参与国际市场的工业化模式。长江三角洲则依托上海的辐射力和带动力，在不断释放市场活力、充分发挥民营经济的基础上走了一条区域内生的工业化道路。这一模式尤其以温州和苏南为代表，温州模式是源于家庭基础，追求经营方式专业化和以市场需求为导向的小商品、大市场的工业化模式，苏南模式的特点是农民通过由最底层的乡镇政府主导推动发展乡镇企业。总体上看，不断探索由市场决定的资源配置模式，适应市场需求推动经济的发展是长江三角洲工业化发展最本质的反映。

从新兴产业导向型省级区域的工业化发展看，无论是哪一类型，都能够基于市场基础，充分发挥市场对工业产业的资源配置，以市场的需求为导向，以产业的不断更替为目标，并能从国际视野出发把握工业化的大趋势。因此，新兴产业导向型省级区域的工业化是既立足于现实，又与世界先进产业发展的演进趋势紧密联系的工业化。

新兴产业导向型省级区域作为我国工业化水平最高的省级区域，既具有工业化中期阶段的一些典型特征，又具有发达国家后工业化时期的一些特征。

(1) 形成以新兴产业为主的工业产业发展格局。从制造业看，除了山东和辽宁的传统产业占比相对较大外，其他省级区域基本上都是以新兴产业为主。北京的汽车制造业和计算机、通信及其他电子设备制造业排在前三位。上海的计算机、通信和其他电子设备、汽车和通用设备制造业排在前三位。江苏的计算机、通信和其他电子设备制造业，电气机械和器材制造业，通用设备制造业排在前三位。从第三产业发展看，新兴产业占比也比较大。

(2) 区域创新要素的不断集聚。新兴产业得以发展的基本要素是创新资源的集聚，这既是工业化发展的需要，又是市场竞争压力的必然反映。牛方曲等(2012)研究我国省级区域创新资源的空间集聚，指出在国家科技创新资源分布上，北京明显高于其他省级区域，其次是上海，东部其他省级区域远比西部地区和中部地区高；在省级地方科技创新资源分布上，上海、北京、天津、山东、广东等省级区域占据优势；从企业科技创新资源的分布看，辽宁、北京、天津、山东、江苏、上海、浙江、广东等企业科技创新资源明显较高(牛方曲等，2012)。新兴产业发展要求创新要素代替传统的人力资源要素、自然要素的投入，因而在国际国内分工中能够获得更高的附加价值，有利于从整体上提高工业化水平和质量。

(3) 城镇与城市群协同发展。从区域空间格局看，不同于传统产业主导型省级区域的工业化，城镇是单一的，城镇与城镇的关联度不高，点、线联系不紧密。新兴产业导向型省级区域是城镇、城市群之间的链接，城镇化水平大幅度提高，这是由于产业的高度关联所致。这些城市群就构成了区域工业化发展的重要增长极，即长江三角洲、珠江三角洲和环渤海经济圈，每一个增长极都形成了具有自身典型特征的工业化发展模式。以广州、深圳为中心的珠江三角洲是在充分承接世界产业转移的基础上而形成的增长极，是建立在对外开放基础上大力发展加工制造业的工业化模式。长江三角洲工业增长极以上海、江苏为中心，主要是在工业化进程中，能够结合技术驱动和国际国内市场推动工业化的进步，这是其工业化得以发展的关键性因素。环渤海经济圈以北京、天津、大连为中心。三大增长极的新型工业化模式主要以构建工业化发展的良好平台吸引着外资、技术和管理经验的进入，以及相对优势的工资吸引着其他劳动力资源大省的人口，为工业发展提供保障。

(4)市场化程度比较高。市场化程度反映资源配置能力，新兴产业导向型省级区域的市场化水平是所有区域中最高的。有学者估计，浙江市场化指数最高，其次是江苏、上海、广东、北京、天津等省级区域(樊纲等，2011)。这种较高的市场化程度源于持续的市场化改革的不断推进，归根结底取决于市场对竞争制度认可的需要。事实上，正是不断完善的市场化制度建设，以及政府对自身服务职能的定位才使得新兴产业导向型省级区域的工业化水平远比其他区域高。

3.5 我国省级区域新型工业化道路实践机制评析

3.5.1 资源产业依赖型省级区域新型工业化道路的实践机制评析

资源产业依赖型省级区域的工业化主要依托资源工业的发展，而资源工业得以正常运转的前提条件是政府控制资源及"资源租"，这既有利于经济增长结果的考核，又有利于快速推进区域的经济增长。从资源型工业的需求看，在一个相对封闭的经济体内，特别是资源型产业的需求被政府主导的部门垄断，因而在区域内部就能形成供需平衡的机制。即是说，主要依靠资源产业的省级区域，在没有富有竞争力的市场主体，没有成熟的市场经济条件下，同样可以依靠政府驱动使内在的经济走向平衡。

因此，资源产业依赖型省级区域新型工业化的实践机制，是一种典型的政府主导的需求和供给相互作用的机制，其在工业化初期可以发挥比较大的作用，推进工业化的发展。但在这一过程中，如果产业自我发展的良性机制能够形成，也就是通过资源产业的发展，向关联产业辐射，并带动其他产业发展，那么这一机制就会促进政府主导向市场主导的机制演进，但还是比较困难，其根本原因如下所述。

(1)产业内生机制没有建立。资源产业在工业化初期具有很重要的作用，可以有效地积累资本、带动基础设施的建设和解决部分就业，其最大优势在于能够在比较低的成本下获得经济增长,但其产业的关联性比较差，对相关区域内部的产业辐射和带动作用比较小。因此，在发展中必须摆脱对资源开发的低水平恶性循环利用，促进其他产业的发展。总之，该类工业化对其他产业的带动比较弱，产业分散化，不能形成规模性效应，工业化水平比较低。

(2)体制机制僵化缺乏改革动能。体制机制是保障工业化发展的重要力量，是工业化发展的重要动力源。一种良好的体制机制能够实现资源的有效配置，有效地利用信息，实现激励相容，同时能够改变政府的低效率，减少政府对市场的任意干预。但体制机制改革的主体是政府，从某种程度而言，这种改革将在各利益阶层实现利益的重新分配，这势必会影响既得利益集团。再加上政府干预资源配置简单、直接，所以体制机制一直处于僵化的状态，在没有改革的压力下，缺乏改革的动能。

(3)集聚机制没有有效地建立。集聚是经济发展的重要现象，是空间经济演化的必然结果，是实现收益递增、促进增长和发展的有效制度安排。从发达国家工业化的经验看，成功的工业化必然在区域内部有着良好的经济集聚现象。资源产业依赖型省级区域由于资源产业的关联性差、城镇人口的集聚弱，集聚经济效应比较差。这种分散化发展的结果必然导致低效率，也使得资源、资本的配置低效率，区域外部的资本、技术进入区域内部较少，因此工业化总体水平难以有所提高。

3.5.2 传统产业主导型省级区域新型工业化道路的实践机制评析

我国传统产业主导型省级区域的工业化实践机制早期依然强调政府的驱动力量，随着社会主义市场经济体制改革的提出，加快市场化建设，依靠市场的力量驱动工业化发展是这些省级区域另一个主要力量。因此，传统产业主导型省级区域的工业化实践机制总体特征是政府主导向市场机制转变。从产业的视角看，虽然早期资源型产业的关联性不强，但是钢铁、化工、食品加工等产业的关联效应和带动效应明显较强。通过产业之间的关联机制带动其他产业发展是这一类型的省级区域工业化发展的另一重要途径。其实践机制具有以下几个方面的特征。

(1) 传统产业具有比较稳定的内生机制。传统产业是工业化发展到一定阶段的产物，是经历了资源产业之后，基于各省级区域的特色而重点发展的产业。在传统产业主导型省级区域的产业形成机制中，有的是基于区域特色而形成的传统产业，如四川的钒钛钢和稀土产业、食品生产等，重庆的摩托车制造、山西的煤炭资源开采等。有的是依托区域资源的基础发展起来的产业，如陕西和山西的煤炭资源开采、四川的钒钛钢和稀土产业等。有的是依托政府资源而布局发展的产业。这些产业除了传统的资源型产业是由强力的政府主导形成的外，其他类型的产业要么是具有比较强的劳动密集型产业而集聚人口，要么是通过产业的关联而集聚人口，因此，产业关联机制和人口集聚机制比较强。

(2) 市场与政府共同作用机制驱动工业化发展。传统产业的形成一开始是以政府的强力推动为主，这是落后区域工业起飞必需的力量。随着产业的进一步发展，单纯依靠政府已经难以有效地提升工业化水平，依靠市场化机制既是一种压力，又是一种动力。因此，建立完善的市场化机制就成为政府的重要职能，这在传统产业主导型省级区域中表现得比较充分。

3.5.3 新兴产业导向型省级区域新型工业化道路的实践机制评析

新兴产业导向型省级区域的工业化以珠江三角洲和长江三角洲为典型代表，但其形成机制差异明显。珠江三角洲的形成是充分利用其区位优势，在吸取中西部地区廉价劳动力、自然资源，利用外资和海外市场的基础上发展加工贸易，加工制造业是其主要的产业形态。为了适应这一产业发展，培育带动性强、示范效应显著的中心城市，广东省政府通过撤地设市、县级升市等措施，迅速建立起以广州、深圳为中心，包括21个地级市的次区域中心城市化格局。通过产业与城市互促，珠江三角洲最终成为我国经济增长的第一极。虽然珠江三角洲增长极见效快、效率高，并能适应世界市场分工的需要，但"极"内运行相对简单，"极"的功能仅仅是专业化加工之地，其原料供应和市场需求都在"极"的外部，而且"极"很难控制两头在外的市场，导致增长极的扩散效应比较差，集聚效应逐渐减弱（图 3-3）。

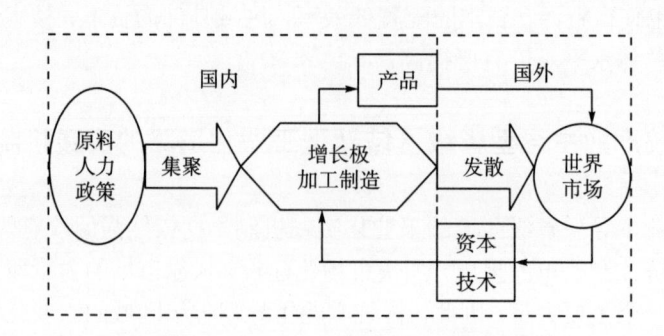

图 3-3 珠江三角洲工业化的实践机制

长江三角洲的形成具有典型的内嵌性，且"极"的运行机制是建立在"两省一市"合理分工与协作基础上，"极"内资源、资本、技术和创新均能保证增长极的自我发展。尽管外资和跨国公司进入这一增长极，但其并不受外资的控制，因而增长极稳定程度高（图 3-4）。

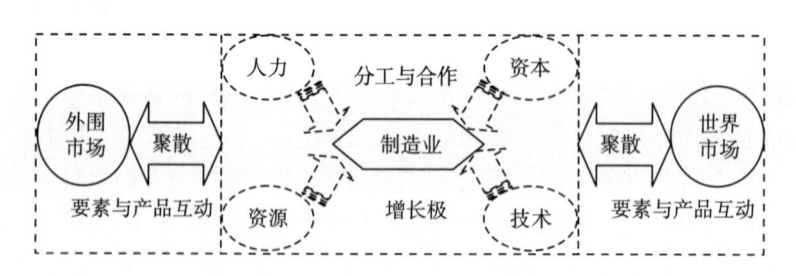

图 3-4 长江三角洲工业化的实践机制

从我国典型的新兴产业导向型省级区域工业化的实践机制可以看出，这一工业化实践机制具有以下两方面特点。

(1) 政府与市场之间形成合理的分工机制。从开放政策实施以来，我国新兴产业导向型省级区域的工业化发展目标都是非常明确的，即政府和市场形成合理的分工格局，政府提供高效的公共服务，制定激励与约束机制，尽可能地规避对市场的干预。市场提供一个充分竞争的机制满足各类市场主体参与竞争。这一合理的分工与协作机制有利于充分激发市场主体的参与热情，提高市场化的运行效率，适应工业化发展的需要。

(2) 高度开放参与国际竞争的机制。珠江三角洲、长江三角洲都是我国开放的前沿阵地，这就意味着其产业的形成从一开始就与世界市场接轨。一方面，生产能适应世界市场竞争需要的产品，另一方面，自身就是世界市场的重要组成部分。大量的跨国公司在这些省级区域的投资不仅带来了资本，更重要的是带来了管理、技术和人才，因而能够把握住世界产业发展的前沿，获得发展的竞争优势。

3.6 重构省级区域新型工业化道路实践模式与机制的挑战

我国三个类型的省级区域工业化由于工业产业发展类型不同,实践模式和机制存在比较明显的差异。各类省级区域工业化原有模式和机制很难促进工业化的真正实现,其根本性原因在于五个方面。

3.6.1 经济全球化对工业化提出了新要求

长期以来,我国的新型工业化是根据比较优势的原理,依托国内廉价的自然资源、人力资源,通过政策优势吸引外资、技术等实施出口导向的工业化战略,助推了中国经济的高度增长,使一个占有世界 1/5 人口的大国成为全球第二大经济体,并成为全球化的重要阵地。毋庸置疑,中国的工业化把握了全球化发展的机遇,但成功与否的关键取决于在利用资源要素参与全球分工中是否能够培育出具有竞争优势的产业,以及如何在全球化进程中推进全面性深度开放与策略性技术开放的结合。遗憾的是,十多年的新型工业化并没有培育出相应的产业,也缺乏灵活度高的战略,我国工业化正处于一个已有比较优势逐渐丧失、新的竞争优势尚未确立的关键时期。

经济全球化是跨国商品、服务贸易、国际资本流动规模和形式的增加,以及技术的广泛传播使世界各国经济相互依赖性增强的过程。经济全球化具有先进技术推动,资本、技术等要素在全球范围内配置,各国市场相互依赖等特征。全球化在本质上被视为是资本主义的全球化,反映现代制度在全球范围内扩张,以及文化、文明达到的一种目标(杨雪冬,1999)。

20 世纪 60 年代以来,经济全球化的发展推动着工业化的进步,工业化的快速发展又促使全球化加速发展,二者紧密结合、相互吸收(Kaya, 2010)。工业化的历史证明,适应全球化的工业化将乘势而上,否则如逆水行舟、不进则退。全球化是一个动态发展的过程,在不同阶段对工业化的影响程度不一样。现阶段的全球化正处于科技革命快速发展时期,大数据、互联网等信息技术全面渗透到工业化进程中,影响着工业化的发展。因此,今天的工业化不同于历史上任何一个阶段的工业化,显著特征在于受全球化的影响如此深刻,以至于其本身就是全球化的工业化。

对于发展中国家而言,全球化的工业化一般要经历三个阶段。一是主动参与的阶段。这一阶段是工业化国家全球价值链分工的主观需要和发展中国家廉价的资源、劳动力和开放政策等客观现实相结合,但国内工业产业面对全球化的竞争处于被动地位,在全球分工体系中处于被"俘获"地位。二是适应提升阶段。这一阶段是资源、劳动力比较优势逐渐丧失,国内制度变革、技术和管理水平不断提高、部分产品和产业竞争优势不断增强的过程。三是融合互促阶段。随着发展中国家的制度变革趋于稳定,全球化治理思想和文化体系逐渐形成,产业竞争优势不断放大并在一些领域处于主导地位,工业化与全球化进入深度融合阶段。

我国的新型工业化就是一个参与、适应并与全球化融合的过程。中国已经成为全球化的重要参与者和全球化的重要阵地，2008年，中国成为制造业出口第一大国，出口总额达到1.37万亿美元，占全球市场份额的11.3%。但以单一的加工制造参与全球化暴露出比较多的问题。一是中国制造业远远不能适应经济全球化技术水平的发展要求。整体素质不高，自主知识产权缺乏，大多处于产业链的中低端，精细化程度不高（金碚，2013）。二是不能适应全球化的产业发展方式，即低碳化、生态化与循环化；三是在全球范围内资源配置能力比较弱。虽然最近几年我国对外投资持续增长，但以资源的开发和利用为主，品牌竞争力弱，还没有真正形成在全球范围内配置资源的跨国公司，国有企业依然占据着对外资源配置的主导权。

经济全球化的加速发展将中国工业化置于新的国际环境中，中国新型工业化已经表现为全球化的工业化。因此，把握全球化进程中工业化的发展趋势，调整和改变新型工业化的发展方式，寻求全球化给予工业化注入的新动力是新型工业化的必然诉求。

3.6.2 主体功能区的刚性约束工业化发展

主体功能区是我国区域经济发展中的一个重大理论创新，这一理论的提出有利于充分利用区域自身的特点，综合权衡资源、环境、人口等因素，推动区域经济科学发展。《中共中央关于制定国民经济和社会发展第十一个五年规划的建议》对促进区域协调发展提供了指导性建议，要求从"形成合理的区域发展格局""健全区域协调互动机制""促进城镇化健康发展"三个方面入手推动区域协调发展。在"形成合理的区域发展格局"中明确提出：各地区要根据资源环境承载能力和发展潜力，按照优先开发、重点开发、限制开发和禁止开发的不同要求，明确不同区域的功能定位，并制定相应的政策和评价指标，逐步形成各具特色的区域发展格局。"十一五"规划则进一步提炼出以"主体功能区"形成合理的区域发展格局。党的十七大报告明确提出尽快推进主体功能区形成的重要任务，报告认为实现全面建设小康社会的奋斗目标的新要求是"城乡、区域协调互动发展机制和主体功能区布局基本形成"。

由此可见，推动主体功能区的形成有利于区域实现科学规划和经济活动的可持续发展。工业化作为区域经济的重要活动，是主体功能区形成的重要组成部分之一，主体功能区的形成有利于工业化的科学发展。推动主体功能区尽快形成的核心是明确各区域的优先开发、重点开发、限制开发和禁止开发等问题，以及四大区域经济活动"是什么"的问题。工业化作为解决区域经济活动"是什么"的问题，必须要服从于主体功能区发展安排，另一方面，工业化的区域发展则明显支撑了主体功能区的形成。

3.6.3 区域差距过大影响工业化协调推进

我国非均衡的工业化发展战略是在计划经济体制向市场经济体制过渡中进行的。东部地区依靠政府"有形之手"强力实施资源配置，同时辅以政策支持，率先越过工业化中期阶段向后期阶段迈进，这种非均衡发展战略是在市场经济体制不太完善、市场发挥作用有限的条件下依靠政府力量推动的工业化,本质上是区域经济发展不平衡的工业化。中国特色的新型工业化与传统的重视东部地区工业化发展相反,要求更加重视地区工业化的均衡发展。但中国特色新型工业化的实施是在市场经济体制日趋成熟的条件下进行的,这意味着市场在配置资源方面将会发挥更多的作用。由于东部地区市场化程度较高,中西部地区市场化程度明显较差,在集聚要素的能力方面东部地区优势依然显著。因此,如果要均衡推进工业化发展,就必然要求重视不同区域发展的制约因素、有利和不利条件,同时也要求政府应该充分发挥宏观调控的功能,对落后地区的工业化给予更多的支持,从区域自身条件出发走一条具有区域特色的新型工业化道路,这样才有利于缩小地区经济发展的差距。

我国区域经济发展的差距巨大依然是不争的事实。以2006年的地区经济比例看,东部地区的GDP占全国41.4%、中部地区占20.5%、西部地区占18.7%、东北地区占19.4%,西部地区所占比例最低。我国在新型工业化初期阶段各地区都实现了结构的优化升级,第一产业的比例均有大幅下降,第二、三产业比例上升。但是与全国平均产业结构水平相比,中、西部地区和东北地区的产业结构水平都没有达到全国标准。从第二产业比例看,东部地区第二产业的比例高达51.1%,西部地区仅为45.0%,低于全国平均水平(48.9%)。比较各个地区的工业份额也能反映这一差距:一直以来,东部地区是中国工业产出最大的区域,所占份额呈上升趋势,2006年东部工业份额为54.0%,比1978年上升5.14%;东北地区是中国工业份额下降最多的区域,2006年工业份额仅为9.7%,比1978年下降了8.6%;2006年中部工业份额为15.63%,比1978年降低了2.95%;西部工业份额也处于下降态势,2006年为13.97%,仅比1978年降低了0.03%。由于东部地区的率先发展及其长期保持的发展惯性,完成工业化进入后工业化阶段指日可待。但是中西部地区工业化发展水平低,推进新型工业化受技术、资金的约束较强,很难在一段时间内完成工业化道路。

地区经济发展的差距过大显然与我国区域经济的协调发展相违背,不利于改革的顺利推进,不利于落后地区和发达地区公平地分享改革的发展成果,同样对发达地区经济的进一步发展会造成障碍,不利于经济发达地区工业化推行。因此,如何探索适合区域自身发展特色的新型工业化道路,改变落后地区的工业化发展,缩小地区经济发展差距,是特色新型工业化发展的方向所在。

3.6.4 城乡二元结构加剧工业化实现难度

城乡二元结构既是我国地域差异大、人口众多、农村人口过半、城乡生产力发展不平衡的真实写照,又是20世纪50年代以来我国长期实行户口、土地、就业、社会保障等一系列城乡差异化制度作用的必然结果。长期存在的城乡二元结构在城乡之间筑起资金、市场、技术、信息、劳动力流动的鸿沟,阻碍了生产要素在城乡之间优化配置,致使农民收入增长迟缓,城乡居民收入差距拉大、城乡文化素质差距大,城乡之间、工农之间、贫富之间、干群之间矛盾突出。

工业化的过程本质上反映着城乡二元结构向城乡一元结构动态演变,城乡差距逐渐缩小,可以认为什么时候实现了差距的缩小就实现了工业化。但我国三十多年的工业化并没有达到上述目的,甚至城乡差距还有不断扩大的趋势。我国城乡二元结构长期存在有着较强的现实基础:①我国长期处于社会主义初级阶段,人口多、底子薄、经济发展不平衡的现实客观存在;②我国农村劳动力还很丰富,在短期内消化这么庞大的劳动力还十分困难;③农业与工业化并没有同步推动,农业与工业之间的分割式发展导致农业长期落后;④我国工业化进程中三次产业结构的演变推动农村社会变革不明显,消除二元结构的体制保障在短期内难以建立。

3.6.5 国际国内市场分割支撑工业化不足

我国改革开放以来的工业化是在依托国际国内两个市场基础上发展起来的。一方面,通过国内市场的开放,吸引了发达经济体的资本、技术和管理经验,为我国充分利用世界先进文明成果推动经济发展奠定了基础;另一方面,充分利用国际市场,发展具有比较优势的制造业,参与国际市场分工的同时满足国内市场的需求。两个市场的共同作用推动着中国工业化的快速发展。

但是,我国在利用国际市场中,并没有深刻洞悉和准确把握国际产业发展的大趋势,没有在参与国际分工中培育出具有国际竞争优势的产业,导致在国际分工中长期陷入低附加价值的路径依赖中。此外,国际经济形式的动荡加速使得国际市场的利用更加艰难。2008年金融危机后,贸易保护主义盛行,中国出口频频遭遇反倾销调查,导致对国际市场的利用一度为改革开放以来的最低水平。再加上国内消费升级瓶颈难以有效突破,导致国内国际市场双双低端锁定。

中国特色新型工业化阶段国际国内市场的统筹而不是分割,首先应立足国内市场统筹国际市场。这既源于国际市场较大的波动性、风险性和难以控制性,又源于国内巨大的市场潜力。中国人口众多,收入水平的持续增长使国内市场需求旺盛,国内市场已经成为世界市场的重要组成部分,尽管存在较多问题,但只要解决了国内市场的痼疾,巨大的市场潜力就会使其在世界市场的地位持续上升,因此必须立足于国内市场统筹国际市场。积极参与双边或多边领域的谈判,比如与欧盟和美国的双边投资协定谈判,推动加入TPP(Trans-Pacific Partnership Agreement,跨太平洋伙伴关系协定)谈判等可以让中国更容易进行海外投资和贸易往来,更好地利用国际市场。推动国内市场国际化建设。在市场经济体制的建设、对外对内开放的尺度、政府的审批监督等领域都应该有所突破,建立一个在全球范围内促进资金、资源、劳动力配置的竞争性市场经济制度。

第4章　新型工业化道路省级区域实现模式与机制的框架重构

4.1　新型工业化道路省级区域实现模式与机制重构的基础和条件

我国现阶段工业化的基础和条件已不同于历史上任何一个时期，根本原因在于工业化水平明显提高，不再是农业国的工业化，而是工业国的进一步工业化。从国内看，以改革为主旋律必将为工业化发展增添新的动力，从外部环境看，2008年国际金融危机的爆发重塑着经济全球化的进程，经济全球化的新趋势也改变着发达国家对工业化的认识，进而影响我国的新型工业化发展。因此，正确认识这些基础和条件有利于为我国各省级区域工业化实现寻找可行的模式和适合的路径。

4.1.1　国际形势正处于剧烈动荡与复杂多变期

第二次世界大战结束之后，资本主义国家和新兴的工业化国家都致力于经济的发展，世界经济进入短暂的恢复和发展时期。与此同时，国与国之间的经济交往加深，世界范围内的分工进一步深化，在世界分工与协作中，各国摩擦与日俱增。为了协调各国的贸易行动，一个以追求自由贸易为宗旨，囊括国际生产、服务、知识产权等的多边贸易框架在美国等发达国家的主导下正式建立。金融自由化、全球化与金融创新加剧了国际金融体系的风险，要求新的国际金融监管体系出现。

虽然第二次世界大战打破了资本主义经济周期的过程，但随着资本主义国家经济的迅速恢复，资本主义经济重新步入经济周期的通道。自第二次世界大战以来，资本主义世界发生了几次比较严重的经济危机(世界经济概论编写组，2001)：①1973～1975年由中东战争引起的第一次石油危机，导致以美元为中心的国际货币体系直接崩溃，世界其他发达的资本主义国家工业生产普遍大幅度下滑、物价上涨和经济增长停滞；②1979～1982年的第二次石油危机，其严重程度超越第一次石油危机，欧美国家的失业率超过10%，世界贸易量持续下降；③1990～1993年由于海湾危机使美国经济迅速衰退，并波及英国、加拿大、澳大利亚等国家；④2008年由金融危机演变的经济危机成为第二次世界大战后最为严重的一次经济危机，其诱因是美国的次贷危机。这一次危机的直接原因是为了克服20世纪90年代的IT泡沫和"9·11"事件的冲击，美国先后13次降低联邦基金利率，金融市场缺乏监管，从全球范围内看，主要是由于布雷顿森林体系崩溃后一直没有建立一个国际货币体系。

无论从广度还是深度看,第二次世界大战后发生的每一次经济危机都具有普遍性、复杂性和多样性的特征,对世界各国的经济影响都是深刻而致命的。虽然战后经济整体呈现上升态势,但经济危机的爆发使各国经济的发展呈现波浪式推进、螺旋式上升,并造成资源配置的效率缺乏,需求矛盾得不到解决。

纵观第二次世界大战之后,或者追溯到稍早的1929~1933年,可以发现一个共同的特点,即每一次新的经济危机的爆发都是为了解决上一次危机出台的政策措施的副产品,因此,经济危机的解决过程也潜藏着新的经济危机的可能。这意味着世界经济的周期性发展总体表现为"危→机→危→机"交替的演进,因而使得世界经济形势复杂多变。2008年的经济危机是所有累计性危机的叠加,是危机不能被掩盖之后的爆发。英国学者阿拉托尔·卡列茨基的《资本主义制度4.0》认为,资本主义制度经历了三次变革,分别是:19世纪初主张实行自由贸易的自由资本主义制度,20世纪30年代凯恩斯式的福利国家制度,20世纪80年代初由撒切尔夫人和里根开创的以自由市场为核心的货币主义。可以肯定的是,这三次都是为解决危机而出现的重要制度变革,但都潜藏着新的危机的可能性。正因为如此,有学者断言第四次资本主义变革将改变市场与政府的关系(李长久,2012)。

中国在20世纪70年代末期开始改革开放,经过30多年的发展,特别是加入WTO之后,我国的对外开放程度更高,因而受到经济全球化和经济一体化的影响更深。但中国由于典型的低端锁定,在全球经济危机导致世界经济衰退加深的过程中,出口加工制造业势必影响最大,导致原有的发展模式受阻。

经济全球化和世界经济一体化的不可逆导致经济危机的不可逆是一个不争的事实。国际经济形势的复杂多变已经超出任何一个国家可以控制的程度,这使得经济发展的"风险敞口"被彻底暴露。金融危机爆发以来,不少学者在反思"华盛顿共识"和"北京共识",认为金融危机的爆发印证着"北京共识"的胜利和"华盛顿共识"的失败。但金融危机并没有如大多数人所认为的那样很快消退,欧债危机导致全球经济二次衰退,美国经济同样低迷,中国虽然有4万亿人民币的救市,但由于外部经济的强烈冲击,"北京共识"并没有取得彻底的胜利,事实上"北京共识"问题依然存在。我国著名经济学家,前世界银行副行长、首席经济学家林毅夫先生提出"新结构经济学",为市场和政府之间的关系搭建了一个新的框架,他认为从经济学的角度看,既要超越凯恩斯主义,也不应追随华盛顿共识,而应发挥市场和政府的协同作用,即政府的政策和各种制度安排必须考虑不同发展水平的结构性特征(林毅夫,2011)。

可以认为,2008年的金融危机在全球掀起一场发展模式的探讨,这对于发展中国家和发达国家同等重要。从我国的情况看,寻求如何由"被动的发展"到"以我为主"的发展模式成为必然。可以认为,这种发展模式既要求应在更大程度上和更高水平上参与国际分工,在深度和广度上融入经济全球化和经济一体化过程,同时又建立一个内生性的可持续增长机制,既可以防范金融危机对我国经济发展的影响,又可以让我国的经济在相对较长的时期内发展。

由于我国正处于工业化的中期阶段,工业化是我国坚定不移的选择。工业化模式是发展模式的核心,因此我国发展方式转型就是工业化发展方式的转型,合适的工业化道路是发展模式的核心和基础。这一模式既有利于我国对外应对国际经济复杂多变的冲击,又能够持续、稳健地推动内部工业经济发展，进而促进我国工业化的实现。

4.1.2 世界工业产业发展呈现四大新特点

(1) 新技术革命和新兴产业不断涌现。当前世界正处于第三次工业革命的孕育期，新技术和新产业正在酝酿新的突破。麦肯锡报告指出，移动互联网、知识工作自动化、物联网、云计算、先进机器人、自动汽车、下一代基因组、储能技术、3D 打印、先进材料、先进油气勘探开采及可再生能源 12 项颠覆性技术将对工业发展起着决定性作用。这些新的技术不仅催生新的产业，而且还作用于传统产业，通过"再工业化"，重塑欧美发达国家工业产业的竞争优势。因此，各国纷纷布局新兴产业，抢占新技术革命和产业发展的制高点，以便赢得新一轮工业产业竞争的主动权和控制权。

(2) 工业经济组织与管理孕育新变革。信息化与制造业的深度融合重塑工业经济的组织与管理。柔性制造、虚拟制造、智能制造、分散制造代表着制造业未来的发展趋势，随之而来的管理是柔性管理、远程控制与自我管理。因此，工业产业转型升级不仅仅是技术创新推动产业创新，还包括发展模式、管理体制和运行机制的创新。

(3) 国际分工与产业转移呈现新趋势。价值链分工成为当前国际分工的主要形式，发达国家将落后、高污染、高消耗、低附加价值的制造环节转移到欠发达国家，掌握和控制研发、服务等价值链高端环节，欠发达国家占据价值链低端环节。但金融危机暴露出这一分工的缺陷，即发达国家产业空心化和制造业弱化。随着新技术的不断出现，材料成本下降，对人力资源的依赖减少，产业转移已有发展中国家向发达国家回流的倾向。世界原有分工格局逐渐被打破，发展中国家有被继续并加剧向产业价值链低端挤压的风险。

(4) 发达国家再工业化已超越历史上任何一个时期。发达国家的再工业化在 20 世纪 50 年代就已经被提出，但是真正得以高度关注并不断发展是在 2008 年金融危机之后。金融危机的爆发暴露出西方发达国家发展中的致命问题，因此推动再工业化是发达国家现实的必然选择。美国、日本和欧洲国家都对再工业化既有战略上的部署，也有路径上的举措。

4.1.3 人口结构性压力与矛盾与日俱增

杰拉尔德·迈耶指出，发展经济学发展思想的演进表现为数个分析层面和政策含义的演进。发展的目标从国家 GDP 的增长到人类的发展指数，到人的自由、权利的发展，这才是根本性的要求(杰拉尔德·迈耶等，2003)。人力资源一方面是工业化的资源类型之一，特别是西方经济增长理论演进到今天，分析人力资源在经济增长中的作用已经成为一个重要课题。

人具有双重性，一方面是经济发展成果的享有者，其质量的高低、分享成果的多少予以衡量发展的质量，决定着工业化水平的高低；另一方面，人作为能动性的资源，本身又是发展过程中不能忽视的重要投入要素。人力资本质量、素质的高低等影响着发展和工业化的质量。当然，不同类型的人力资源应该选择适宜的产业类型，即发展类型。改革开放以来，我国充分把握住了第四次全球产业转移的机会，结合中国现实人力资源的素质特点，充分利用中国富裕的人力资本,形成外向型加工产业,经济增长受益于巨大的人口红利。当然,我国城市化的快速发展也吸纳了大量的农村进城务工群体。第六次全国人口普查统计表明,居住地域户口登记地所在的乡镇(街道)不一致且离开户口登记地半年以上的人口为 2.61 亿,同 2000 年第五次全国人口普查相比增加了 1.17 亿,增长 81.03%。这些群体为城市化的繁荣和我国 GDP 的增长做出了巨大的贡献。2011 年我国总人口有 13.7 亿人,10 年共计增长人口仅为 0.74 亿人,增长为 5.84%,年均增长率为 0.57%。但在我国新型工业化的推进过程中,由于人力资源的问题,严重影响了我国的工业化进程。

(1)各省级区域的人口分布极不均衡。人力资源大省包括广东、山东、河南、四川、河北等地(表 4-1)。经济发达的地区人力资源比较丰富,但相对落后地区的人力资源也比较多,而且农业人口较多。根据 2009 年抽样调查的统计数据观察,广东的农业人口占 47.91%,山东占 62.46%,河南占 78.20%,四川占 74.55%,河北占 68.72%。从比例看,贵州、云南、西藏的农业人口占比都超过 80%,分别为 83.83%、83.29%和 82.24%。北京是唯一农业人口占比低于 20%的区域,所以我国的农业人口资源在农村的表现还比较多。

表 4-1 我国各省级区域的人口分布

省级区域	2000 年人口数量/万人	2010 年人口数量/万人	比例/% 2000 年	比例/% 2010 年
北京	1364	1962	1.08	1.46
天津	1001	1299	0.79	0.97
河北	6674	7194	5.27	5.37
山西	3247	3574	2.56	2.67
内蒙古	2372	2472	1.87	1.84
辽宁	4184	4375	3.30	3.26
吉林	2682	2747	2.12	2.05
黑龙江	3807	3833	3.00	2.86
上海	1609	2303	1.27	1.72
江苏	7327	7869	5.78	5.87
浙江	4680	5447	3.69	4.06
安徽	6093	5957	4.81	4.44
福建	3410	3693	2.69	2.75
江西	4149	4462	3.27	3.33
山东	8998	9588	7.10	7.15
河南	9488	9405	7.49	7.01
湖北	5646	5728	4.45	4.27
湖南	6562	6570	5.18	4.90
广东	8650	10441	6.82	7.79
广西	4751	4610	3.75	3.44

续表

省级区域	2000年人口数量/万人	2010年人口数量/万人	比例/% 2000年	比例/% 2010年
海南	789	869	0.62	0.65
重庆	2849	2885	2.25	2.15
四川	8329	8045	6.57	6.00
贵州	3756	3479	2.96	2.59
云南	4241	4602	3.35	3.43
西藏	258	301	0.20	0.22
陕西	3644	3735	2.88	2.79
甘肃	2515	2560	1.98	1.91
青海	517	563	0.41	0.42
宁夏	554	633	0.44	0.47
新疆	1849	2185	1.46	1.63

数据来源：2011年中国人口和就业统计年鉴。本表数据均为年末人口数量，由当年人口普查数据推算。

我国人口大省基本上都是经济发展水平比较低、发展能力不足的大省，巨大的人力存量压力与经济增长的严重不足、工业化水平低下等都严重制约着这些省级区域工业化水平的发展。如何根据相应省级区域的人力资源状况选择适合的工业化模式，挑战和压力巨大。

(2) 我国"刘易斯拐点"的出现已经是无可争议的事实。其标志是2004年珠江三角洲出现的民工荒。以中国社会科学院人口与劳动经济研究所的蔡昉为代表的学者指出我国这一拐点已经出现，并认为中国的人口红利不会一直延续下去，中国目前已经越过最丰裕的收获期，开始迅速衰减。支撑中国经济增长的源泉将不再是就业的增长，而应该是全要素生产率贡献份额的提高（蔡昉，2011）。

(3) 教育素质的提高，新生代农民工的出现需要工业发展方式转型。从第六次人口普查的数据看我国教育程度的变化，整体上我国人口受教育程度普遍提高。与2000年第五次全国人口普查相比，每10万人中具有大学文化程度的由3611人上升为8930人；具有高中文化程度的由11146人上升为14032人；具有初中文化程度的由33961人上升为38788人；具有小学文化程度的由35701人下降为26779人；文盲人口减少30413094人，文盲率由6.72%下降为4.08%，下降2.64个百分点。我国人口素质整体水平上升，导致低端产业的劳动力供给减少，对高端产业的就业需求旺盛。这必然要求我国的发展方式转型，即由劳动力密集型的产业向资本、技术密集型的产业发展。

(4) 我国老龄人口比例不断上升将带来诸多严峻的问题。根据第六次全国人口普查的数据，我国人口老龄化日趋严重。从人口年龄结构看，0~14岁人口下降的比例较大，下降幅度达到6.29%，老龄化趋势进一步加强，处于工作阶段的年龄人口比例下降，下降3.36个百分点（表4-2）。

表 4-2　我国人口年龄结构

年龄组	2010 年		2000 年	
	绝对数	相对数	绝对数	相对数
0~14	222459737	16.60%	289790000	22.89%
15~59	939616410	70.14%	870433506	66.78%
60~64	5881700	4.39%	17496494	1.46%
>65	118831709	8.87%	88110000	6.96%

资料来源：第五次和第六次人口普查主要数据公报。

人口老龄化造成的首要的问题是经济增长速度下降。原因在于人口老龄化导致劳动人口的减少，经济增长所需的人力资源数量下降，经济增长速度放缓。其次，人口的老龄化导致养老比例上升。赡养比例上升，负担加重，必须拿出一部分货币用于养老事业。再次，人口老龄化会导致社会养老金缺口增大的风险上升。我国作为一个发展中国家，由于养老制度的改革并没有取得突破性的成就，养老金账户缺口导致养老的社会问题被暴露出来，将真正成为"未富先老"的国家。

4.1.4　省级区域技术创新能力差异较大

发展经济学由第一代强调政府干预向第二代重视人力资本的创新方向转变。克拉克指出"知识是不受收益递减约束的唯一的生产工具"。新增长理论认为技术进步是由有前瞻和最大限度增加利润能力的人的知识积累所决定的，技术进步和人力资本的形成在均衡增长模型中是内生的(杰拉尔德·迈耶等，2003)。20 世纪末至 21 世纪初，新一代发展经济学认为增长的源泉在于综合生产要素、制度，在于技术和社会进步。单一的因素已经不能解释经济的增长与发展，而增长中的技术因素是决定性的。

技术在经济增长中的作用已经在各个国家的经济发展中得到较好的验证。我国进入工业化中期阶段之后，在经济增长中必将由过去的以资源、资本为主逐渐向以技术创新为主转变，技术创新是经济增长的重要引擎。

考核技术创新的一个重要指标是专利申请和专利授权的状况。专利包括发明专利、实用新型专利和外观设计专利。其中发明专利是三类指标中最能反映技术原创型的指标。实用新型专利和外观设计专利则反映了原创基础上的再次创新能力。WIPO(World Intellectual Property Organization，世界知识产权组织)发布的数据显示，2013 年中国专利申请占全世界总量的 1/3，2014 超过 82 万件，增长 26.4%。中国的专利申请主要集中于计算机领域，虽然排名在美国之前，但是在有效专利的申请中，美国占比最大，为 26%，中国排在日本之后位列第三位[①]。

对我国各省级区域的专利申请量进行比较发现，2008~2013 年，江苏、浙江、广东、上海、北京、天津等省级区域无论是绝对数还是增长率都领跑其他省级区域，这些省级区

---

① 国务院发展研究中心数据库。

域也是我国新兴产业导向型的主要区域。青海、海南、贵州、广西等省级区域的专利申请量绝对数排名在全国是比较落后的，相对增长速度也比较低(表4-3)。

表4-3 我国各省级区域2008~2013年三类专利申请量比较　　　　　　(单位：件)

省级区域	2008	2009	2010	2011	2012	2013	合计
江苏	128002	174329	235873	348381	472656	504500	1863741
广东	103883	125673	152907	196272	229514	264265	1072514
浙江	89931	108482	120742	177066	249373	294014	1039608
山东	60247	66857	80856	109599	128614	155170	601343
北京	43508	50236	57296	77955	92305	123336	444636
上海	52835	62241	71196	80215	82682	86450	435619
四川	24335	33047	40230	49734	66312	82453	296111
安徽	10409	16386	47128	48556	74888	93353	290720
湖北	21147	27206	31311	42510	51316	50816	224306
辽宁	20893	25803	34216	37102	41152	45996	205162
天津	18230	19624	25973	38489	41009	60915	204240
河南	19090	19589	25149	34076	43442	55920	197266
陕西	11898	15570	22949	32227	43608	57287	183539
福建	13181	17559	21994	32325	42773	53701	181533
重庆	8324	13482	22825	32039	38924	49036	164630
湖南	14016	15948	22381	29516	35709	41336	158906
黑龙江	7974	9014	10269	23432	30610	32264	113563
河北	9128	11361	12295	17595	23241	27619	101239
山西	5386	6822	7927	12769	16786	18859	68549
广西	3884	4277	5117	8106	13610	23251	58245
江西	3746	5224	6307	9673	12458	16938	54346
贵州	2943	3709	4414	8351	11296	17405	48118
吉林	5536	5934	6445	8196	9171	10751	46033
云南	4089	4633	5645	7150	9260	11512	42289
甘肃	2178	2676	3558	5287	8261	10976	32936
新疆	2412	2872	3560	4736	7044	8224	28848
内蒙古	2221	2484	2912	3841	4732	6388	22578
宁夏	1087	1277	739	1079	1985	3230	9397
海南	873	1040	1019	1489	1824	2359	8604
青海	228	499	602	732	844	1099	4004
西藏	350	195	162	263	170	203	1343

资料来源：国务院发展研究中心数据库。

根据 2013 年的统计数据，我国省级区域专利申请中，实用新型专利和外观设计专利申请量较多，最能体现技术创新的发明专利量较少，大约占 10%左右。三类专利活动空间分布极不均衡。浙江、江苏、广东在专利的申请上具有十分明显的优势；山东、上海、深圳和四川成为专利申请的第二集团军；西藏、青海、宁夏和甘肃等省的专利申请数量十分少，西藏在发明专利方面仅有 41 件(图 4-1)。

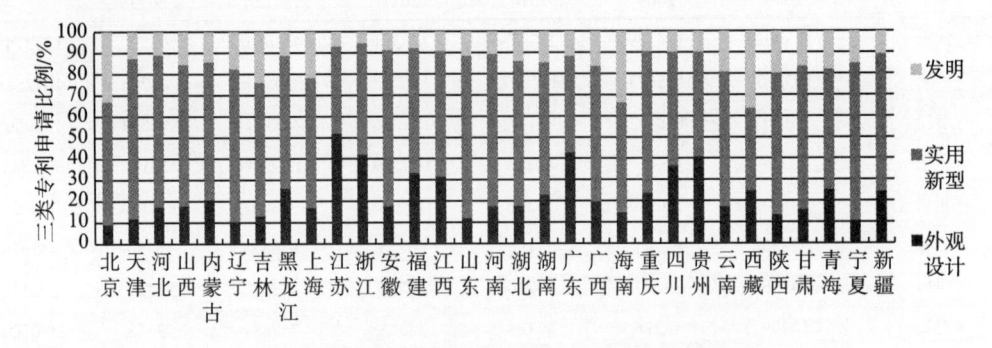

图 4-1 我国各省级区域 2013 年三类专利申请比例

从各省级区域大中型企业的专利也可以看出三大类型的省级区域差距比较明显。最具有竞争优势的大中型企业主要分布在江苏、浙江、山东、上海、北京等。而资源依赖型省级区域在这三项数据上普遍较差(表 4-4)。

表 4-4　2010~2013 年各省大中型企业专利申请数　　　　(单位：件)

省级区域	年份			
	2010	2011	2012	2013
北京	2804	5184	8544	6693
天津	1889	1990	2478	2395
河北	349	367	392	534
山西	100	152	208	258
内蒙古	12	14	16	22
辽宁	650	746	1151	1404
吉林	113	221	401	554
黑龙江	270	490	612	666
上海	3453	3572	4772	5223
江苏	7528	9659	10502	11194
浙江	3358	3787	5261	5676
安徽	938	1203	1803	2255
福建	1865	1752	2507	2692
江西	349	390	678	1155
山东	3087	4555	5291	5709
河南	997	1128	1195	1363

续表

省级区域	年份			
	2010	2011	2012	2013
湖北	886	1316	1882	2480
湖南	767	1341	1372	1494
广东	26740	36742	40711	43176
广西	92	111	127	188
海南	54	74	79	197
重庆	420	803	812	641
四川	1452	663	4218	3599
贵州	520	136	479	645
云南	110	164	186	166
西藏	1	2	2	2
陕西	732	964	1252	1867
甘肃	114	129	219	167
青海	0	0	0	1
宁夏	18	54	48	114
新疆	15	16	2	2

我国虽然处于技术创新快速成长期，但地区分布极不均衡，资源产业依赖型省级区域的创新能力最差，新兴产业导向型省级区域的创新水平和能力最高，但专利的申请和授权仅反映了一个方面的能力，事实上，技术推广、技术产业化、品牌推广是更为艰巨的任务，这些方面总体表现都不太好。

4.1.5 地方政府推动工业化面临多重约束

我国省级区域传统工业化道路包括新型工业化发展的初期阶段都是以投资为驱动力，以资源、环境的消耗为代价，以政府的强力去推动工业化的发展。这种工业化的发展方式相对简单、粗暴，在短期内能见成效，在每一次的 GDP 指标中能看出成绩，但显然是不可持续的工业化，原因在于我国地方政府推动的工业化发展存在越来越多的约束。

(1) 资源环境的约束。我国资源的占有量并不高，而且人均资源占有量比较低。首先表现为人口多，耕地少，生态环境日趋恶化，主要包括经济发达的省级区域，如上海、北京、天津、江苏、广东处于严重的生态赤字区。《2011 年中国环境状况公报》表明，2011年我国废水排放量为 652.1 亿吨，废气中二氧化硫的排放量为 2218 万吨，全国地表水质轻度污染，湖泊(水库)富营养化；黄河、松花江、淮河、辽河流域轻度污染，海河中度污染；胶州湾、辽东湾、渤海湾、长江口、杭州湾、闽江口和珠江口水质极差。目前，我国水土流失面积已经达到 160 多万平方公里。

我国粗放的发展方式是导致资源环境恶化的重要原因。中国科学院《2006 年中国可持续发展战略报告》选取一次能源、淡水、水泥、钢材和常用有色金属的消耗量计算节约系数，对世界 59 个主要国家的资源绩效水平进行排序，中国排在第 54 位，属于最差国家之列。《国务院关于节能减排工作情况的报告》（2014 年 4 月 21 日在第十二届全国人民代表大会常务委员会第八次会议上）指出，2012 年我国经济总量占世界经济总量的比例为 11.6%，但消耗了全世界 21.3%的能源、54%的水泥、45%的钢。2013 年煤炭占能源消费比例达 65.9%，一些地区能耗强度是全国平均水平的 2~3 倍。此外，中国的水土流失严重、水灾与缺水并行，淡水资源日趋减少。以能源使用和二氧化碳排放相比较，中国的工业化对能源的使用量要低于美国，但比印度和日本要高(图 4-2)，中国的碳排放量比高收入国家和中等收入国家要低(图 4-3)。

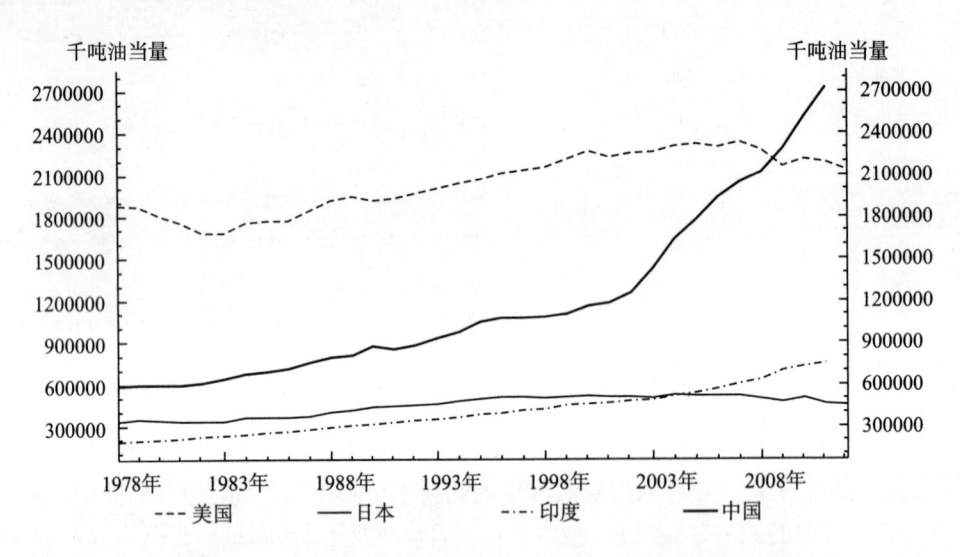

图 4-2 1978~2012 年中国、美国、日本及印度的能源使用量

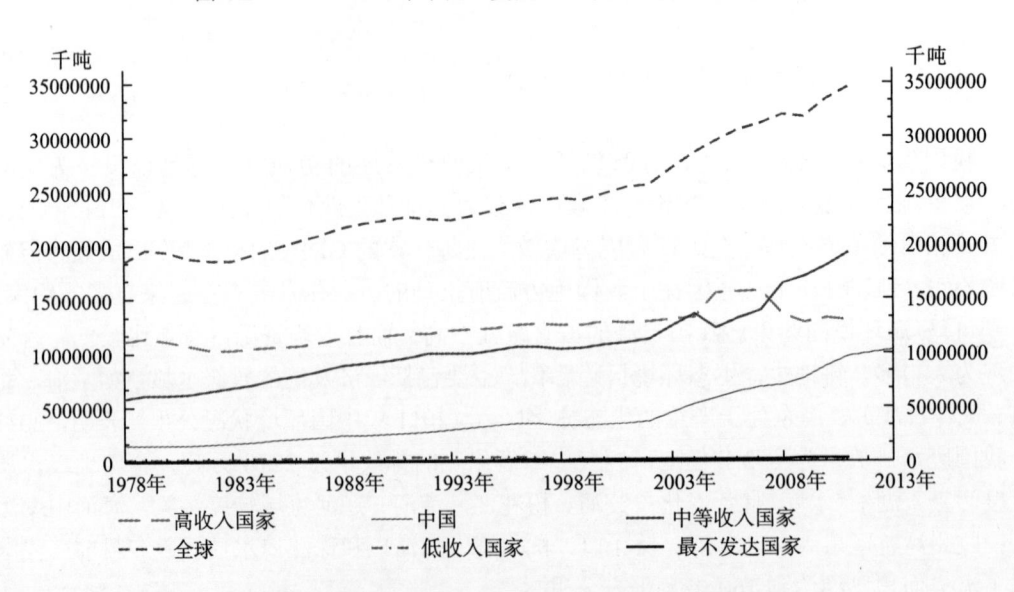

图 4-3 1978~2013 年中国与其他国家的碳排放量比较

(2) 政绩考核制度的约束。我国多年以来以 GDP 作为地方政府政绩考核的标准,当经济发展到一定程度,这种片面追求 GDP 的发展模式已经不可行,因为资源恶化、环境的承载力下降导致经济发展的后劲严重不足。应当追求多元化的政绩考核,将民生、生态环境、资源能源消耗等纳入考核体系。

(3) 投资与政府双重推动下的结构失衡日益严重。GDP 考核的压力以及"一任省长一张蓝图"的发展战略导致各省级区域在经济增长中十分注重短期产出和见效快的项目,基本上都是以投资驱动的基础设施项目,或者收益率较高的房地产项目。但随着基础设施项目的日趋饱和、房地产市场的日趋理性,产能过剩的经济现象日益突出,以投资作为拉动经济抓手的增长模式面临的困难和约束越来越大,经济结构失衡的现象已经十分明显。

(4) 民众保护环境的意识越来越高。由于地方政府的自我约束机制没有真正建立,在工业化发展中,一些高污染、高耗能的企业得以布局,无疑会造成地方人居环境的破坏。2012 年在四川什邡发生的民众冲击地方政府的事件就可以看作是一次民众"以脚投票"反对地方政府为了政绩发起的行动。

因此,我国工业化进入中期阶段,新型工业化的转型所面临的一系列问题一方面需要各地区从不断实践中获得新的突破,另一方面又需要从理论上获得突破,也就是通过改革,寻求新型工业化省级区域的实现。

4.2 新型工业化道路省级区域实现的战略定位与目标选择

我国省级区域工业化水平、经济发展差距巨大。可以认为,内地 31 个省级区域的工业化水平完全构成了"罗斯托经济成长"五个阶段,既有处于工业化的初级阶段,还有处于工业化的中期阶段和后期阶段。这决定着我国省级区域工业化实现的目标不可能一致,对于落后的省级区域而言,基本实现工业化就是其现阶段可行的目标选择,对于经济发展水平比较高的省级区域,则要密切跟踪和把握全球工业产业发展的大趋势,在全面实现工业化上下功夫。同时,目标的不一致决定着工业化实现的模式和机制具有比较大的差异。

4.2.1 新型工业化道路省级区域实现的战略定位

1. 基于改革与创新推动发展的工业化

党的十八大和十八届三中全会是我国新时期全面深化改革的纲领性指导,为经济社会发展指出了明确的方向,也为各省级区域推动经济发展指出了正确的道路。我国新时期各省级区域的工业化发展模式已经不可能遵循原有的依靠资源消耗、要素投入追求产值增加的模式,必须是在深化市场主体参与工业化的各项体制、机制改革,为愿意并敢于参与市场的各类主体提供充分发挥其才能的场所,通过多种力量,而不是单纯地依靠政府和企业去完成工业化的实现。

2. 各省级区域协调发展的工业化

协调推动战略是在工业化进入一个新的阶段之后所采取的战略，是在分工与合作的基础上发展起来的，这在工业化发展的初期追求工业化效率时可以采用。工业化的分工与合作是经济发展的客观要求，这本身不应该是一种战略的体现。但我国工业化过程中各省级区域分工与协作的能力比较差，资源跨省级区域的流动受到人为的障碍，只能在一个省级区域内部流动，导致产业结构趋同。因此，新型工业化的分工与合作战略就成为必然趋势。分工战略要求按照各个省级区域的产业基础，资源基础和特色优势定位工业化发展，而不是在政府的主导下各省级区域都布局相同或者相似的产业类型。这种分工战略可以是工业推动的产业化、城市化和农业现代化，或者是农业推动的现代化、小城镇化与工业化，方式和方法是不一致的。合作战略在于实现跨省级区域的合作，在合作中实现优势互补。

协调推动战略不仅表现为产业布局的协调，而且表现为区域政府合作的协调。产业布局的协调要求产业不仅在区域层面上，而且还要求在更大的程度和范围内，即跨越省级区域层面的协调；在区域政府的合作方面，应该充分发挥政府的优势、产业联动发展的优势，促进省级区域合作的实质性突破。

3. 科学落实主体功能区的工业化

工业化的发展一方面是工业化在时间维度的一个选择，另一方面是工业化发展在空间中科学布局的结果。我国从计划经济体制时期工业化发展的均衡推进到改革开放以来工业化发展的非均衡发展战略，再到 20 世纪末 21 世纪初以来先后实施西部大开发、中部崛起和东北振兴等工业化区域发展的比较均衡战略，对于推动落后地区的经济发展，缓解经济发展区域差距的进一步扩大发挥了巨大作用。但是，这些发展战略还没有从根本上触及区域人口、资源环境承载量等约束因素。主体功能区的提出则有利于从根本上建立一套科学的工业化区域实现体系，为工业化的科学发展提供科学依据。按照主体功能区的要求，重点发展区和优先发展区是工业化发展的重心，是工业化区域实现的基础，而限制开发区和禁止开发区则主要立足于环境保护，推动区域实现经济发展和环境保护。因此积极贯彻实施主体功能区科学规划战略，是工业化科学发展的前提条件。

省级区域的主体功能区战略就是在充分考虑区域内部功能区划的基础上，因地制宜地发展省级区域的工业化。这意味着不能推进工业化的领域一定不能做，但不发展工业化的区域同样要考虑怎样实现它们的工业化，原因在于这些区域只要有产业就有工业，哪怕是农业，同样需要农业的工业化，需要低端工业的工业化等作为其实现工业化的基础。

4.2.2 新型工业化道路省级区域实现的目标选择

4.2.2.1 目标选择原则

1. 目标的差异性与统一性

我国工业化省级区域实现会受到区域自身发展水平和能力及工业化发展条件、工业化支撑的产业影响。各省级区域工业化水平差异是不可能在短期内消失的,这就意味着工业化的差距是客观存在的现实。但各省级区域工业化的目标是统一的,统一性意味在目标实现中正视差异化基础上的统一,而不是将各省级区域工业化的目标割裂开来。

2. 目标的渐进性与趋同性

目标的差异性和统一性是基于现阶段各省级区域工业化的发展而提出的一个客观、基本的判断。目标的实现是一个渐进的过程,按照我国工业化发展的基本要求,2020年基本实现工业化,2030年全面实现工业化,就体现出工业化实现的渐进性特征。同时,当全面实现工业化时,我国各省级区域工业化水平基本上趋于一致,这就是目标的趋同性。

3. 目标的现实性与长远性

目标的现实性即目标的制定需要考虑各省级区域工业化发展能力和发展水平,根据客观情况确定各省级区域的工业化目标,这一目标是每一阶段可以实现的目标。目标的长远性也就意味着工业化省级区域不仅要考虑当前的目标,而且更应该考虑长远目标。原因在于当前目标是短期目标,是长远目标的基础,长远目标是短期目标的延续,是全面目标的实现。制定长远目标也是由于产业结构转型、改革成果的显现不是一朝一夕的事情,而是需要由量变到质变才能最终反映出来。

4.2.2.2 主要目标类型

综合前面的分析,无论是基本实现工业化,还是全面实现工业化,都包括人均收入、生态环境、技术进步、民生水平,以及反映人类文明程度的指标。具体来说,这些指标集中反映在以下几个方面。

(1) 人均收入标准。工业化实现的人均 GDP 标准是 1 万美元(按照当年美元计算)。2013 年,我国人均 GDP 达到 1 万美元的主要有北京、天津、江苏、浙江、上海和内蒙古,其他各省级区域都还没有达到这一目标(表 4-5)。

表 4-5　我国三类省级区域按当年美元计算的人均 GDP(2013 年)

省级区域工业化类别	省级区域	人均 GDP/元	人均 GDP/美元
新兴产业导向型	北京	93213	15051
	天津	99607	16083
	辽宁	61686	9960
	山东	56323	9094
	江苏	74607	12047
	浙江	68462	11054
	上海	90092	14547

续表

省级区域工业化类别	省级区域	人均 GDP/元	人均 GDP/美元
	福建	57856	9342
	广东	58540	9452
传统产业主导型	陕西省	42692	6893
	四川	32454	5240
	重庆	42795	6910
	黑龙江	37509.3	6057
	吉林	47191	7620
	河北	38716	6251
	河南	34174	5518
	山西	34813	5621
	湖北	42612.7	6881
	湖南	36763	5936
	安徽	31684	5116
	江西	31771	5130
资源依赖型	内蒙古	67498	10899
	广西	30588	4939
	贵州	22922	3701
	云南	25083	4050
	西藏	26068	4209
	青海	36510	5895
	宁夏	39420	6365
	新疆	37847	6111
	海南	35317	5703
	甘肃	24296	3923

注：2013 年人民币兑美元为：1 美元 = 6.1932 元。

(2) 生产力水平标准。生产力标准主要是技术水平应该达到的一个目标，这一标准重点体现在工业的绿色、低碳、循环、安全发展，以及工业化推进过程中先进的技术、节能减排、品种质量指标，重点领域的核心、关键技术等。

(3) 产业结构合理化标准。产业结构合理化在于各省级区域要改变比较单一的、以传统产业为主的产业结构，优化和提升传统产业，大力发展高新技术产业、战略性新兴产业，力争明显地改善和提高各类产业的构成比例。

(4) 民生水平标准。注重民生的工业化，也就是工业化的发展不是为了工业进步本身，而是以人为本,力争在工业化的实现过程中从根本上解决就业、社保、医疗、住房等民生问题。

4.2.3 三类省级区域工业化实现的目标定位

1. 资源产业依赖型省级区域工业化实现目标定位

资源产业依赖型省级区域新型工业化实现水平应受制于相应区域的人口规模、工业化基础、主体功能区的约束。其绝对数据必须与其发展的水平相适应,这意味着与其他类型的省级区域有着十分明显的差距。此外,资源产业依赖型省级区域之间的工业化水平也存在差异,比如内蒙古最高、人均GDP达到了1万美元,贵州最低、人均GDP只有3700美元,因此由于有不同的工业化基础,资源产业依赖型省级区域工业化实现的目标也存在比较大的差异,按照基本实现工业化和全面实现工业化应达到的目标分别定位。我国资源产业依赖型省级区域工业化实现的定位如表4-6所示。

表4-6 资源产业依赖型省级区域工业化实现目标定位

项目	2020年	2030年
人均GDP/美元	6000~8000	10000~15000
生产力水平	低碳与循环发展	全面绿色发展
	拥有部分核心技术	核心技术大幅提高
产业结构合理化	三次产业比例优化	三次产业进一步优化
	优势产业突出	高新技术产业占比大
	服务业比重上升	先进服务业明显
民生指标	恩格尔系数下降	恩格尔系数进一步下降

我国资源产业依赖型省级区域工业化基本实现的人均GDP达到6000~8000美元,全面实现阶段的人均GDP达到10000~15000美元;从生产力发展水平看,在基本实现阶段应立足于低碳、循环发展,拥有部分核心技术,在全面实现阶段追求全面绿色发展,核心技术水平大幅度提高。从产业结构合理化看,在基本实现阶段优势产业突出和服务业比例上升,在全面实现阶段则是三次产业结构进一步优化,高新技术产业所占百分比较大,先进服务业明显,恩格尔系数进一步下降。

2. 传统产业主导型省级区域工业化实现目标定位

我国传统产业主导型省级区域工业化基本实现的人均GDP达到10000~12000美元,全面实现阶段的人均GDP达到20000~25000美元;从生产力发展水平看,在基本实现阶段应立足于绿色发展,拥有较多的核心技术,在全面实现阶段追求全面绿色发展,核心技术水平占比较大。从产业结构合理化看,在基本实现阶段拥有比较突出的高端产业和生产性服务业,在全面实现阶段则是三次结构产业进一步优化,高端产业和先进服务业占有非常大的比重,恩格尔系数不断下降,并接近于发达国家的水平(表 4-7)。

表 4-7 传统产业主导型省级区域工业化实现目标定位

项目	2020 年	2030 年
人均 GDP/美元	10000~12000	20000~25000
生产力水平	绿色发展	全面绿色发展
	拥有核心技术	核心技术占比较大
产业结构合理化	三产比例优化	三次产业进一步优化
	高端产业突出	高端产业占比较大
	生产性服务业	先进服务业
民生指标	恩格尔系数下降	恩格尔系数接近发达国家

3. 新兴产业导向型省级区域工业化实现目标定位

我国新兴产业导向性省级区域工业化基本实现的人均 GDP 达到 15000~20000 美元,全面实现阶段的人均 GDP 达到 30000~35000 美元;从生产力发展水平看,在基本实现阶段应立足于绿色发展,拥有较多核心技术,在全面实现阶段追求全面绿色发展,核心技术水平大幅度提高。从产业结构合理化看,在基本实现阶段新兴产业占比较大,拥有比较先进的服务业,在全面实现阶段则是三次产业结构优化明显,新兴产业占主导地位,高端服务业占有非常大的比重,恩格尔系数处于发达国家的水平(表 4-8)。

表 4-8 新兴产业导向型省级区域工业化实现目标定位

项目	2020 年	2030 年
人均 GDP	15000~20000	30000~350000
生产力水平	绿色发展	全面绿色发展
	拥有较多核心技术	核心技术大幅提高
产业结构合理化	三产比例优化	三次产业进一步优化
	新兴产业占比较大	新兴产业占主导地位
	先进服务业	高端服务业
民生指标	恩格尔系数接近发达国家水平	恩格尔系数处于发达国家水平

4.3 新型工业化道路省级区域实现模式与机制的框架设计

4.3.1 工业化实现模式与机制设计的四个认识

工业化不是单纯经济视角的工业化,而是基于经济基础上社会变革的工业化。工业化不仅仅关注"量"的指标,更应在工业、农业和服务业与工业化的关系中认识经济性目标,以及三次产业引致的社会变革中去认识工业化的社会性目标。在不同国家或地区的不同阶段，三次产业与工业化的关系并不一样，这是由不同的资源禀赋、产业类型、技术特征和发展方式等共同作用的结果。因此，中国特色新型工业化实现的关键变量是需要从工业产业发展、农业与工业的关系、工业和服务业的关系、产业变化引起社会变革的视角去探讨。基于工业产业发展的工业化，农业和工业相互依赖的工业化，工业和服务业协同的工业化，是三次产业变化引起社会变革总和的工业化。这是工业化实现模式与机制设计的四个基点。

1. 基于工业产业发展的工业化实现

第一次工业革命开启了资本主义最早的工业化。孕育于15~18世纪英国原工业化时期以纺织业、皮革加工、金属加工等为主的农村家庭工业的兴旺和市场需求不断扩大的相互作用之中，以棉纺织工业的机器发明和运用为开端，以蒸汽机的广泛运用为标志，以工场手工业向机器大工业转变为根本标志。第一次工业革命甚至被称为产业革命，其原因在于其引起第二产业发生了革命性变化，同时使人类进入机械化和产业轻型化时代。发生于19世纪70年代的第二次工业革命以电力技术运用为标志，内燃机和交通工具的创新、新通信手段的发明，冶金、钢铁、化学工业的建立，造船等一批新兴的工业不断出现，引起整个生产体系和经济结构的变革，使人类进入电气化和产业重型化时代。第三次科技革命以原子能、计算机、生物工程、航天航空的发明和运用为标志，不仅提升了第二产业的信息化和第三产业的高端化，还促进信息、能源、海洋、航天航空等一批新兴产业的出现，推动第一、二、三产业的信息控制技术，使人类进入智能化时代。

由此可见，工业化的基础是工业产业的发展，工业产业发展的根本动力是技术创新以及所形成的具有强大竞争力的新兴产业。可以认为，没有工业技术革命，就没有先进产业对传统产业的升级和替代，也就没有新工业化的出现；其次，基于工业产业的工业化是建立在能源革命的基础上，这是新兴产业、新型工业化的推进器；第三，基于工业产业的工业化是建立在一系列革命或变革的基础上，包括制度、思想的变革和文化的发展。只有顺应这些变革的要求，工业产业才会有突破性的发展。

我国新型工业化主要是在以第三次技术革命为主导的信息技术革命基础上，以充分发挥资源的比较优势为核心，以加工制造和重化工业为主要产业形态，以传统的石油、天然气和煤炭能源为支撑，以物质财富的迅速增长为目标的工业化（贾根良，2013）。尽管工业化水平不断提高，但不可避免地造成资源锐减、能源大量消耗、环境极度恶化，这是一种不可持续、不断挑战生态底线和人类生存极限的工业化。

因此，基于工业产业的新型工业化，首先应准确预判第三次工业革命的发展趋势，并及时调整和重新布局我国工业产业。按照产业发展的趋势看，第三次工业革命将通过更灵活、更经济、更具有数字化特征的新制造装备生产更具个性化、具有更高附加价值的产品，这是我国新型工业化产业发展新核心竞争力的方向所在。其次，根据新一轮工业革命的特点和我国已有产业的基础寻求技术创新的突破。在相当长的一段时期内，我国工业产业将是传统产业与新兴产业并存，先进产业与落后产业同在。所以中国工业产业的技术需求是改造传统产业技术与先进实用技术并存的工业技术，这需要形成一个完善的基础技术到应用创新技术的技术创新体系，这是适应中国特色新型工业化发展逻辑的技术创新路线。第三是全面提升先进制造业的运营管理模式。先进制造业不仅仅是技术创新前沿的产业,更是产业结构高级化,拥有先进的制造模式、经营管理理念和市场网络组织的制造业。第四,基于工业产业的工业化是能源产业获得突破的工业化。传统能源的不可再生性以及对环境的恶化必然要求新兴能源产业的支持。在新能源产业的发展上,需要密切跟踪国际新能源产业技术创新的前沿,规范国内新能源产业,提升新能源产业的附加值,给予政策和资金扶持,理顺体制和机制的约束,推动新能源产业稳步健康可持续发展。

2. 基于农业和工业相互依赖的工业化实现

正确认识和处理农业和工业的关系是每一个阶段的工业化都面临的共同话题。以工业化国家的经验看,工业化初期阶段,美国等国家工业化的动力直接源自农业,进入工业化中期阶段后既有农业现代化与工业化同步推进的成功,又有忽视农业现代化进而导致工业化发展不足的失败。保罗·贝罗赫(1974)对40个发展中国家1950~1970年工业和农业的增长率进行比较,发现农业增长和工业增长具有很强的相关性,农业的衰退接踵而至的是制造业衰退,农业加快增长伴随工业也加快增长。因此,工业化的过程就是农业和工业相互依赖和相互支撑的过程,只是在不同阶段农业和工业的地位和作用不一样。

自2002年新型工业化提出以来,共有10次中央"一号文件"都是关于农业发展的,这既表明党中央高度重视农业在工业化发展中的作用,又证实农业已经成为工业化进一步推进的严重障碍。我国传统工业化是一条农业长期支持工业的工业化。这种支持不仅仅是农产品价格的支持,更为重要的是农村的资金、资源、劳动力等向工业部门流动,为工业发展注入了大量的要素。由于农村要素不断流出,农村改革滞后,以及工业和城市偏向的发展导向,我国的农业发展远远滞后于工业,使得"三农"问题日益突出。十七届三中全会对我国的"三农"问题进行了比较贴切的说明,"农业基础仍然薄弱,最需要加强;农村发展仍然滞后,最需要扶持;农民增收仍然困难,最需要加快"。

新型工业化是农业和工业相互依赖的工业化。这种相互依赖意味着没有农业现代化发展的工业化质量不高,没有工业反哺的农业现代化难以实现,单独通过农业发展或工业发展去实现工业化都是违背中国特色新型工业化的客观实际。刘拥军(2005)研究发现1949年以来的四次较大的工业增长率下降中,有三次是农业增长率下降在前,一次是二者保持同步,工业增长率的上升也往往由农业增长率的先期上升所引导。农业和工业的相互依赖还意味着滞后的农业是工业化质量提升的障碍,粗放的工业不可能对农业现代化有较强的支撑,工业化的质量与农业现代化是息息相关的。

新型工业化阶段农业与工业的依赖,首先应该补足短板——发展滞后的农业产业。我国进入工业化中期阶段后,由于资源、环境的约束,工业产业发展遭遇巨大的瓶颈,甚至出现工业产业发展方向迷失,根本的原因在于农业产业发展严重滞后。这必然使得农业对工业的产品、市场、要素和外汇贡献严重不足(谭崇台,2001)。在推进农业产业发展中,应抓住工业反哺农业的机遇,依托国家的农业政策,通过城市工业的资金、技术、管理经验、知识型农民等支持农业产业的发展,吸引广大的工业企业家投身于农业产业,将农业产业培育成我国工业化的支撑型产业。其次需要不断提升工业化的质量。农业和工业的相互依赖是基础,相互促进和发展才是目的。农业和工业得以发展的根本还在于工业化质量的不断提高，形成对农业的牵引，这需要真正回归到科技创新驱动的工业化。第三是大力发展农村工业化。农村工业化是联系农业与工业的纽带，是缩小工农差别、城乡差别的有效形式。因此，应积极发挥政府的主导作用，制定相关的政策法规，吸引各类市场主体广泛参与，因地制宜地发展多元的农村工业，推动农村工业化和农业现代化的发展。

3. 基于服务业和工业协同的工业化实现

工业化的过程也就是服务业不断兴起和繁荣的过程。Rostow（1960）认为经济成长的不同阶段对服务业的需求不一样，因而服务业业态、地位和作用就不一样。工业化初期阶段的服务业主要是农业服务和简单的商业服务，服务业落后既受到消费水平的影响，又与工业生产不发达高度相关。进入工业化中期阶段后，工业化水平的不断提高使得农村剩余劳动力由农业向制造业和服务业加速转移，商业服务和生产性服务业不断发展，服务业占产出比例、就业比例和对经济增长的贡献都呈现出稳步上升的态势。生产性服务业不仅对制造业提供研发设计、流程设计、保险、培训、营销等服务，而且在生产性服务业内部也提供专业性的服务。生产性服务业成为工业化的黏合剂，它全面参与各个经济部门的价值创造，对经济发展具有战略推进的作用(Hutton, 2004)。进入后工业化阶段，健康、休闲、教育、艺术等知识型服务消费迅速增长，服务业在三次产业中占绝对优势。因此，工业化的过程也就是服务业与之相随并不断变化的过程，是服务业和工业的协同过程，二者的边界由清晰到模糊，终极形态是融合。

改革开放以来，由于宏观经济环境、国际环境、城市化进程、城乡居民收入增长等多种因素的作用（夏杰长，2010），中国服务业高速发展。2012年，中国服务业在三次产业结构的比例达到了44.6%，与工业占比45.3%相差无几，成为吸纳就业最多的产业。但由于发展服务业的体制机制不健全、生产性服务业滞后、商业服务受个人和家庭约束，其整体水平、消费附加值、科技创新、文化消费等方面严重不足，服务业内部结构不平衡、生产性服务业比重与制造业水平不匹配，与工业化的协同性较差。

基于服务业与工业协同的新型工业化，一是将生产性服务业置于协同发展的重心。随着大数据、智能化时代的来临，制造业的主要业务将不再是生产环节，而是物流服务、电子商务、业务外包、技术研发、创意设计、市场营销等，这也是制造业升级的方向所在。制造业向价值链的高端攀升不单纯是制造企业内部的事情，而需要很多外围性的服务业共同创造价值(Mathieu, 2001)。服务业和工业必将是深度融合。二是引领和发展消费性服务业。工业化的发展使得居民收入水平不断提高，以适应消费结构升级的需要，要不断发展满足居民金融、保险、教育、文化娱乐等多样化需求的消费性服务业。三是破除制约服务业发展的体制机制障碍。坚持市场在服务业资源配置中的决定性作用，鼓励和引导民间资本进入服务业，制定完善的制度和标准，加强监督管理职能，为服务业发展提供制度保障。

4. 基于社会变革总和的工业化实现

工业化的过程不仅仅表现为工业、农业和服务业的发展过程，在深层次上理解应是一个社会变革的过程。人类社会的发展是通过社会变革推进的，人类最伟大的社会变革就是农业社会向工业社会的推进。工业革命不仅是技术革命,更是一场深刻的社会革命。英国著名历史学家 Toynbee(1969)指出,工业革命的本质是竞争替代了曾经控制财富生产和分配的中世纪管制,将封建地主阶级的社会关系变革成为资产阶级的社会关系,完成资本主义社会关系的变革,确立了资产阶级政治、思想的领导地位。托夫勒(2006)在《第三次浪潮》中指出,300年前爆发了工业革命,摧毁了古老的社会,创建了一个全新的第二次文明浪潮。它是一个丰富多彩的社会制度,涉及人类生活的各个方面,并把一切事物集中组织起来,形成世界有史以来最有力量、最有向心力、最有扩张性的社会制度。第二次工业革命后工业化国家经济上追求自强自立,崇尚个人主义,崇尚创新和支持大工业的社会价值取向。第三次科技革命是一场广泛而深刻的信息技术革命,促进产业的变革与融合,促进文化、知识、信息的广泛传播,促进管理制度的变革和生活方式的变化,推动大多数资本主义国家进入中产阶级的新社会。工业化是社会结构变革的根本动力,社会进步也会促进工业化的发展。在二者的共同作用下,实现工业化和社会结构的变迁。

基于社会变革总和的新型工业化,首先应将社会主义核心价值观的塑造作为根本目标。社会主义核心价值观的民主、和谐、自由等是新型工业化发展的必然要求,因此与新型工业化是高度统一,有机融合,不可分割的。其次,建立我国的创新型社会。工业化成果的利用是我国社会变革的具体反映。信息化不仅在工业化中得到广泛应用,而且已经渗透到经济社会生活中。如现代制造业中的智能控制系统、家庭管理的智能化都是信息化发展的结果。此外,新型工业化的技术、组织、制度、文化创新等都是我国社会变革的主要内容,因此,以新型工业化的发展为契机,建立我国创新型社会。三是发展人本主义的工业化。新型工业化是摒弃传统工业化以经济增长为目的、见"物"不见"人"的发展观,是重视资源、环境对人类经济社会发展的刚性约束,树立以人为本的可持续发展观,这在本质上反映的是人本主义工业化思想的回归。这必将构建出一个友善对待资源、环境,倡导人与人、人与自然和谐共生的社会。

4.3.2 模式与机制设计构想

工业化实现模式与机制设计显然不同于过去对工业化实现的理解。我国过去的工业化道路更多是在政府主导下的工业化,比较多地发挥了政府和产业的作用,特别是政府对产业的选择与发展,用产业政策来推动工业化。这一模式重视了宏观和中观层次的工业化,对支撑中观层次的微观企业重视不够。新型工业化道路省级区域实现模式与机制设计的思路是基于前文对工业化的理解,也就是从工业化的界定出发去理解和设计的。根据本书对工业化的定义,工业化是工业化发展方式的变革、过程的演变和目标的实现三者的有机统一。理解这一概念的关键在于过程的演变,核心是产业结构的演变。不同区域的工业化水平不同是由于工业化所依赖的产业类型不同,其所依赖的微观企业竞争点不同,决定其发展的路径不一样,这导致工业化的实现模式不同。这一逻辑演变过程就是工业化的实现过程。而推动这一逻辑演变过程的力量依然是宏观政府、中观产业与微观企业三个层面共同作用的结果。随着我国市场经济体制的不断改革,以及对经济发展的微观基础的更加重视,我国工业化总体道路应该由重视传统的政府-产业的宏观中观层向产业-企业的中观微观层转变。也就是说,新型工业化道路省级区域实现模式与机制的总体思路是充分发挥政府的战略导向性和制度基础性作用,重视省级区域核心产业的选择,深化产业之间的关联,培育微观竞争型企业。

这一模式可以归纳为双基要生产函数的变化,即产业基要函数和企业基要函数的变化引起工业化的变化。这两类基要函数的变化将引起社会全基要生产函数的变化。当然,政府的力量不同于传统工业化中定位于外生力量的推动者,这一模式是在政府不断改革下激活市场潜力,因而是工业化的内生力量。应通过政府、产业和企业三个方面的相互作用,构建我国不同类型省级区域工业化的实现模式和机制。

4.3.3 模式与机制设计的框架性安排

基于上述分析思路,工业化省级区域实现模式与机制设计的框架型是从三个类型的省级区域——资源产业依赖型、传统产业主导型、新兴产业导向型出发,都从国家战略定位、中观产业把握和微观企业深耕三个层面加以探讨和分析(图4-4)。

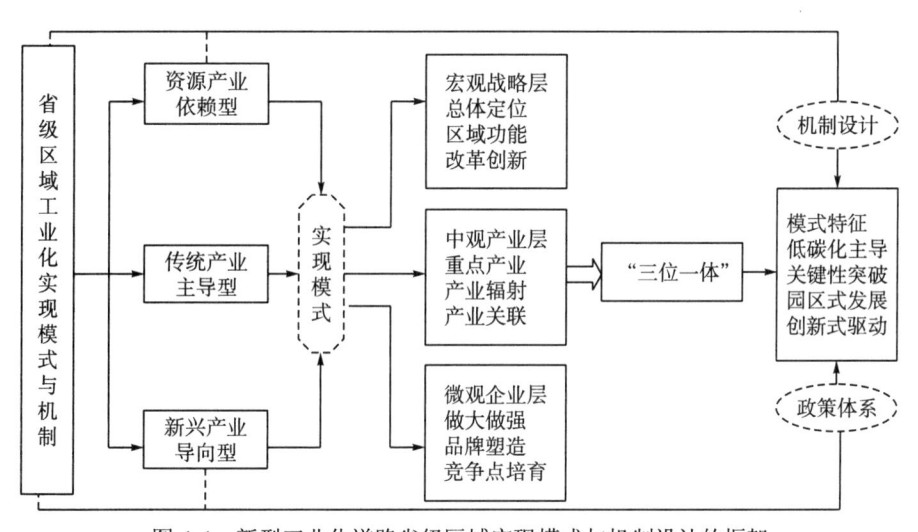

图 4-4 新型工业化道路省级区域实现模式与机制设计的框架

1. 宏观战略层

我国三大类型省级区域的工业化分别代表着不同阶段的工业化,也代表着不同产业类型的工业化,因此从国家战略层面出发对不同省级区域工业化实现进行定位是国家推动工业化的根本职能。这些定位集中表现在以下三个方面。一是工业化实现的总体定位。工业化实现的总体定位重点包括工业化实现的时间、省级区域的国家功能以及实现的方式和路径等。二是对区域功能加以定位,不同类型的省级区域由于所依托的资源类型、产业特点不同,因而会形成各具竞争功能的工业区,基于此对不同类型的省级区域进行定位。三是对重点推进的改革与创新领域的定位。基于不同类型省级区域的产业特点、市场化程度以及企业发展水平和能力,予以重点推进的改革与创新领域的定位。

2. 中观产业层

工业化的发展本质上反映的是产业的发展，因而如何专注于具有比较优势和竞争优势的产业是不同类型的省级区域工业化发展的基础，这需要既从国家战略的定位出发，又从区域产业的基础出发进行中观产业的选择与发展。在产业选择的思路上，如资源产业依赖型省级区域，对资源利用与开发依然是主要产业，但在资源型工业发展过程中，由于较多不利因素，如资源工业的产业链较短、辐射较弱对区域工业的带动比较弱，技术开发的约束，持续的环境污染严重等，资源型产业的发展必然不同于过去的发展。此外，除了继续发展资源型工业外，重视特色优势产业的发展，以及具有一定基础和条件的新兴产业的发展也是这一类省级区域考虑的重点。传统产业主导型省级区域则立足于传统产业的转型与升级，同时把握产业发展的国际趋势，发展高端产业牵引传统产业是其发展的重心。新兴产业导向型省级区域的工业化水平比较高，因此立足于全面实现工业化为目标，推动已有产业向新兴产业，特别是全面发展战略性新兴产业转变，通过技术创新驱动，特别是突破性技术创新驱动，推动新兴产业发展与区域创新系统的建设。在这些省级区域核心产业发展的同时，还需要通过向其他产业辐射，产生关联效应，带来产业发展的规模经济和范围经济，从而从整体上提升区域新型工业化的产业竞争力。

3. 微观企业层

无论是宏观战略的落地，还是中观产业发展的支撑，都需要微观企业的培养和塑造，这是过去我国省级区域工业化进程中被忽视的一个问题。随着市场化改革进程的推进，充分发挥微观市场主体的作用是我国未来各省级区域工业化实现必须高度重视的一个战略，鼓励具有竞争性质的企业涌现。但不同类型的产业对企业的发展要求不一致，因此致力于将不同类型产业的企业做大做强，培育品牌、塑造差异化的竞争点，是每一个省级区域都应高度重视的问题。

4. 模式特征

省级区域是生态地理和经济社会属性的复合体，是生态系统和经济系统的动态耦合与协调，因此工业化省级区域实现要服从于生态经济系统的耦合要求。本书运用系统动力学的理论与方法，综合考虑区域资源、环境、经济（侧重工业化）、人文子系统，设计各子系统指标，结合Woodwell(1998)构造的生态经济系统模型构建工业化省级区域实现模型。本书把上述分析过程获得的模式称为"资源-环境-经济"耦合驱动型模式。这一模式具有以下特征：低碳化主导，即以"低污染、低排放、低消耗、高产出"为主导，满足资源节约与环境友好；关键性突破，选择省级区域关键领域、产业、技术和产品作为工业化发展的重要着力点；园区式发展，充分发挥园区的集中、集聚、集约功能，科学发展；创新式驱动，发挥技术创新、制度创新在工业区域实现的动力作用。

4.3.4　新型工业化道路省级区域实现机制的设计

行政区主导的工业化模式向市场化主导的工业化模式转变需要相应的机制予以支撑。机制是指有机体的构造、功能及其相互的关联，是推动事物运动变化的规律和内在的逻辑过程。这一过程如果条件具备，就可以自动地发挥作用。工业化实现机制因产业发展类型不同、政府的能力不同、科学技术水平不同、市场化程度不同，市场主体参与的力度不同而有着不同的机制设计。其总体的机制构成由三大部分组成：产业发展内生机制、企业培育与发展机制和政府作用机制。

每一个省级区域的工业化都应该从产业内、产业间以及工业化与城镇化的关系等几个方面对机制加以研究。通过对指标的几个维度进行分析，应重点解决每一个省级区域实现新型工业化的路径设计问题。应从产业层面的设计、企业实现路径、技术层面的设计以及民生层面的设计等加以分析，发展飞地经济。

1. 产业发展机制

产业发展内生机制就是促进产业发展，以及通过产业发展的辐射与关联作用而带动其他产业发展的机制。资源产业依赖型、传统产业主导型和新兴产业导向型三类不同的工业化都有其自身的产业发展机制，以及不同类型的产业之间的关联存在差异，因此，需要探索每一类不同的产业发展规律，从其规律中把握产业发展的机制，是其机制建立的根本性要求。

2. 企业发展机制

企业发展机制包括企业的共性机制与差异化机制。企业的共性机制包括现代企业制度的建立、现代管理理念和水平的提高等。企业发展的差异化机制是源于不同类型的产业所决定，也就是说不同类型的产业由于其企业的运营要求不一样，决定其企业的发展要求、推动企业发展的机制不同。如推动资源企业发展的主要是规模化和品牌化，推动新兴产业发展的可能是技术创新机制以及相应的技术推广、技术品牌化与技术市场化机制。

3. 政府支撑机制

政府支撑机制重点包括政府的战略层推进机制与推进改革的机制。战略层的机制设计就是如何保障政府在明确某一类型的省级区域发展功能下，保证功能定位的落实，以及如何推进顶层大战略的推进机制等。政府的市场化改革机制则重点是围绕着不同类型的省级区域设计的市场化改革机制、对外开放与合作机制、利益分配机制、资源价格改革机制、产业与企业扶持机制等。

4. 对外开放与合作机制

对外开放与合作是适应经济全球化进程的重要表现，任何一个国家都不可能在一个封闭的经济体内运行，这在我国各省级区域的工业化发展中也得到了印证。坚持良好的对外开放的区域，经济发展水平就明显较高。对于中部和西部的广大地区，对外开放对经济的贡献较弱，因而形成了一条相对封闭的工业化道路。因此，从机制设计上明确三类省级区域的对外开放，有助于尽快提升各省级区域的工业化水平。对外开放与合作机制重点包括开放战略的选择、参与对外开放合作的手段以及对外开放的协调与合作机制。

第5章 资源产业依赖型省级区域新型工业化道路的实现模式与机制

5.1 资源产业依赖型省级区域的地理区位与资源分布

5.1.1 资源产业依赖型省级区域的地理区位

我国资源产业依赖型省级区域主要包括新疆、内蒙古、广西、宁夏、甘肃、西藏、青海、云南、贵州、海南10个省级区域，总面积约为601.79万平方公里，占全国总面积的62.7%，人口为2.3亿，约占全国总人口的16.7%。其中，有5个民族自治区，即新疆、内蒙古、广西、宁夏和西藏，3个多民族地区，即云南、贵州和青海（表5-1）。

表5-1 资源产业依赖型省级区域面积与人口

省级区域	面积/10^4km^2	人口/万
新疆	166.49	2264
内蒙古	114.51	2498
宁夏	5.20	654
甘肃	40.41	2582
青海	71.75	578
西藏	120.21	312
贵州	17.62	3502
云南	38.32	4687
广西	23.76	4719
海南	3.54	895
总计	601.79	22691
全国	960.00	136072

数据来源：2014年中国统计年鉴。

我国资源产业依赖型省级区域具有典型的地广人稀的特点，其地理区位特征集中表现在以下五个方面。

1. 地形地势复杂多样

10个资源产业依赖型省级区域大多位于我国三级阶梯的第一级和第二级。位于第一级阶梯的是西藏，平均海拔4000m以上，剩余的除了海南和广西外，都位于第二级阶梯，主要有内蒙古高原、黄土高原、云贵高原、塔里木盆地、准噶尔盆地，平均海拔1000～2000m。因此，在资源产业依赖型省级区域中，既有雄伟的高山、起伏的山脉，又有低缓的丘陵和群山环抱的盆地，占我国山脉的80%以上。多样性的地形地势为工业发展的多样性提供了条件，但也成为制约工业化实现的严重障碍。

2. 位于边疆和内陆地区

我国资源产业依赖型省级区域大多与其他国家接壤。其中，内蒙古与蒙古、俄罗斯相邻，新疆、西藏与哈萨克斯坦、吉尔吉斯斯坦、塔吉克斯坦、尼泊尔、印度、巴基斯坦、不丹相邻，云南、广西等与缅甸、老挝、越南等接壤。与我国东部省级区域邻海不同，这些省级区域除了广西外，其他都远离交通便利、经济发达的沿海。根据经济地理学的相关理论，深居内陆地区成为制约其经济发展的严重障碍。

3. 少数民族分布广泛

我国2010年公布的人口统计情况表明，资源产业依赖型省级区域集中了我国所有的少数民族。如云南的壮族，青海的回族，贵州、云南、广西的苗族，新疆天山以南的维吾尔族，云南、贵州、广西的彝族，内蒙古、新疆、青海、黑龙江等地的蒙古族。少数民族的特点是受民族传统习俗的影响较深，知识文化水平普遍较低，经济发展受客观经济地理的约束较大，发展能力偏弱。

4. 气候变化复杂多样

受地形地貌和季风环流影响，资源产业依赖型省级区域气候复杂多变。青藏高原为高寒地带，热量不足，青藏高原以东地区为大陆性季风气候，雨热同期。内蒙古、新疆、青海等省级区域属于温带大陆性气候，云南、贵州属于热带季风气候。经济地理学认为，气候对经济发展的影响十分明显。气候不同，产业的选择与发展不同，经济发展的方式就存在比较大的差异。

5. 处于限制和禁止开发区

主体功能区是根据不同区域的资源环境承载能力、现有开发强度和发展潜力，统筹谋划人口分布、国土利用和城镇化格局，确定不同区域的主体功能[①]。推进主体功能区的形成，是落实科学发展观的重大举措，有利于高效、协调、可持续地制定国土空间开发格局，有利于促进人口、经济、资源环境的可持续发展。根据国务院制定的《全国主体功能区划》，在我国资源产业依赖型省级区域中，除了黔中地区、滇中地区、藏中南地区、兰州—西宁

---

① 国务院办公厅，《全国主体功能区规划——构建高效、协调、可持续的国土空间开发格局》。

地区（西宁区域）、宁夏沿黄河经济区、天山北坡地区等为重点开发区外，其余大部分地区都是限制开发区和禁止开发区。具体来说，有 19 个重点生态功能区，占全国陆地面积的 40.2%，都是属于禁止开发区，这无疑严重阻碍着资源产业依赖型省级区域工业化的发展（表 5-2）。

表 5-2　资源产业依赖型省级区域国家重点生态功能区

省级区域	重点生态功能区
内蒙古	阴山北麓草原生态功能区、浑善达克沙漠化防治生态功能区、科尔沁草原生态功能区、呼伦贝尔草原草甸生态功能区、大小兴安岭森林生态功能区
新疆	阿尔金草原荒漠化防治生态功能区、塔里木河荒漠化防治生态功能区、阿尔泰山地森林草原生态功能区
宁夏	黄土高原丘陵沟壑水土保持生态功能区
甘肃	秦巴生物多样性生态功能区、黄土高原丘陵沟壑水土保持生态功能区、祁连山冰川与水源涵养生态功能区、甘南黄河重要水源补给生态功能区
青海	祁连山冰川与水源涵养生态功能区、三江源草原草甸湿地生态功能区
西藏	藏西北羌塘高原荒漠生态功能区、藏东南高原边缘森林生态功能区
贵州	桂黔滇喀斯特石漠化防治生态功能区
云南	川滇森林及生物多样性生态功能区、桂黔滇喀斯特石漠化防治生态功能区
广西	桂黔滇喀斯特石漠化防治生态功能区、南岭山地森林及生物多样性生态功能区
海南	海南岛中部山区热带雨林生态功能区

资料来源：全国主体功能区规划，国发〔2010〕46 号。

5.1.2　资源产业依赖型省级区域的资源分布

资源一般分为狭义的资源和广义的资源，狭义的资源主要包括矿产资源、电力和热力的供应等，广义的资源主要指矿产、生物、气候和土地等。根据工业化发展涉及的资源类型，本节重点考察人力资源、矿产自然资源以及旅游资源等。

1. 人力资源的分布

人力资源是经济发展的第一要素。根据 2010 年第六次全国人口普查有关人口的主要数据，我国资源产业依赖型省级区域人口分布并不均衡。在各省级区域的人口分布中，广西人口最多，为 4602 万人，其次是云南，为 4597 万人，最少的是西藏，为 300 万人。从劳动力数量看，云南、贵州和甘肃的较多，广西、西藏和青海较少，就业者数量也具有类似的分布特征（图 5-1）。

人口密度与经济发展长期以来受到经济学、人口学和经济地理学的关注，二者呈现正相关的态势，即人口分布越密，经济发展水平越高。从我国的人口集聚程度示意图中可以清晰地观察到，在人口集聚程度比较高的东部沿海地区具有较高的经济发展水平。在资源产业依赖型省级区域中，各省级行政区中心的经济发展水平稍高一点外，其他地区的经济发展水平明显较低。

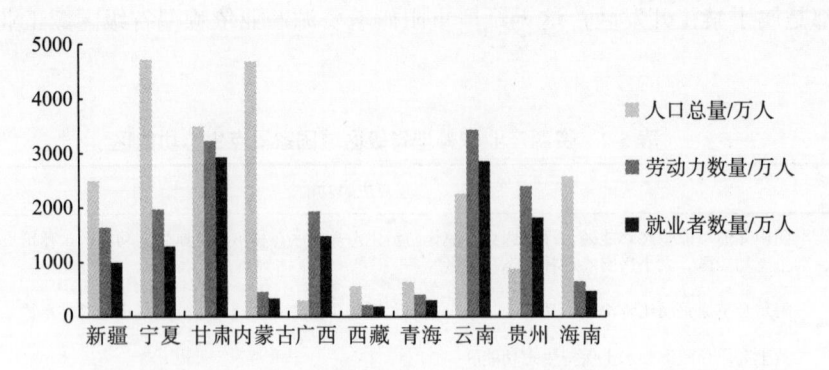

图 5-1 2010 年资源产业依赖型省级区域人口分布总量、劳动力与就业分布

2. 矿产资源储量分布

资源依赖型省级区域是我国矿产资源储量最为丰富的地区，如内蒙古的煤炭、铅矿、铬矿、铁矿、天然气、铜矿、锌矿，广西的锰矿、高岭土、铝土矿、铁矿，贵州的铝土矿、磷矿、锰矿、煤炭等，甘肃的铬矿、铁矿、钒矿、铅矿、铜矿、石油、锌矿等，新疆的天然气、石油、铬矿、铜矿、铅矿等资源(表 5-3)。

表 5-3 资源依赖型省级区域的优势资源

省级区域	优势资源
内蒙古	煤炭、铅矿、铬矿、铁矿、天然气、铜矿、锌矿
广西	锰矿、高岭土、铝土矿、铁矿
海南	高岭土
贵州	铝土矿、磷矿、锰矿、煤炭、旅游景区
云南	铁矿、磷矿、铅矿、铜矿、锰矿、煤炭、铝土矿、锌矿
西藏	铬矿、铜矿
甘肃	铬矿、铁矿、钒矿、铅矿、铜矿、石油、锌矿
青海	铅矿、天然气、铁矿
宁夏	煤炭、石油、天然气、重晶石
新疆	天然气、石油、铬矿、铜矿、铅矿

从资源储量的情况看，新疆、内蒙古、云南、贵州的煤炭资源储量中，内蒙古的铁矿石资源储量十分丰富(图 5-2)。

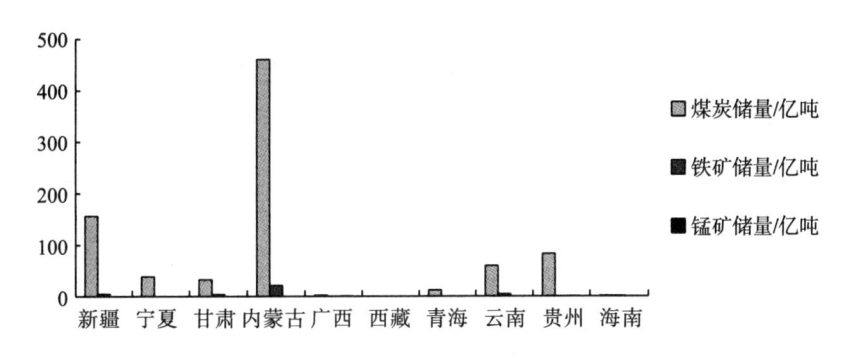

图 5-2　资源产业依赖型省级区域主要矿产资源储量图(2014 年)

3. 能源资源储量分布

资源依赖型省级区域在全国能源储量的分布中占有半壁江山。新疆、甘肃、内蒙古、青海和宁夏的石油资源，新疆、内蒙古和青海的天然气资源，西藏、云南、广西等的水资源十分丰富(表 5-4)。

表 5-4　2013 年资源依赖型省份能源资源情况

省级区域	石油储量/10^4t	天然气储量/$10^8 m^3$	水资源总量/$10^8 m^3$
新疆	58393.63	9053.88	955.99
宁夏	2313.96	294.4	11.4
甘肃	21150.01	241.28	268.9
内蒙古	8339.35	8042.54	959.81
广西	135.27	1.32	2057.33
西藏	—	—	4415.74
青海	6284.94	1511.79	645.61
云南	12.21	0.80	1706.69
贵州	—	6.39	759.44
海南	274.39	-3.45	502.11

数据来源：2014 年中国统计年鉴。

4. 旅游资源储量

资源依赖型省级区域特有的地形、地貌积淀了丰富的旅游文化资源。内蒙古有 23 个国家级自然保护区、29 个国家森林公园。广西有 16 个国家级自然保护区、20 个国家森林公园、5 个国家地质公园。云南有 16 个国家级自然保护区、27 个国家森林公园、6 个国家地质公园。贵州、云南、西藏还有世界文化遗产和世界自然遗产，丰富的旅游资源为工业化的实现提供了多样化的途径(表 5-5)。

表 5-5 资源产业依赖型省级区域旅游资源分布

省级区域	国家级自然保护区	世界文化自然遗产	国家级风景名胜区	国家森林公园	国家地质公园
内蒙古	内蒙古贺兰山国家级自然保护区、内蒙古西鄂尔多斯国家级自然保护区等(23个)		扎兰屯风景名胜区	内蒙古旺业甸国家森林公园、内蒙古乌拉山国家森林公园等(29)	内蒙古阿尔山国家地质公园、内蒙古阿拉善沙漠国家地质公园等(3)
广西	广西山口红树林国家级自然保护区、广西雅长兰科植物国家级自然保护区等(16个)		桂林漓江风景名胜区、花山风景名胜区	广西九龙瀑布群国家森林公园、广西大桂山国家森林公园等(20)	广西百色乐业大石围天坑群国家地质公园等(5)
贵州	贵州赤水桫椤国家级自然保护区等(8个)	贵州荔波	黄果树风景名胜区、荔波樟江风景名胜区	贵州龙架山国家森林公园、贵州习水国家森林公园等(21)	贵州兴义国家地质公园等(6)
云南	云南苍山洱海国家级自然保护区、云南高黎贡山国家级自然保护区等(16个)	云南丽江古城、云南三江并流	西双版纳风景名胜区、玉龙雪山风景名胜区	云南小白龙国家森林公园、云南西双版纳国家森林公园等(27)	云南大理苍山国家地质公园等(6)
西藏	西藏雅鲁藏布大峡谷国家级自然保护区、西藏珠穆朗玛峰国家级自然保护区等(9个)	西藏布达拉宫	雅砻河风景名胜区、唐古拉山-怒江源风景名胜区	西藏巴松湖国家森林公园、西藏班公湖国家森林公园等(8)	西藏扎达土林国家地质公园等(2)
青海	青海湖国家级自然保护区、青海可可西里国家级自然保护区等(5)		青海湖风景名胜区	青海坎布拉国家森林公园、青海仙米国家森林公园等(7)	青海格尔木昆仑山国家地质公园等(4)
宁夏	宁夏六盘山国家级自然保护区等(6)		西夏王陵风景名胜区	宁夏六盘山国家森林公园、宁夏火石寨国家森林公园等(4)	宁夏西吉火石寨国家地质公园等(1)
新疆	新疆西天山国家级自然保护区等(9)		天山天池风景名胜区、赛里木湖风景名胜区	新疆天池国家森林公园、新疆哈密天山国家森林公园等(17)	新疆富蕴可可托海国家地质公园等(3)
海南	海南五指山国家级自然保护区、海南三亚珊瑚礁国家级自然保护区等(9)		三亚热带海滨风景名胜区	海南海口火山国家森林公园、海南蓝洋温泉国家森林公园等(8)	海南海口石山火山群国家地质公园等(1)
甘肃	甘肃祁连山国家级自然保护区等(15)	甘肃敦煌莫高窟	麦积山风景名胜区、鸣沙山-月牙泉风景名胜区	甘肃官鹅沟国家森林公园、甘肃文县天池国家森林公园等(21)	甘肃敦煌雅丹国家地质公园等(4)

资料来源：全国主体功能区规划，国发〔2010〕46号。

资源产业依赖型省级区域的资源富集是其典型特征，但从国内外资源与经济发展的关系看，资源富集型区域的经济发展反而不如人意。这种经济现象在我国的表现似乎也比较明显。因此，从理论上认识资源与经济之间的关系，汲取国外发展经验推动我国资源产业依赖型省级区域的工业化发展十分重要。

5.2 资源产业依赖型区域的工业化：理论及国际经验

资源是经济发展的基础和条件，在人类社会的历史进程中扮演着极其重要的作用。著名制度经济学者道格拉斯·C.诺斯(1991)指出,人类社会经济发展至关重要的财产制度变迁实际上是人口增长与可供利用资源之间矛盾、冲突的结果,但资源在经济增长中的作用并非得到一致肯定的评价。事实上,随着工业化进程的推进,自工业革命以来,资源在经济发展中到底扮演着什么样的角色,一直存在着较大的争议。因此,厘清资源与经济发展的关系对于资源产业依赖型省级区域的工业化发展至关重要。

5.2.1 资源促进经济发展论

资源型区域经济发展的理论主要有两类:一是资源促进经济发展的理论,即良好的资源优势有利于促进经济的发展;二是"资源诅咒"理论,资源富足区域的经济发展水平反而比较低。这两种理论在工业化发展的不同阶段,其地位和作用是完全不一样的。

资源促进经济发展的理论是在探讨经济增长的影响因素中被提出的。古典经济学者,包括配第、斯密、马尔萨斯、李嘉图等经济学家分析了自然资源与经济增长的正相关。配第认为"土地是财富之母,劳动是财富之父",指出了土地资源对经济增长的重要性。斯密在论述资源与经济增长的关系时是以国际贸易中的绝对优势理论来论述的,他认为在国际贸易中各国分工的基础是有利的自然资源禀赋,其表现为气候、土壤、矿产资源等。在论及发展中国家的剩余产品出口中,斯密认为一些发展中国家的对外贸易为本国的剩余产品提供了"出路",即出口的是剩余物资或者由闲置资源生产的产品,无须从其他部门转移资源,带来就业的同时促进经济增长,这是较早地研究资源、贸易与经济增长关系的理论。李嘉图在《政治经济学及赋税原理》的序言中指出,在不同的社会阶段中,全部土地产品在地租、利润和名义工资下分配给各个阶级的比例是极不相同的,这主要取决于土壤的实际肥力、资本累积和人口状况以及农业上运用的技术、智巧和工具。赫克歇尔-俄林的资源禀赋理论认为资源禀赋差异的一个重要表现就是土地及矿产资源的差异,这是国际贸易产生的重要条件之一。古典经济学论述资源促进经济增长的理论是建立在较低的技术水平上。相对于农业产业,对资源的开发和利用远远比单纯利用农业资源更有利可图。因而,资源在经济增长中的地位和作用是非常突出的。

20世纪40年代,一批发展经济学者认为发展中国家的经济发展与资源密不可分。Nurkse(1953)认为自然资源能够促进经济增长,丰裕的自然资源是一国潜在收入的重要来源,因为自然资源可以通过储蓄转化为资本,从而增加资本积累,推进经济增长。Rostow(1960)认为自然资源通过国内市场和投资资金,推动一个国家的工业发展,从而使发展中国家更容易实现从欠发达向工业化的起飞。因此,对于自然资源丰裕的国家,充分发挥本国资源的比较优势、发展资源密集型产业是一条实现经济增长的可行路径。

资源是人类社会赖以生存和发展的基础。无论是在农耕文明、工业文明、甚至现代文明的进程中,人类社会的发展历程都是一部资源利用的历史进程。资源是人类社会经济发展的基础和保障。自资本主义工业革命以来,科学技术革命的核心就是不断提高人类资源的利用效率。20世纪中期以前,关于资源和经济增长的正相关是毋庸置疑的,这也得到了实践的佐证。如美国19世纪高速的经济发展与其充分利用国内的煤、铜、石油、矿石等资源相关。德国的工业化同样是在充分利用其国内资源的基础上发展起来的。资源促进经济发展须具备一定的条件：①技术水平比较落后；②经济增长的依赖要素主要是劳动力、资本和资源；③经济发展的方式主要为资源的开发和利用。

5.2.2 "资源诅咒"论

"资源诅咒"论是对战后发达国家和发展中国家不同发展道路进行反思而提出的理论。第二次世界大战后，一些资源比较贫乏的国家，特别是资源比较贫乏的发达国家通过技术创新与国内高素质的人力资本相结合，反而获得了快速的增长。反观非洲、东南亚、拉美的一些发展中国家，虽然拥有比较丰富的国内资源，但其经济发展成效并不显著。针对这一现象，20世纪80年代以来，一些经济学家通过大量的实证研究比较各国的资源与经济发展的关系，发现资源利用与经济增长之间的正相关并不明显，相反，越是资源贫乏的国家经济发展水平越落后，这一现象被 Auty(1993)认为是资源与经济发展的"资源诅咒"现象。此后，Sachs 等(1995)、Gylfason(2000)、Mehlum 等(2006)、Collier 等(2008)对"资源诅咒"的经济现象纷纷加以研究，在四个层面展开：①"荷兰病"与"资源诅咒"；②"资源诅咒"的实证检验；③"资源诅咒"的传导机制；④"资源诅咒"的解决方案。

1. "荷兰病"与"资源诅咒"

"荷兰病"是资源富足与经济发展关系的反映。20世纪60年代荷兰北海一带发现大量的天然气，天然气的开采使得该国的出口急剧增加，经济十分繁荣，同时出口使得制造业逐渐萎缩。到了70年代，荷兰出现通货膨胀，制成品出口下滑，失业率居高不下，经济学家把这一现象称为"荷兰病"。这种经济现象先后在沙特、墨西哥、挪威、英国等出现。"荷兰病"本质上是资源繁荣导致经济结构的恶化，是"资源诅咒"的一种典型表现。针对这一问题，1977年11月，英国《经济学家》杂志刊载了一篇标题为"荷兰病"的匿名文章，这是首次研究"荷兰病"问题。Corden 等(1982)设计了一个经典模型研究"荷兰病"，他们将一国的经济分为三个部门，即制造业部门、可贸易的资源出口部门和不可贸易的部门，如果某种自然资源或自然资源的价格突然上涨会导致劳动和资本转向资源出口部门，则制造业会由于劳动力成本上升导致其竞争力下降，同时出口自然资源产品的增长会导致国外制造业产品需求增长，双重作用都会抑制国内制造业部门的发展。

2. 资源诅咒的实证检验

最早提出"资源诅咒"概念的是美国经济学家 Auty(1993)，他将资源丰裕与经济增长之间的背离称为"资源诅咒"。对资源诅咒进行开创性实证研究的是 Sachs 等(1995)，其认为资源诅咒是指从长期的增长状况看，那些自然资源丰裕、经济中资源性产品占据主导地位的发展中国家反而要比那些资源贫乏国家的增长要低许多，尽管资源丰裕国家可能会由于资源品价格的上涨而实现短期经济增长，但最终又会陷入停滞状态，丰裕的自然资源最终成为"赢者的诅咒"。Torvik(2002)通过建立寻租模型，研究发现丰裕的资源会吸引投资者于"非生产性"的寻租活动中，降低从事"生产性活动"投资的数量，导致经济增长的速度放缓。Arezki 等(2007)在控制地理因素、对外开放程度、制度等变量下，研究发现自然资源的出口与人均收入具有直接的负相关关系,而且这一关系在越是贫穷落后的国家表现越突出。

3. "资源诅咒"的传导机制

"资源诅咒"的传导机制是解释资源与经济增长呈现负相关的原因。目前已经形成的理论主要有"荷兰病"效应、中心-外围理论、贸易条件论、挤出效应等。

(1)"荷兰病"效应。针对"荷兰病"问题,冯中宪等(2010)指出它是通过三种渠道压缩制造业的利润空间,从而挤出制造业。一是繁荣的资源产业吸引大量资本和劳动力,导致生产投入要素价格上涨;二是收入效应下,国内非贸易品价格上涨,员工的生活成本和许多非贸易类揉入要素价格上涨,同时以服务业为代表的非贸易部门开始扩张,要素需求增加,二者共同抬高了贸易制造业厂商的生产成本。

(2)中心-外围理论。中心-外围理论的观点认为发达国家主要出口工业品或高附加值产品,进口原材料和初级产品,发展中国家往往出口单一的原材料,换回各种工业制成品。在分工体系中,发达国家处于中心,发展中国家处于外围。发达国家与发展中国家这种"中心-外围"的分工体系使得发展中国家始终处于依赖从属的地位,出口单一资源的格局很难在短期内摆脱,也就意味着"资源诅咒"的现象长期存在。对这一问题,其他的发展经济学者如阿明和刘易斯,都继续研究过这一问题。

(3)贸易条件恶化论。贸易条件恶化论是在 20 世纪 30 年代资本主义经济危机后,拉美国家的贸易条件不断恶化的背景下提出来的。1949 年,阿根廷经济学家 Raul Prebisch 向联合国拉丁美洲经济委员会提交了报告《拉丁美洲的经济发展及其主要问题》,在该报告中正式提出贸易条件恶化论。该理论认为与制造品的价格相比,矿产资源和农产品的价格在长期是下降趋势,由于初级产品缺乏需求收入和价格弹性,以及技术变迁、市场容量等原因,初级产品出口国将不可避免地遭受贸易条件恶化的命运,对外贸易将导致富有的工业化国家和贫穷的初级产品出口国之间的差距越来越大,对贫穷落后国家的经济发展是越来越不利的。

(4)经济类型论。Murshed(2004)在 Sachs(1995)的基础上将资源-经济类型分为点源型经济和分散型经济。点源型经济是指国家的经济产业集中在石油、矿产等少数几个资源型企业领域,分散型经济是指国家的经济结构呈现出多元化的特征。点源型经济会导致集中型的生产或收益模式,而分散型经济的收益遍布全国,点源型经济容易出现寻租等非生产性经济活动。

(5)制度因素。制度的缺失也会导致资源的开发利用受阻,从而导致资源丰裕的国家或地区经济发展质量不高。Tornell 等(1999)认为利益集团为了获得自然资源的开采权,获得资源租金,造成一个国家的制度质量较差。Sala-i-Martin 等(2003)认为通过削弱制度质量,自然资源将可能阻止经济增长,如果控制制度作用,那么资源并不必然与经济增长相关。Papyrakis 等(2004)认为自然资源丰裕减慢经济增长,但是当腐败、投资、开放、贸易条件等因素被考虑时,自然资源对经济增长有正面的影响。

从一个国家范围看也存在着"资源诅咒"的现象。Papyrakis 和 Gerlagh 实证分析验证了美国在资源稀缺的州与资源丰富的州之间存在"资源诅咒"的经济现象。

虽然"资源诅咒"是被学界广泛认可的现象，但一些学者也提出了相反的观点，认为这一现象不存在。比较有代表性的观点认为度量指标的选择会造成"资源诅咒"现象出现，但这不是资源的问题。Wright(2001)认为资源型国家经济增长失败的原因在于自然资源依赖的度量指标本身会造成经济失败。其他学者认为资源诅咒是不完善的信贷市场和抵押泡沫的结果(Manzano et al.，2001)。

4. "资源诅咒"的解决

对于"资源诅咒"的解决，学者们提出了以下几种不同的思路。①矿产资源产权与收益分配制度的改革，主要通过资源租金、税收、费用以及资源租金中权利金、矿地租金和红利的分配比例等方面加以变革。②资源部门的技术进步。技术进步与生产创新，包括勘探、开采、加工技术以及后续产业发展的深加工与新产品的生产，是对资源的节约、对资源勘探的扩展、对可耗竭资源的补偿，是产业链条的延伸，可以避免资源耗竭、高额超额收益引发的负面影响和生态环境破坏、产业结构单一等。③可持续发展财富观下的矿产资源开发与区域经济发展的协调。通过资源收益的使用及财富形式的转化，探讨如何将更多的资源财富转化为经济发展所必需的物质、人力资本以及社会财富，变资源优势为经济优势，关系到资源收益的使用方向和结构。④从矿产资源开发中的生态环境补偿机制及其制度设计等方面加以解决。

5.2.3 资源产业依赖型区域工业化的国际经验

尽管一些学者认为"资源诅咒"的经济现象不存在，但主流的观点和实证研究都支持"资源诅咒"的客观事实，基于这一事实，资源产业依赖型区域的工业化道路该如何选择呢？根据奥蒂《资源富足与经济发展》，资源产业依赖型区域的工业化道路存在以下几种模式。

1. 资源主导型工业化

资源富集地区的工业化发展是在完全依赖国内资源的基础上，尽可能地利用其国内的资源优势发展资源型工业，特别是资源加工业，并通过资源型工业出口换取外汇，带动其他相关产业的发展。资源主导型工业化一般是在一些小的国家展开，这些国家由于制造业获得外部性和规模经济的可能性比较小，不能采用高度的自给自足型发展模式，对进口的依赖较大，因此通过单一资源的出口以换取外汇就成为必然，但这种工业化模式受到外部冲击比较大。根据国外的经验，资源主导型工业化发展模式主要有农村工业化模式和矿产资源驱动型工业化模式两种类型。

(1) 单纯依赖以农作物为主的农村工业化。这种模式在非洲、东南亚的一些国家中比较典型，农业资源是其所依靠的主要资源，在工业化的推动中比较重视农业资源的开发与利用。

(2) 矿产资源为主导的工业化。在矿产资源比较丰富的国家，其矿产资源出口具有一定的比较优势，因而矿产资源的开采、加工和出口就具有非常好的基础。但这一类型的国家由于资源的集中会导致资源租金收益流向少数富人手中，造成国家的贫富分化。

2. 竞争性工业化

马来西亚是少有的资源富足但并没有陷入"资源诅咒"的国家之一。马来西亚在获得政治独立前是英国的殖民地，长期依赖橡胶和锡出口，工业规模小、技术落后。获得民族独立后，首先制定了国家五年发展规划，重点发展劳动密集型的工业以替代进口工业，特别是1958年制定的《先导工业法》，通过税收等手段扶持国内的进口替代型工业，使进口替代工业获得了快速的发展。随着国内工业的快速发展，到20世纪70年代，马来西亚又重点发展以出口为主的劳动密集型工业和资本密集型工业，并逐渐发展本国的重化工业。这些工业基本上是依托国内的资源，以出口获得外部资本为主。通过80年代的发展，马来西亚的汽车制造、钢铁、石化、水泥、造纸等重化工业获得飞速发展，形成了比较完善的工业体系。

马来西亚的竞争性工业化比较成功的原因在于：①国内储蓄率较高，这为工业化提供了有力的资金保障，因而其工业化发展的资金支持不存在问题；②加强对公共资源的投资，刺激民间资本大规模地进入各类投资领域；③在工业化的道路上，充分依靠政府的主导作用，在每一个五年计划阶段，都推出适宜自身特色的工业化道路。因而，马来西亚比较成功地克服了"资源诅咒"，走出了一条具有较强竞争力的竞争性工业化路径。

3. 变革型工业化

哥斯达黎加、南非、哈萨克斯坦、俄罗斯等通过国内的改革不断推动经济的增长和发展。这些资源富足型的国家在其传统工业化进程中遭遇到严峻挑战之时，不断变革工业化的发展模式，促进和推动本国工业化的发展。

5.3 我国资源产业依赖型省级区域"资源诅咒"的验证及解释

"地大物博、人口众多、资源丰富"是我国的真实写照，资源型大国是我国的基本国情，因而研究我国资源与经济增长的关系成为长期的话题。关于资源与经济增长的关系，赵奉军(2005)认为我国资源丰裕区域也存在"资源诅咒"现象。任歌等(2009)认为资源丰裕地区出现"资源诅咒"的主要原因在于内生的人才、资本流动和外生的制度安排等。王必达等(2009)认为"资源诅咒"源于一个区域在增长初期所倚重的生产要素的选择。

我国从省级区域层面研究"资源诅咒"的较多，比较一致地认为我国各省级区域普遍上都存在资源诅咒，但程度差异比较大。徐康宁等(2005)通过构建一个以能源资源为代表的资源丰裕度指数，考察我国不同省份之间资源禀赋与经济增长的相互关系，发现1978~2003年我国资源丰裕的地区经济增长速度普遍要慢于资源贫瘠的地区。徐康宁等(2006)认为资源采掘业中产权安排的不合理会导致政府出现寻租行为和政府干预，这是我国自然资源丰裕地区经济增长速度减慢的重要原因。同时，产权不合理及其引起的政府干预行为会加大贫富差距，进而影响劳动力和资本的发挥。张馨等(2010)选取一次能源生产量和对外依存度两个解释变量作为资源丰裕度指标，用中国30个省区1997~2007年的数据建立面板回归模型，分析近十多年我国能源与经济增长的关系，发现能源对经济增长的负效应明显。胡华(2012)研究指出在中国的不同区域,资源开发与经济增长的关系存在差异,在东北地区,资源开发对经济增长存在显著的"诅咒"效应,在华北、华中地区,资源开发对经济增长不存在显著的诅咒效应,在华南、西北、西南、华东地区,资源开发对经济增长非但不存在"资源诅咒"效应,反而存在促进作用。孙庆刚等(2010)在承认我国省级区域层面存在"资源诅咒"的基础上,研究了其传导机制,认为我国各省份间生产要素的相对自由流动和资源产业的特质使资源富集地区的优质生产要素向区外转移,国内产业分工的形成使得资源富集地区成为其他省份原材料的供应地,造成资源富集地区形成越来越单一的以资源产业为主的产业结构。徐仪红等(2012)利用中国 29 个省级区域 1997~2006 年的面板数据,实证分析了自然资源与经济增长的关系及其传导机制,认为丰富的自然资源确实对经济增长产生了"资源诅咒"效应。

我国资源产业依赖型省级区域最大的优势就是资源,其"资源诅咒"现象如何呢?从已有的研究看,多数学者坚持认为"资源诅咒"的现象是客观存在的。由于分析和检验的指标不同,有必要进一步分析我国 10 个资源依赖型省级区域的"资源诅咒"现象。本节内容是在借鉴其他学者分析的基础上加以探讨,以便对资源依赖型省级区域的工业化发展做一个基本判断,进而指出工业化的特征及设计实现的模式。

5.3.1 资源产业依赖型省级区域"资源诅咒"的简单考察

对我国资源产业依赖型省级区域"资源诅咒"的简单考察,可以通过对比分析该区域的资源占全国比例和经济发展指标占全国比例来考察。具体做法是分别计算其矿产资源、能源与旅游资源储量占全国该项资源总量的比例和各省级区域 GDP、人均 GDP 占全国同类指标的比例(表 5-6)。资源依赖型省级区域的人均 GDP 占比除了内蒙古达到 4%,其余均不到 3%,这符合我们对这 10 个省级区域经济落后的主观感受。但是在资源储量上,除了宁夏之外,其余 9 个省级区域均有巨大优势,并且所有省级区域在旅游资源上都或强或弱地表现出一定的旅游"资源诅咒"现象。

表 5-6 资源丰度与经济发展对比表 (单位:%)

省级区域	铜矿★	铅矿☆	铁矿☆	铝土矿☆	磷矿☆	高岭土☆	石油★	GDP★	人均 GDP★
内蒙古	9.0	22.1	19.0	0.0	0.2	1.8	2.6	2.4	4.0
广西	0.4	1.9	3.8	28.2	0.0	29.9	0.1	2.1	1.9
海南	0.1	0.1	0.1	0.0	0.1	3.5	0.0	0.5	2.3
贵州	0.0	0.4	0.7	23.7	18.2	0.0	0.0	1.1	1.2
云南	9.4	18.8	28.8	2.0	22.4	0.7	0.0	1.7	1.6
西藏	7.9	1.4	0.1	0.0	0.1	0.0	0.0	0.1	1.8
甘肃	6.2	7.2	10.5	0.0	0.0	0.0	4.8	1.0	1.6
青海	1.5	6.4	3.5	0.0	1.8	0.0	1.9	0.3	2.2
宁夏	0.0	0.0	0.0	0.0	0.0	0.0	0.2	0.4	2.4
新疆	3.0	2.5	2.2	0.0	0.0	0.0	18.4	1.3	2.5

注:★号表示其为 2003~2013 年数据平均值;☆号表示其为 2004~2013 年数据平均值;※号表示其为 2010~2012 年数据平均值。

在具体的"资源诅咒"类型上，内蒙古、广西、贵州、云南、甘肃和新疆至少有 6 种资源在全国占有明显优势，可列为严重"资源诅咒"区。其中，内蒙古、广西、贵州、云南和甘肃主要表现为矿产"资源诅咒"，新疆主要表现为能源"资源诅咒"。青海和西藏有 2 项以上的优势矿产资源，可列为中度矿产"资源诅咒"区。其余的宁夏和海南可列为轻度"资源诅咒"区(表 5-7)。

表 5-7 "资源诅咒"程度的初步判断 (单位：%)

省级区域	天然气★	煤炭★	锌矿★	锰矿★	铬矿☆	钒矿☆	旅游景区数※	GDP★	人均 GDP★
内蒙古	17.2	22.3	6.8	1.6	21.4	0.0	3.7	2.4	4.0
广西	0.0	0.2	0.4	34.1	0.0	13.9	2.7	2.1	1.9
海南	0.0	0.0	0.3	0.0	0.0	0.0	0.7	0.5	2.3
贵州	0.0	4.0	0.2	13.1	0.0	0.0	1.5	1.1	1.2
云南	0.0	2.8	2.0	4.7	0.0	0.0	2.9	1.7	1.6
西藏	0.0	0.0	0.1	0.0	40.1	0.0	1.0	0.1	1.8
甘肃	0.4	1.6	2.2	0.6	26.1	7.4	2.9	1.0	1.6
青海	4.8	0.0	0.0	0.0	0.3	0.0	0.9	0.2	2.2
宁夏	0.1	1.8	0.0	0.0	0.0	0.0	0.6	0.4	2.4
新疆	24.1	4.8	1.7	2.3	10.8	0.0	4.3	1.3	2.5

注：★号表示其为 2003~2013 年数据平均值；☆号表示其为 2004~2013 年数据平均值；※号表示其为 2010~2012 年数据平均值。

上述分析表明，我国资源产业依赖型省级区域中的"资源诅咒"现象是客观存在的。事实上，其他学者都不同程度地对这一问题进行了验证。姚予龙等(2011)研究认为我国资源系数最高的是山西，其次分别是内蒙古、贵州、宁夏、新疆、青海、陕西、甘肃、云南等。可以认为，资源产业依赖型省级区域的"资源诅咒"现象特别严重，且是导致其工业化水平比较低的根本性原因。

5.3.2 资源产业依赖型省级区域"资源诅咒"的验证

从资源产业依赖型省级区域的经济运行现状看，可以初步断定存在"资源诅咒"现象。拟通过实证对其加以进一步分析和探讨。

5.3.2.1 "资源诅咒"系数

为研究地区资源与经济发展间的关系，苏迅(2007)提出了矿产资源贫困指数的概念，姚予龙在其基础上提出了"资源诅咒"系数的概念，即某地区一次能源生产量占全国一次能源生产量的比例与该地区第二产业产值占全国第二产业产值的比例的比值。这是"能源诅咒"系数，而实际上资源既包括能源资源，也包括矿产资源、旅游资源。但是上文的粗略分析表明旅游资源的"诅咒"现象并不明显，因此我们将旅游资源从"资源诅咒"系数的构建中去除。最终，本书构建"资源诅咒"系数为：某地区资源行业产值与全国资源行业产值的比重和该地区第二产业产值占全国第二产业产值的比例的比值。其中资源产值为能源业产值、矿产业产值之和。能源产业具体包括：煤炭开采和洗选业，石油加工、炼焦及核燃料加工业，电力、热力的生产和供应业，石油和天然气开采业。矿产业具体包括：黑色金属矿采选业、有色金属矿采选业、非金属矿采选业、非金属矿物制品业、黑色金属冶炼及压延加工业、有色金属冶炼及压延加工业、金属制品业。

"资源诅咒"系数用公式表示为

$$ZG_i = \frac{Z_i \Big/ \sum_{i=1}^{n} Z_i}{G_i \Big/ \sum_{i=1}^{n} G_i}$$

式中，ZG_i 表示地区 i 的"资源诅咒"系数，Z_i 表示地区 i 的能源、矿产产值之和，G_i 表示地区 i 的生产总值。地区"资源诅咒"系数以 1 为临界点：小于 1 时该地区不存在"资源诅咒"现象；大于 1 时，该地区遭受了"资源诅咒"。"资源诅咒"系数越大，地区遭受的"资源诅咒"越严重。

5.3.2.2 "资源诅咒"系数的实证

根据行业不同，我们计算 3 种系数，分别是"资源诅咒"系数，"矿产资源诅咒"系数以及"能源诅咒"系数。可以看出除海南 2006 年之前不存在"资源诅咒"现象外，其他年份这 10 个资源依赖型省级区域都普遍存在"资源诅咒"现象（表 5-8）。

表 5-8 资源产业依赖型省级区域的资源诅咒系数

省级区域	2003	2005	2006	2007	2008	2009	2010	2011
内蒙古	1.6500	1.6779	1.7253	1.7331	1.7551	1.7978	1.8469	1.8031
广西	1.0676	1.1297	1.1323	1.1778	1.1609	1.1313	1.2009	1.1608
海南	0.6472	0.7973	0.9860	1.4203	1.4934	1.6203	1.5917	1.5788
贵州	1.4300	1.5335	1.6400	1.6327	1.6109	1.6826	1.7785	1.6563
云南	1.1640	1.3620	1.5228	1.5880	1.5124	1.5315	1.6622	1.5674
西藏	2.4574	1.6636	1.6711	1.6715	1.6185	1.6011	1.7344	1.7224
甘肃	2.1894	2.1865	2.2008	2.2220	2.1151	2.1722	2.0343	2.1081
青海	2.4592	2.3014	2.2511	2.2119	2.0780	2.0920	1.9788	2.1268
宁夏	1.8119	1.7095	1.7672	1.7715	1.7056	1.8063	1.9400	1.8716
新疆	2.2836	2.2563	2.2436	2.1461	2.0916	2.0284	1.5228	2.0858

"资源诅咒"系数趋势反映"资源诅咒"的动态变化。我国资源产业依赖型省级区域的趋势大致分成 3 类（图 5-3）。第一类是广西，具有轻度的"资源诅咒"现象，并且非常稳定。这与我们前文对"资源诅咒"的初步判断不同，这主要是因为前文以 GDP 作为经济发展的度量，这扩大了资源对经济增长的贡献。第二类是甘肃、青海和新疆，"资源诅

咒"系数有下降的趋势,但一直遭受着严重的"资源诅咒"。其中,新疆在2010年出现了短期的"资源诅咒"系数剧烈下降现象,2011年又恢复到了严重的"资源诅咒"状态。第三类是其余6个省级区域,可列为中度"资源诅咒",而且程度有逐渐上升的趋势(关凤峻,2004)。

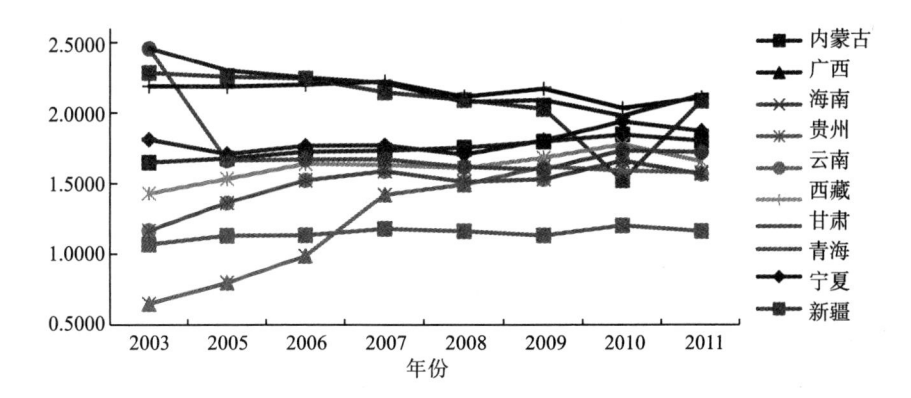

图 5-3 资源产业依赖型省级区域资源诅咒系数趋势图

为了进一步研究10省"资源诅咒"系数的原因,我们又分别计算了10省的矿产"资源诅咒"系数(表5-9)和"能源诅咒"系数(表5-10)。可以看出:海南和新疆不存在矿产资源诅咒,广西不存在"能源诅咒",海南和云南也只是在近些年份才出现了"能源诅咒",而西藏近些年份也遭受了轻度的"能源诅咒"。

表 5-9 资源产业依赖型省级区域矿产"资源诅咒"系数

省级区域	年份							
	2003	2005	2006	2007	2008	2009	2010	2011
内蒙古	1.5421	1.6299	1.6592	1.5967	1.5720	1.5777	1.4052	1.3697
广西	1.3214	1.3812	1.3969	1.4245	1.3985	1.3244	1.3850	1.3568
海南	0.6475	0.7031	0.5172	0.4245	0.5034	0.5578	0.4561	0.5474
贵州	1.4310	1.2451	1.3083	1.2308	1.1136	1.0155	1.0673	1.0566
云南	1.2768	1.7728	2.0532	2.0183	1.7683	1.6990	1.7558	1.7494
西藏	3.2225	2.1377	2.1761	2.2519	2.1531	2.0068	1.9558	2.2616
甘肃	1.6532	1.7912	1.8860	1.9284	1.7338	1.7696	1.8118	1.6770
青海	2.1765	2.1026	2.2209	2.2578	2.0782	2.0525	2.1897	1.9389
宁夏	1.4833	1.1330	1.2639	1.3113	1.1296	1.0943	1.2446	1.1327
新疆	0.8295	0.6659	0.6338	0.6875	0.7770	0.8586	0.8814	0.9322

表 5-10 资源产业依赖型省级区域"能源诅咒"系数

省级区域	年份							
	2003	2005	2006	2007	2008	2009	2010	2011
内蒙古	1.8161	1.7331	1.8056	1.9196	2.0142	2.1133	2.4743	2.4229

续表

省级区域	2003	2005	2006	2007	2008	2009	2010	2011
广西	0.6768	0.8407	0.8110	0.8405	0.8247	0.8544	0.9395	0.8804
海南	0.6467	0.9057	1.5552	2.7820	2.8937	3.1437	3.2046	3.0540
贵州	1.4285	1.8651	2.0426	2.1821	2.3143	2.6390	2.7886	2.5141
云南	0.9903	0.8898	0.8789	0.9997	1.1505	1.2913	1.5293	1.3072
西藏	1.2791	1.1185	1.0580	0.8780	0.8623	1.0193	1.4198	0.9512
甘肃	3.0152	2.6409	2.5830	2.6235	2.6545	2.7494	2.3503	2.7247
青海	2.8945	2.5300	2.2877	2.1491	2.0778	2.1487	1.6792	2.3956
宁夏	2.3179	2.3723	2.3783	2.4007	2.5204	2.8273	2.9277	2.9284
新疆	4.5229	4.0846	4.1981	4.1407	3.9511	3.7057	2.4337	3.7359

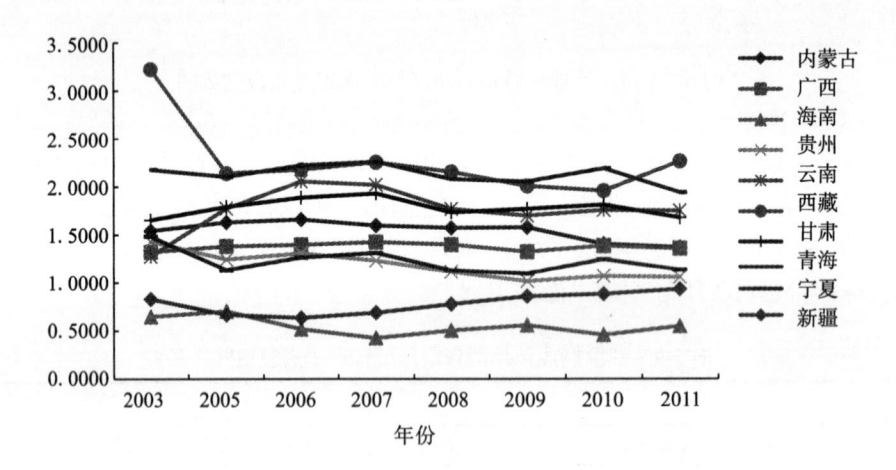

图 5-4 资源产业依赖型省级区域"矿产资源诅咒"系数趋势图

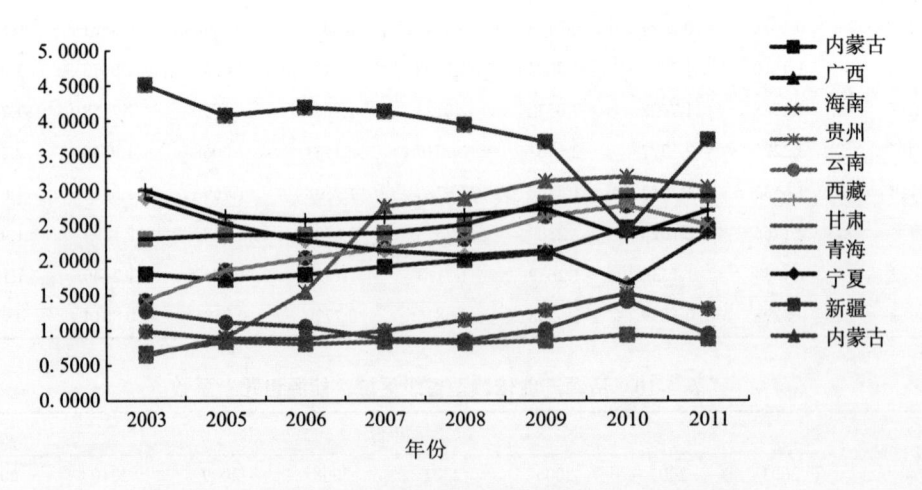

图 5-5 资源产业依赖型省级区域"能源诅咒"系数趋势图

通过10个省级区域的"矿产资源诅咒"系数趋势图(图5-4)和"能源诅咒"系数趋势图(图5-5)可以看出,10个省级区域"矿产资源诅咒"系数趋势总体比较稳定,西藏和青海表现出了严重的"矿产资源诅咒",内蒙古和贵州的"矿产资源诅咒"现象有减弱趋势。新疆表现出严重的"能源诅咒"现象,海南、贵州、宁夏表现出了上升的"能源诅咒"趋势。

5.3.2.3 我国资源产业依赖型省级区域"资源诅咒"的解释

尽管不同学者对我国"资源诅咒"的现象,特别是资源产业依赖型省级区域的"资源诅咒"有不同的解释,但都是从其长期落后的经济现状,以及政府的发展导向等加以分析和说明,毋庸置疑这是解释"资源诅咒"的重要角度。本书认为,以下几个方面是资源产业依赖型省级区域"资源诅咒"的重要原因。

1. 政府主导的发展模式形成了对资源型产业的路径依赖

我国区域经济发展中的行政区经济特征十分明显。按照刘君德(1996)的理解,所谓行政区经济就是指由于行政区域经济的刚性约束而产生的一种特殊区域经济现象,是我国区域经济由纵向运行系统向横向运行系统转变过程中出现的一种区域经济类型。在行政区经济条件下,各个省级区域在经济发展中尽可能以 GDP 为导向,竞相选择在短期内让 GDP 得到快速增长的产业。这对于资源型省级区域而言,第一产业对 GDP 的贡献偏低,因而第二产业便成为工业化发展的必然之选。在第二产业中,当然选择具有优势的产业,因此,资源型产业的选择与发展就成必然。尽管"资源诅咒"与经济发展呈现负相关,资源型产业毕竟还是能够促进经济增长。再加上资源型产业生态环境污染的软约束,使得资源型产业成为各地区发展的偏爱。政府对资源型产业的偏爱原因是多方面的:①从产业发展的可能性看,资源型产业比农业产业具有较高的产出率、收益率;②相对于高科技产业和第三产业对技术水平的需求较高,或者对第二产业的发展较高而言,资源依赖型省级区域对资源产业的依赖也就顺理成章。

2. 我国独特的资源价格形成机制使得大部分资源租被垄断

资源价格形成的核心是通过比较低的资源价格获得工业化发展的基础,为下游工业所需要的原材料等工业发展实施资源补贴,因此资源价格较低可以有效地降低资源型工业的成本,形成资源型产业的利润。当然,资源的归属是资源价格形成的基础。我国自然资源在产权安排上属于国家垄断,因而资源的价格形成便是垄断价格,在资源租的分配上形成了国家的垄断利润。由于国家在整个资源的利用中获得了较大的份额,因而政府对资源的利用就成为工业化发展中特别热衷的产业。这一工业化发展的产业依赖,对于政府而言,既高效,又便捷。

3. 区位劣势制约了其他类型产业的发展

我国资源依赖型省级区域以高原、山地为主,少数民族集聚程度高,工业化发展受到的不利影响较多,因此在产业的选择上,要么形成依赖于农业的农产品加工业,要么形成依赖于自然资源的加工业。这两类工业在资源依赖型省级区域具有相当的典型性。虽然"资源诅咒"存在,但别无选择的现实困境使其对资源的依赖程度极高。这使得我国资源依赖型省级区域长期陷于工业化的初期向中期的迈进阶段,这一阶段的产业形态不是高科技产业,也非重化工业,而是资源型产业。

4. 发展能力不足导致资源开发的无节制利用

工业化发展的基础主要反映的是一个地区的发展能力,而发展能力是一个综合指数,这一能力既是客观能力,也是主观能力。就客观能力而言,所在的区域吸纳经济发展的能力、消化经济发展的能力都是必须考虑的指标;就主观能力而言,政府的治理能力、企业家的数量等也是相关能力的反应,这些能力综合构成一个整体能力。但是无论从客观的能力还是主观的能力看,资源依赖型省级区域通过资源发展经济的能力都是不足的,这将会使得资源的利用处于极度落后的状态。

总之,由于受到各种不利因素的制约,再加上产业的技术水平比较低,自我需求比较弱,资源产业依赖型省级区域形成了相对封闭的产业发展路径,因而工业化具有典型的资源型经济特征。这一高度依赖资源而走出的一条内生型的工业化道路,在对外开放程度不高的影响下,必然导致对资源的依赖越强,制约经济发展的水平越高的恶性循环,如果没有外在力量出现,是很难破解"资源诅咒"现象的,因而是比较粗放的资源产业发展路径。

5.3.3 资源产业依赖型省级区域工业化实现面临的挑战

1. 资源产业依赖型省级区域与工业化实现目标相差较远

我国资源产业依赖型省级区域要实现工业化,在人均收入、产业结构、技术研发水平与民生指标等方面,还有相当大的距离。

从经济发展水平看,除了内蒙古人均 GDP 较高,达到 67470 元,在全国排名第六位外,其他省级区域总体处于落后的水平。贵州人均 GDP 为 22982 元,排第 31 位,甘肃人均 GDP 为 24438 元,排第 30 位,云南人均 GDP 为 25158 元,排第 29 位,西藏人均 GDP 为 26039 元,排第 28 位,这四个省级区域的人均 GDP 是最低的,其他省级区域人均 GDP 也不高,海南人均 GDP 为 35468 元,排第 21 位,青海人均 GDP 为 36667 元,排第 20 位,宁夏人均 GDP 为 40185 元,排第 15 位。

从产业结构看,农业占有较大的比例,海南高达 24.00%,新疆、广西和云南达到 16.00%以上,最低的内蒙古也达到 9.50%。从第二产业占 GDP 比例看,青海、内蒙古最高,达到 54.00%以上,其次是宁夏、广西等省级区域,而海南这一比例最低。第三产业占 GDP 比例,西藏高达 53.00%,其次是海南、贵州。三次产业结构畸形而且极不合理(表 5-11)。

表 5-11 资源产业依赖型省级区域三次产业结构占比比较(2013 年)

省级区域	第一产业占 GDP 比例/%	第二产业占 GDP 比例/%	第三产业占 GDP 比例/%
内蒙古	9.50	54.00	36.50
广西	16.30	47.70	36.00

续表

省级区域	第一产业占GDP比例/%	第二产业占GDP比例/%	第三产业占GDP比例/%
海南	24.00	27.70	48.30
贵州	12.90	40.50	46.60
云南	16.20	42.00	41.80
西藏	10.70	36.30	53.00
甘肃	14.00	45.00	41.00
青海	9.90	57.30	32.80
宁夏	8.70	49.30	42.00
新疆	17.60	45.00	37.40

资料来源：2014年中国统计年鉴。

从技术水平看，发明专利、实用新型和外观设计专利总体偏少，以2013年的统计数据看，最少的是西藏，三者分别是44件、47件和30件，最高的是云南，分别是1312件、4322件和1170件。资源产业依赖型省级区域的三类发明之和还不及传统产业主导型省级区域一个省份多，与新兴产业导向型省级区域相比则相差更远。规模以上工业企业创新更少。

2. 各省基本上都形成了以资源产业为主的工业化

在改革开放前，我国资源产业依赖型省级区域工业化发展并不成功，2002年正式提出走新型工业化道路后，各省级区域逐步明确了资源产业在工业化中的重要地位。云南省重点发展能源、钢铁、有色金属、化工、机械制造、建材、电子信息、造纸和矿产品加工等产业。新疆重点发展天然气、煤炭和现代煤化工、矿产资源勘探、现代农牧产品加工业、纺织工业、新能源产业、新材料产业和电子信息产业。贵州重点发展煤及煤化工、铝及铝加工、磷化工等产业。广西工业化发展在整个西部地区是少有的比较曲折的省级区域，原因在于其在一五计划、三线建设时期基本上不是重点，156个项目一个都没有落户广西，三线建设时期广西处于战争前线，改革开放以后成为对越战争的第一线，直到1992年广西的工业化才获得发展的机遇。在其工业化的初期，水泥建材、载重汽车等重工业以及有色金属等资本品工业偏重，制糖业、淀粉酒精、医药工业、牙膏、电池等轻工业是广西消费品工业的主打产品。广西是一个人口大省，但服装成衣、皮革制品、软包装饮料、烟酒、家用电器、电子元器件、计算机芯片、移动通信设备等需求弹性较小的现代生活必需品没有全国知名企业、产品和品牌，缺乏附加值。

各省级区域在十二五计划期间，依然选择具有资源优势非常明显的产业作为其发展的重点。虽然在2008年国际金融危机之后，一些省级区域选择了其重点发展的战略性新兴产业，但是比例偏低，而且不具有比较优势，所以资源型产业依然是这些省区工业化发展的重点(表5-12)。

表 5-12 资源产业依赖型省级区域十二五计划支柱产业

省级区域	支柱产业
内蒙古	牧业、工业建筑业、钢铁、装备制造业、现代服务业
广西	汽车、机械、石化、冶金、有色金属、医药
云南	食品、烟草、矿产、旅游
新疆	石油、天然气、食品、纺织、建材
甘肃	石化、有色金属、煤炭、冶金、建材
贵州	烟酒、铝、电力、煤、磷、建材
宁夏	冶金(铝、铁合金)、煤化工、轻工业(农产品加工)
青海	电力、盐、石油、天然气、冶金、化工
海南	石油加工、造纸、化工、电力、水泥、医药、农产品加工
西藏	矿业、森林加工、旅游、建材

资料来源：根据各省级区域十二五发展规划报告整理。

资源产业依赖型省级区域工业化发展是建立在其资源的基础上,但由于其开发与利用的技术水平比较低,因此资源的粗放利用成为工业化发展的常态。为了增长而发展工业化的结果是环境污染和资源消耗严重,产出效率低。尽管存在"资源诅咒",但不发展资源型工业,这些省级区域的工业化将面临无从下手的尴尬境地。所以,发展资源型工业产业依然是主旋律。

3. 资源产业依赖型省级区域农业发展比较落后

资源产业依赖型省级区域的农业在整个经济发展中具有非常重要的作用。从 2013 年第一产业增加值占 GDP 的比例看,最高的是海南,达到 24%,其次是新疆(17.6%)、广西(16.3%)、云南(16.2%),甘肃、贵州、西藏、内蒙古都在 10%左右,表明农业在经济发展中依然具有十分重要的地位。在 2013 年镇区及乡村消费品零售额占全社会消费品零售额的比例中,西藏达到了 46.9%,广西和甘肃分别是 41.1%和 40.5%,最低的是新疆,达到了 23.3%(图 5-6)。

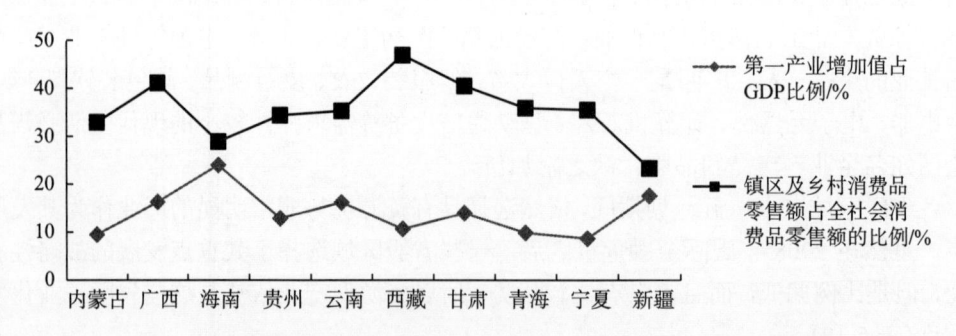

图 5-6 2013 年资源产业依赖型省级区域农村经济在国民经济中的地位

我国资源产业依赖型省级区域的农业整体上比较落后。其主要原因在于：①相应省级区域地处山地和高原区，区域内部自然条件比较恶劣、气候复杂多变；②农业还主要是以传统农业为主，产业化、现代化水平比较低；③农业投入产出效率低下，导致一些农户不愿意投资农业；④农业市场风险较大，农产品积压等问题会影响农业收益；⑤高素质农业主体缺乏，一些素质较高的农民宁愿外出打工也不愿意从事农业，因而农业的发展受到较大的影响。

4. 资源产业依赖型省级区域服务业发展滞后

服务业发展水平的高度从一个层面反映了工业化水平。工业化发展的历史经验表明，随着工业化水平的提高，服务业水平呈现稳步发展的态势。当工业化水平发展到一定程度后，服务业水平还会稳步上升。但在一定的阶段，工业化与服务业的高度相关性是非常明显的。从资源产业依赖型省级区域看，工业化与服务业水平的同步性较差，服务业滞后于工业化水平约10%。

从服务业的产业形态看，资源产业依赖型省级区域服务业排在前10位的主要服务型产业集中于商贸物流、旅游、中介、餐饮、旅游等，生产性服务业和高端服务业比例偏小（表5-13）。

表5-13 资源产业依赖型省级区域重点发展的服务业

省级区域	重点发展的服务产业
内蒙古	现代物流、商贸流通、金融、旅游、房地产、商务服务、社区服务
广西	商贸流通、现代物流、会展、旅游、金融、中介服务、家庭服务
云南	旅游、商贸流通、金融、信息服务、咨询服务、社区服务、房地产
新疆	旅游、现代物流、金融保险、商务服务、文化体育、房地产
贵州	旅游、文化、现代物流、金融、科技、商务商贸服务、社区养老
宁夏	旅游、现代物流、房地产、金融、商贸流通、商务会展、
青海	金融、商贸餐饮、房地产、旅游、文化体育、社区服务
海南	旅游、文化、会展、体育健身、休闲疗养、地产、现代物流、金融
西藏	旅游、现代物流、金融、商务服务、房地产、社区服务

资料来源：各省级区域十二五发展规划报告。

5. 对外贸易整体水平偏低

作为工业化发展的重要驱动力量，对外贸易在我国扮演着非常重要的作用。但资源产业依赖型省级区域的对外贸易水平总体偏低，而且以初级产品为主，高新技术产品占比非常少。从各省级区域2013年的贸易量看，新疆货物进出口总额为2756191万美元，比上年增长9.5%。其中，出口约为222.70亿美元，增长15.1%，进口约为52.92亿美元，下降9.1%；宁夏全年实现进出口总额为321791.3万美元，比上年增长45.0%。其中，出口总额约为 25.52 亿美元，增长 55.5%，进口总额约为 6.65 亿美元，增长 14.7%，全年累计实现贸易顺差 18.87 亿美元(表 5-14)。

表 5-14 2013 年我国资源产业依赖型省级区域的对外贸易量

省级区域	进出口总额/万美元	比上年增长/%	进口总额/万美元	比上年增长/%	出口总额/万美元	比上年增长/%
内蒙古	1199277.6	6.5	789803	8.3	409474.7	3.1
广西	3283690.4	11.4	1414191	0.9	1869499.3	20.8
海南	1497791.7	4.5	1127156.8	0.7	370634.9	17.9
贵州	829024.8	25.0	140442	-16.4	688582.8	39.0
云南	2582858.8	23.0	987007.7	-10.2	1595851.1	59.3
西藏	331938.7	-3.1	5033.7	-28.1	326905	-2.7
甘肃	1027846.2	15.4	559969	5.0	467877.2	30.9
青海	140256.8	20.9	55530.5	29.0	84726.3	16.1
宁夏	321791.3	45.0	66544.9	14.7	255246.4	55.5
新疆	2756191	9.5	529210.6	-9.1	2226980.4	15.1

资源产业依赖型省级区域的工业主要以资源产业为主，产业结构优化动力不足，总体水平还比较落后，农业现代化水平受技术和投入以及地理区位的影响，服务业受工业产业发展的影响，所以工业化质量不高。此外，国际贸易或省级区域之间的贸易量比较小，需求诱导工业化发展不足。因此，在一个相对封闭的经济体内发展内生型工业化道路必然是一种低水平、恶性循环的工业化，如何破除"资源诅咒"、打破这一恶性循环的工业化是工业化实现获得突破性进步的关键(表 5-15)。

表 5-15 资源产业依赖型省级区域的重点贸易产品

省级区域	贸易方式	重点贸易货物
内蒙古		矿产品、初级产品、普通钢铁板材
广西	一般贸易、边境小额贸易、进料加工贸易	大豆、机电产品、高技术产品、纺织品、水海产品、鲜干水果及坚果
海南	一般贸易、来料加工装配贸易	工业制品、初级产品、矿物燃料、润滑油及有关原料
贵州	—	化工产品、杂项制品、塑料塑胶产品、矿产品
云南	一般贸易、边境小额贸易	—
西藏	一般贸易、边境小额贸易	—
甘肃	—	矿产品、贱金属及其制品、杂项制品
青海		铁合金、硅铁、机电产品、纺织品、氧化铝、纺织机械设备及零件
宁夏	一般贸易、进料加工贸易	增炭剂、饲料添加剂、铁合金、石墨制品、羊绒衫
新疆	边境小额贸易、一般贸易	原油、鞋类、番茄酱、棉机织物、成品油

5.4 我国资源产业依赖型省级区域新型工业化道路实现模式及路径

5.4.1 资源产业依赖型省级区域新型工业化道路实现模式构建

鉴于我国资源产业依赖型省级区域工业化整体水平比较低、产业的竞争力比较弱、企业发展能力不足、市场化程度不高的现实,为了尽快推动这些省级区域工业化的实现,需要中央政府的顶层设计与各省级区域的高效实践共同作用。因此,资源产业依赖型省级区域的工业化,无论是在产业层面,还是在企业层面,都应发挥政府的强力引导与激励作用。当然,不是直接干预产业和企业,而是在基础性、服务性、激励性等方面发挥其核心作用。因此,资源产业依赖型省级区域的工业化在整体上是以政府主导下激活市场的工业化道路为主,发挥政府在顶层设计、产业支撑与微观竞争性企业培育方面的主导性作用。这一模式的具体内容体现在以下三个方面。

(1) 资源产业依赖型省级区域工业化实现的定位。根据其资源优势与产业特点,将这些省级区域定位于我国战略资源储备区、战略性资源开发区、特色农产品加工区及生态旅游功能发展区。实现这一定位需要中央政府战略性支持与省级区域内部工业产业与企业发展能力培养相结合,走一条内生性的工业化道路。这一模式既要强调顶层战略性设计与扶持,又要提高工业产业的整体发展能力,特别是提高企业的发展能力。通过政府与企业的共同作用,提高工业化水平以实现工业化。

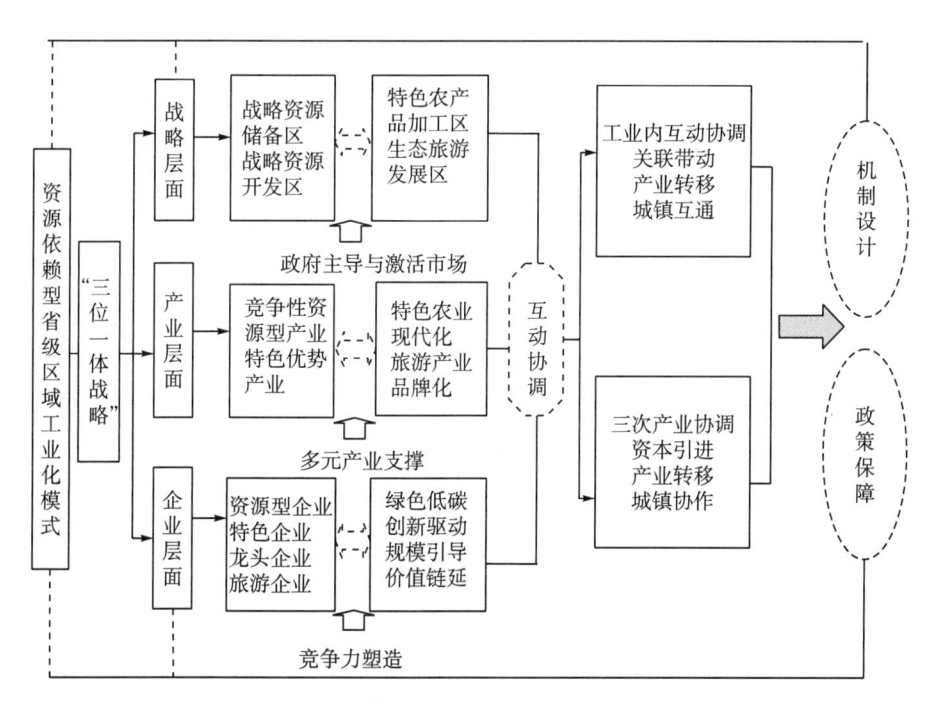

图 5-7 资源产业依赖型省级区域新型工业化道路的实现模式

(2) 工业化实现的产业支撑。工业化实现的核心在于产业。根据资源产业依赖型省级区域的战略定位，应重点依托资源发展竞争性资源型工业，依托省级区域的特色优势产业发展特色优势工业，依托山区农业发展具有山区特色的农业现代化，依托旅游资源推动旅游产业与工业相结合。

(3) 工业化实现的微观竞争性企业培育。根据产业发展的类型，可以确定资源产业依赖型省级区域应重点发展资源型企业、特色型企业、农业产业化企业以及旅游产业关联性企业。微观竞争性企业的培育需要根据不同的产业特点，借鉴国内或者国际上运营成功经验，以全面打造和提升企业的竞争能力为目标，塑造具有竞争优势的企业。

因此，资源产业依赖型省级区域工业化发展的重点是明确各类省级区域在国家战略中的定位，以四大产业为核心，即资源型产业、特色产业、旅游产业与农业产业，同时发展以四大产业为主的企业，从而为实现工业化奠定坚实的基础（图 5-7）。

5.4.2 资源产业依赖型省级区域新型工业化道路的产业发展路径

5.4.2.1 资源依赖型省级区域工业化发展的产业选择

我国资源依赖型省级区域的产业主要以资源加工业、农业、旅游业等为主，资源加工重点发展石油、天然气、煤炭、有色金属、黑色金属等资源型产业。尽管"资源诅咒"表现比较明显，但这些省级区域的工业化依然会将资源的开发和利用作为第一选择。同时还需要不断发展其他类型的产业，形成良好的产业分工格局，以支撑工业化的实现。因此，资源产业依赖型省级区域产业发展的总体思路应立足于资源，但又以摆脱资源诅咒为核心，提升资源产业的发展质量，发展特色产业和旅游产业，促进三次产业的互动及协调，最终提升工业化发展的水平和质量。

在新型工业化发展的新阶段，对于工业化水平比较低的资源依赖型省级区域，资源型工业更具有可获得性、便利性，更能够促进 GDP 的增长。摆脱"资源诅咒"并不意味着不利用资源，发展资源型工业既有存在的必要，也不可能在短期内消除，因此坚持资源型产业的发展是资源依赖型省级区域工业化实现的基础和前提，但这些资源型产业的发展显然不能重复传统的老路，必须适应新的产业发展要求，优化升级和提升质量是其发展的关键。

在依赖资源产业的同时，发展其他工业产业同样是必然的选择。这些工业是以特色产业为主，重点包括具有区域或者国际前沿性的先进产业，如一些省级区域的新兴产业或战略性新兴产业、特色加工制造业、特色旅游加工制造业等。由于资源型工业与第一产业和第三产业的关联性比较弱，但广大资源型省级区域的农业特色比较鲜明，旅游资源十分丰富，因此重视特色农业产业的发展和旅游业的发展是工业化实现的必要条件。

5.4.2.2 竞争性资源型产业的发展路径

竞争性资源型产业是一种完全不同于传统的以"高投入、高消耗、高排放、低产出"为特征的产业，其特征就是对资源的单纯依赖，依靠对资源的粗放利用来增加工业产值和提高 GDP 总量。竞争性资源型产业是以资源为基础，与资源密切关联的产业，主要包括资源产业、资源关联型产业和资源型新兴产业三个类型。建立在竞争性资源型产业的工业化是一种竞争性资源型工业化。

1. 资源产业：竞争力塑造的三个维度

资源产业也就是上文分析的资源依赖型产业。我国工业化进程中，忽视资源的负外部性、产业关联性低的特征，单纯地发展资源产业自身，而且仅仅重视资源产业的产出，忽视源头的资源投入、过程中的环境浪费，对资源产业的畸形利用形成了"资源诅咒"问题。在依赖资源的基础上，重塑资源产业的竞争力，应该从以下三个维度推进。

1) 创新驱动资源产业的发展

根据工业化国家的相关经验，在资源产业发展的初期阶段对资源的单纯利用能够促进经济的增长，进而促进工业化的发展。但由于资源产业的负外部性、产业关联性低等特点决定资源产业可持续发展有其自身内在的不足，因此如何规避这些不足就成为资源产业可持发展的内在要求。无论是负外部性，还是产业关联性低，都可以通过创新驱动予以解决。如 20 世纪 20 年代，美国石油化工技术取代煤化工技术确立了其在石油化工领域的竞争力。创新驱动的本质就是重视以资源为基础上的研究与开发，重视知识要素在传统资源产业上的运用。

我国资源型工业普遍存在的一个核心问题是粗加工，导致资源的消耗较高、浪费现象比较严重。随着市场竞争的加剧及战略性新兴产业的不断发展壮大，将这些技术运用于资源型产业中，推动资源型产业的技术升级。

2) 过程循环降低资源的负外部性

资源开发和使用的科学发展不仅意味着运用现代技术提升资源的利用效率，更需要从规划到政策、从体制到机制实施资源利用方式的创新。其措施包括：制定西部地区资源的使用规划，发挥规划的调控作用和引导作用，切实按照规划实施对资源的有序开发；建立完善的资源利用政策体系，通过资源产业政策调整产业结构和转变经济发展方式；建立资源集约利用机制和资源集约使用的考核体制；完善资源的产权制度，建立归属清晰、权责明确、保护严格、流转顺畅的资源产权制度。资源的有限性使资源循环利用成为发展的必然路径，循环经济是以资源"减量化、再利用、资源化"为原则，将废弃物减量化和无害化地利用。对于资源富足的西部地区而言，由于技术的相对欠缺，资源的浪费和废弃物的排放在短时期内是很难有所改变的，所以采用循环经济的发展方式是资源型工业的一个主要方面。因此西部地区应该逐渐建立循环利用资源的经济方式，加强资源循环使用技术的引进和研发，提高资源循环使用的效率。

3) 品质提升资源型工业品牌

产品质量的提高一方面是技术水平作用的结果，另一方面是其他因素，如工艺流程、监督管理与控制作用的结果。产业的竞争最终反映在品牌的竞争上，随着消费者收入水平的提高，对品牌的追求就成为必然，因此塑造资源型产业的品牌，提高其价值，就成为资源型工业的主攻方向。

2. 资源关联性产业：延伸资源产业链

延伸产业链是资源关联性产业发展的重要方向。由于单纯依赖资源发展工业化的模式主要集中于开采与加工，而且加工环节主要集中于轻度加工而不是深度加工，这是没有从价值链的角度去理解资源型产业发展的要求。按照价值链理论，资源产品价值的形成必须经历一个完整的产业链，即历经资源的采掘、简单加工、深加工、营销服务等环节，最终被消费者消费的过程。长期以来，资源要素价值低的一个重要方面在于传统工业化中资源产品价值构成的知识、信息、技术等要素较少，对这些资源的消耗需要进一步加工，因而资源产品在产业链中只能占据价值链的低端环节。西部地区特色新型工业化资源工业的发展要求遵循产业价值链的理论，提高资源产品中知识、技术、信息等部分的贡献份额，甚至这些新资源成为资源产品价值的重要组成部分。由于每一个环节因新资源的参与，其附加价值都得到了显著提高。如在采掘等环节使用先进技术有利于提高资源开采效率，增加其附加价值；深加工、营销服务等环节采用较高的人力资本和技术的支持以提高其附加价值，在深加工环节使用资源综合利用技术，或者运用现代物流给予资源的生产和营销提供全程服务等都能够提高资源的附加价值。

资源关联性产业的延伸既可以向上游的资源开采技术以及设备方向延伸，也可以向生产加工环节资源的深度开发方向延伸，还可以向下游的产品形态和产品类型延伸。如瑞典在资源产业的发展中，首先是铁矿石的开采到钢铁产业的制造，然后转向汽车、轨道交通材料的金属制成品，再转向机器母机及电子系统的研究与开发。每一个类型的资源产业都应该有其产业链延伸的方向，只有朝着价值链增值最大的方向延伸，资源型产业获得的附加价值才会最大。

3. 资源型新兴产业

新能源、新材料是我国重点发展的战略性新兴产业，但这些产业是在依托资源产业的基础上发展起来的，也称为战略性新兴产业。尽管从现有政府制定的相关战略性规划看，资源依赖型省级区域都规划了若干战略性新兴产业，但是限于各自的发展能力，可能很难真正推动其发展，根本原因在于这些省级区域的技术研发水平、资金、产品市场化等都还不具备相应的条件。因此，作为资源产业依赖型省级区域的战略性新兴产业，需要结合自身的技术、资源和产业优势进行有针对性的选择和重点发展（表5-16）。

表5-16 资源产业依赖型省级区域战略性新兴产业发展定位

省级区域	规划的战略性新兴产业	具有优势的战略性新兴产业
内蒙古	新能源、新材料、节能环保、高端装备制造、生物技术、煤清洁高效利用、新能源电动汽车、新一代信息技术	新能源、新材料、煤清洁高效利用
新疆	新兴能源、新材料、先进装备制造、节能环保、生物、信息、清洁能源汽车	新兴能源
云南	生物、光电子、高端装备制造、节能环保、新能源、新材料	生物
贵州	新材料、生物与医药、先进制造、电子及新一代信息技术、节能环保、新能源、新能源汽车	新材料

续表

省级区域	规划的战略性新兴产业	具有优势的战略性新兴产业
广西	节能环保、先进装备制造、生物医药、新能源汽车、新材料、新能源、养生长寿健康、海洋产业、新一代信息技、生物农业	节能环保、生物医药
甘肃	新材料、新能源、生物、信息技术、先进装备制造	新能源
宁夏	新能源、新材料、先进装备制造、生物、新一代信息技术、节能环保	节能环保
西藏	新能源	新能源
青海	新能源、新材料、装备制造、生物医药、节能环保	新材料
海南	生物、信息、新能源、汽车和装备制造、新材料、海洋高新技术、节能环保、新能源汽车、高技术服务和文化创意产业	生物

资料来源：各省级区域十二五战略性新兴产业发展专项规划。

从各省级区域已有的规划可以看出，资源产业依赖型省级区域都将七大战略性新兴产业作为发展的重点。但是从发展战略性新兴产业的条件看，对技术的研究开发要求高，包括应用型技术、基础性技术以及技术创新体系的建立；对资本投入、技术成果产业化、市场化的要求都非常高。这对于研究与开发体系不成熟、创新体系建设比较滞后的资源产业依赖型省级区域具有较高的难度。因此，各省级区域在战略性新兴产业发展中，应依托自身的优势发展战略性新兴产业，而不是追求一哄而起。

5.4.2.3　大力推动山区特色农业的现代化发展

目前，关于特色产业的内涵还没有一致的界定。有学者认为"特色"主要表现为地域性、优势性和层次性（周丽永，2007），还有学者认为特色产业是地域性、市场适应性、稀缺性和特殊性（郭京福，2004）。本书认为特色产业是区域产业中基于特殊的自然资源和条件而赋予具有独特品质的产业，在区域经济发展中具有一定的市场竞争力和市场占有率，具有高成长性和良好的产业发展前景。作为特色产业的重要范畴，特色农业是充分利用一定区域内部独特的优势农业资源，开发和生产出品质优、价值高、市场竞争力强的农产品及加工品，具有绿色或无公害特点的特殊农业类型（孔祥智，2003）。由于资源依赖型省级区域工业化水平比较低，因而发展特色农业产业在解决就业、增加农民收入、提高福利等方面发挥着非常重要的作用。但农业是一种分散型资源，受规模经济和范围经济的约束比较大，受价格风险和市场风险的影响也比较大。资源产业依赖型省级区域的农业更受到区域自然地理特征的影响，机械化的程度低、产业之间缺乏必要的关联，资源工业的技术很难延伸和覆盖到农业的领域。因此，资源依赖型省级区域的农业必须走一条特色的路子。

1. 山区特色农业的特点

由于自然地理、民族差异性等特征，资源产业依赖型省级区域的农业基本上都以特色农业为主，如云南的水稻、玉米、烤烟、甘蔗、茶叶、水果，贵州的中草药、烤烟、茶叶、高粱、油桐、核桃等，广西的野生植物、蔗糖、桑蚕、木薯和亚热带水果。但这些特色农业普遍上处于传统农业的发展阶段，规模小、技术水平比较低、劳动生产效率低、区域特色并不鲜明。

(1) 农业规模小。我国实行家庭联产承包责任制，虽然在一定阶段和一定时期释放了农业生产经营的活力，激发了农民生产经营的积极性，但随着农业产业化的发展及技术水平的提高，农业规模小已经严重阻碍了农业的发展，这在资源产业依赖型省级区域表现尤其明显。规模小导致经营缺乏效率，进而导致经营的积极性不高，阻碍要素的流入和资本的进入，农民工外出，导致大量的田地抛荒，甚至举家迁移，离开土地的人口相当多，造成这一问题的重要原因是由于农业不能满足规模化所需要的效益所致。

(2) 农业有特色但优势不足。由于资源产业依赖型省级区域的地理区位各异，且大多是少数民族居住的区域，农民对农业有不同的理解，因而农业的特色在各民族间十分突出。但由于农业是以传统农业为主，刀耕火种的特征还十分鲜明，导致农业有特色但优势不明显，农产品的档次和质量较低，市场需求不突出，农业的竞争力普遍较弱。

(3) 农业的产业化水平比较低。农业产业化是传统农业向现代农业转变的必然要求，是农业现代化的必由之路。农业产业化要求农业的生产经营方式、组织形式都要有比较深刻的变化。但资源产业依赖型省级区域的农业产业化遭遇到农民认知限制、土地权利约束、权责利的软约束等诸多因素影响，导致农业产业化水平比较低。

2. 山区特色农业向现代农业转变的路径（特色农业产业化）

我国农业发展的成败与工业化的实现高度相关，这一点尤其体现在资源产业依赖型省级区域中。可以认为，没有农业的发展，就没有工业化的成功，也就没有工业化的实现。但是工业化的实现是建立在先进农业发展水平的基础上，而不是依靠现有的农业。

(1) 适度规模经营为主。规模经营是现代农业的典型特征，根据经济学的理解和现实看，没有规模经营，其成本降低的可能性就比较小，市场竞争的压力就比较大。山区农业的规模经济效应比较小，而且规模利用率不高，导致农业的经营缺乏效率。适度规模经营是建立在数量标准的基础上，这一标准是与经营主体的经营能力、组织形式与所掌握的技术水平和熟练程度密切相关的。资源依赖型省级区域的适度规模经营，需要在激活经营主体、推动土地流转等方面深化改革。

(2) 大力推动农业产业化。农业产业化的发展是摆脱传统、分散、小规模农业发展的重要手段，是推动传统农业向现代农业转变的必经之路。农业产业化既可以提高单个农业的生产经营效率、降低农户的风险，还可以提高农业的现代化水平，从价值链的角度增强农业的竞争力和利润率。推动山区农业的产业化经营，可以根据农业产业的特征，从提高特色农业的竞争力出发，有计划地引导和组织建立农业产业化龙头公司，链接农户、产业和市场，为农户增加收入提供保障。加快农村土地产权制度改革，促进农产品精深加工，培育品牌，建立公司、协会与农户的利益共同体。

(3) 建立专业化的科技支撑体系。任何一个产业都是科技支撑的产业，这种科技支撑由于其产业的内在形态和成长规律不一样，科技具有不同的要求。从理论上看，农业作为工业化的一个有机组成部分，并不是与工业化割裂开的。特别是当工业化发展到一定阶段后，农业技术需要工业技术的支撑。资源依赖型省级区域资源产业的科技和农业的科技关联性不大，因此需要从我国山区型农业产业的特性出发，建立一套农业科技支持体系。这一体系涵盖的环节包括从源头的种子培育到耕种技术、市场营销等，从而增强农业产业的竞争力,将特色农业塑造成优势农业。

(4)建立若干具有区域特色的农业生产基地。农业生产基地是区域农业生产经营活动的集中地,对农业优秀人才、技术以及资本等生产要素具有较高的集聚力。在农业生产基地的建设上,应充分发挥市场对资源的配置作用,以政府、企业和农户为主体,政府应在硬件基础设施、技术研发平台等方面发挥决定性作用,将企业,特别是龙头企业打造成为基地建设的关键支撑点,激活农户参与基地建设的积极性,基于区域自身的特色农业资源,构建生态化、绿色化、品牌化的农业生产基地。

5.4.2.4 旅游产业对工业化实现的支撑

随着收入水平的提高,对旅游产品的需求与日俱增,资源依赖型省级区域得天独厚的旅游资源为满足旅游者的消费需求提供了条件。这些省级区域丰富的旅游资源享誉海内外,如广西桂林山水甲天下,庄严神圣的西藏布达拉宫,人间仙境香格里拉,横亘新疆、甘肃、宁夏的古丝绸之路。对旅游资源的开发不仅能满足人们的需求,而且高度重视旅游产业发展,可以有效补充这些省级区域工业化发展的不足,甚至形成对工业产业的替代,这一点在我国生态环境非常好的区域表现得尤其明显。旅游资源的开发应该从以下三个方面入手。

(1)统筹规划与发展,塑造旅游产业的支柱地位。各资源依赖型省级区域应立足于自身的旅游资源,制定明确的旅游产业开发战略,建立系统的旅游产业发展经济区,通过市场调研与本土旅游资源优势的结合进行市场细分和合理的市场定位,建立旅游产业开发的组织结构,优化开发流程,吸引旅游参与者投入开发与建设,树立区域旅游产业品牌,提供完善的旅游产品,尽快形成特色鲜明的旅游支柱产业,形成对工业化发展的坚实支撑。

(2)将旅游与工业有机地结合,实现共同发展。旅游产业的发展不能简单地满足于旅游层次的需求,应该将工业制成品,特别是具有浓郁地域特色的工业制成品的消费有机地结合起来,形成工业与旅游产业的互补。从最近风靡日本的马桶、电饭煲的销售就可以看出,旅游产业发展带来新的营销模式的变革,进而带动工业制成品销售模式的变革已经成为一个新的趋势。这一模式应该在我国资源依赖型省级区域中进行复制和创新,通过旅游和工业的双向驱动共同推动工业化的实现。

(3)不断完善旅游目的地基础设施建设。旅游基础设施包括硬件和软件两个方面。前者指吃住行、游购导等活动,后者是旅游品牌吸引旅游者的能力。旅游资源虽然在资源依赖型省级区域比较丰富,但这些区域大多处于山区高海拔地带,旅游基础设施落后。所以我国资源产业依赖型省级区域既要大力推动相关区域的旅游基础设施,特别是旅游的道路、通信、吃、住、娱等的建设,又要在软性的基础设施,如旅游品牌方面下足功夫。

5.4.3 资源产业依赖型省级区域新型工业化道路实现的企业发展

根据资源产业依赖型省级区域的战略定位和产业发展的重点,这些区域的企业主要集中于四个类型,即资源型企业、资源关联性企业、农业产业化企业以及旅游资源开发及运营企业。

5.4.3.1 资源及资源关联型企业发展

在新的条件下,资源型企业要想在市场竞争中胜出并持续不断地获得竞争优势,必然要求其内在经营和战略的选择和传统的资源型企业完全不一样。传统的资源主导型企业发展模式是粗放的,忽视资源的节约与环境的污染,只要有产出的增加,就有源源不断的利润保障。但在新的竞争模式下,由于资源的节约与环境保护的压力,以及市场竞争激烈,对企业的要求必然提高。资源产业依赖型省级区域重点发展以下四类资源及资源关联型企业。

(1)以绿色低碳循环发展为主的资源型企业。资源型企业经营对象的特点决定其对环境的污染、生态的破坏是不可避免的,因此,追求绿色低碳循环发展是任何一个资源型企业必须坚持走的道路。这要求资源型企业在源头的开采、资源的加工、资源产品向市场推广的各个环节都需实现绿色低碳循环发展的同步规划、同步实施与同步推进。绿色低碳循环发展,也就是树立资源的前端利用到后端加工绿色经营的理念和思想,不再是仅仅围绕产品本身的发展理念,而是树立全价值链绿色的理念,也就是追求绿色产品、绿色产业、绿色贸易和绿色消费,这是适应经济社会可持续发展的要求对企业的经营提出的一种新的使命。这一经营理念和思想要求在具体的企业经济活动中,树立尊重自然、顺应自然、保护自然的生态观,在资源的采集环节做到保护环境,生产环节做到清洁生产、绿色循环,消费环节做到人与自然的和谐。

(2)以创新驱动为主的资源型企业。今天的资源型企业已经出现规模化、机械化、现代化、自动化、信息化与智能化多样性的特征,这必然对企业的经营提出了新的要求,即适应社会的发展趋势,以创新驱动资源型企业的发展为主基调。作为资源型企业,创新驱动重点表现为技术和管理创新两个方面。

技术创新是资源型企业发展的灵魂与核心。之所以对技术创新的依赖性增强,是源于资源型企业竞争力的需要。技术创新能使资源型企业提高资源的使用效率,促进绿色低碳与循环发展,促进制造具有差异化的产品,从而形成产业的竞争力。资源型企业的技术创新立足于三个方向:①出现突破性的技术创新;②集成创新;③工艺方面的改进与提高。

管理创新是指以行政为主导的传统管理模式让位于以经营效率提高为核心的管理方式。资源型企业管理方式创新的重点在于充分利用电子商务的网络平台和不断提高信息化程度,来提高获得信息的能力及整合资源的能力,将资源与知识有机结合,充分利用知识要素的创新性作用,提高管理的效率。将过去以管资源为主向管人为主并提高柔性化的管理水平转变,在管理中注重以人为本,通过激发人的潜能来提高资源的管理效率。

(3)强调以规模化为主的资源型企业。资源型企业经营对象的特点决定其走规模化之路是获得稳定利润和持续竞争力的保障。但我国资源产业依赖型省级区域中,不少资源型企业的经营规模偏小,经营十分乏力和困难,导致企业成本较高,市场竞争力丧失。高度同质的资源型产品成本的降低只有选择规模经营,从而在利润的增长上才有可靠的保障,所以资源型企业必须走规模经济的道路。因此,通过兼并重组,整合资源型企业的资源,发挥其各自的优势,扩大产能,提高经营能力,重构资源型企业的竞争优势是其获得规模经济的重要手段。

(4) 通过价值链延伸为主的资源关联性企业。资源型企业的产业链延伸包括纵向与横向的产业链延伸,纵向延伸是通过向上游的采掘行业、向下游的精深加工行业等延伸的企业发展模式,横向延伸主要是通过现有经营过程之外再发展其他类型的产业,其既可以是与原有产业高度关联的产业链,也可以是没有多少联系,而发展完全不同的产业类型。在延伸产业链的同时,资源关联性企业的发展,并不要求拥有比较大的规模,只需要这一类企业对市场信息、技术以及潜在的商业机会等高度敏锐即可。资源关联性企业往往与新兴产业联系紧密,是小、快、灵的企业。

5.4.3.2 农业产业化龙头企业的培育与发展

龙头企业是农业现代化经营的主体,是农村市场竞争的重要力量。龙头企业的建立,必须在遵循市场经济基本规律的基础上,按照现代企业制度的发展要求,以规模化生产、产业化发展、品牌化运作、现代化管理、特色化经营为根本特征,建立真正具有市场竞争优势的农业产业化龙头企业。

(1) 因地制宜地建立具有区域竞争优势的龙头企业。由于资源产业依赖型省级区域的农业差异比较大,因此在建立龙头企业上不应"一刀切",需要根据山区农业的特点建立龙头企业。通过龙头企业将区域优势农业与市场需求旺盛的产品有机地结合起来,既能引导农户的生产经营方向,又能让企业明确自己的主营业务,通过农户与企业的高度关联,可以稳定地增加龙头企业的利润源、提高农户的收益,二者真正实现利益共同体。

(2) 建立区域龙头企业集群。在农业资源丰富、区域经济条件相对较好的地区建立企业集群。龙头企业集群是建立在产业分工与合作的基础上,是将区域内部的各企业通过产业关联的方式结合起来,共同组成一个完整的产业链,通过产业链实现区域整体产业竞争力提升的一种发展方式。龙头企业集群可以通过一个大型龙头企业带动中小企业或通过若干个龙头企业带动的方式建设。在集群内部,建立以加工为核心,以农、工、科、贸于一体的,具有完善功能的企业集群,并塑造集群品牌,形成若干个在国内外具有影响力的龙头企业集群。

(3) 建立完善的企业与农户的利益协调机制。农业产业化的关键在于动员各方的力量共同参与这一特殊的产业,有参与就有利益。可以认为,正是利益的共同性决定着这一模式的成功。但龙头企业在整个产业价值链中具有完全的主导性和信息的优势性,而农户处于被动的地位,所以一个良好的利益协调机制是农业产业化能否健康成长的关键。利益协调机制的建立改变单纯以契约为主的方式,使其向鼓励农户以资金、技术和土地的使用权入股的方式转变,这才是真正的内生型的利益协调,可以从根本上保证各方的利益。

5.4.3.3 旅游产业开发企业的运营与发展

如何将旅游资源转化为旅游资本,进而转化为旅游的经济效益,是我国资源产业依赖型省级区域工业化实现需要重点发展的方向,实现这一转变的关键在于建立与市场竞争相联系的旅游资源运营企业。从现有的旅游资源经营主体看,主要是由政府垄断着资源的经营,经营方式单一,经营效率缺乏。因此,改变原有的单一控股形式,鼓励其他类型的企业开发旅游资源具有十分重要的作用。旅游资源开发企业的建立应以下三个方面为重点。

(1) 建立以市场为主导的旅游开发企业。以市场为主导的旅游开发企业应摒弃传统的单纯以政府为主的运营模式，引入旅游开发的竞争机制，允许多元化主体进入这一领域进行投资，并按照谁投资、谁受益的原则，保障投资者的利益。政府从直接经营与管理的角色向市场监督与管理、提供公共服务和保护旅游市场开发主体的权利和义务转变。

(2) 企业应以多元化旅游产品开发为主。旅游产品开发是吸引旅游消费者最重要的实体性支撑，是决定旅游产业发展成功与否的关键力量，因此，高度重视旅游产品开发本身就是旅游企业必须重视的内容。作为旅游产品开发，应该以差异化、多元化的旅游产品开发为主，也就是要结合区域旅游资源的特点，包括历史和自然资源及区域消费的特点，因地制宜地发展具有区域竞争优势的旅游产品。

(3) 建立旅游企业的战略联盟。单纯依靠分散的旅游企业开拓旅游资源，发现旅游潜在消费者仅仅是一种传统的运营模式。通过旅游企业及其关联企业之间建立战略联盟已经成为旅游产业发展的重要内容。从20世纪80年代以来，旅游企业间的战略联盟就成为一种重要的组织形式和经营方式在西方国家盛行，并取得成功。资源产业依赖型省级区域的旅游产业战略联盟建立可以采取多样化的方式，如依托品牌建立战略联盟，采取特许经营、经济联合体等方式建立战略联盟。强化联盟间的利益与信息共享，建立稳定的利益分享机制，同时协调好联盟间的关系。

5.5 资源产业依赖型省级区域新型工业化道路的实现机制

资源产业依赖型省级区域工业化实现机制主要包括产业发展机制、企业发展机制、政府作用机制和工业化与城镇化的协调发展机制。

5.5.1 资源产业依赖型省级区域的产业发展机制

产业发展机制是产业得以内生成长的机制，是驱动产业由低级向高级发展的动力机制。资源型产业发展机制也就是驱动竞争性资源型产业、农业产业以及旅游产业发展的动力机制，这三大类产业有其共性，即普遍适用于每一个类型的共性机制。此外，每一类产业有其自身的发展机制，也就是由于产业的特殊性而存在自我发展机制。三类产业发展的共性机制重点是市场化改革而形成的激励约束机制，即通过市场化改革，扫除某些阻碍产业发展的障碍，建立一个完全由市场进行资源配置的机制。这一共性机制主要是依靠政府的作用而推动改革予以完成的。从个性化的机制看，竞争性资源产业得以发展的关键在于资源价格改革的彻底落实，山区农业产业化发展的机制在于农业产业的扶持机制，旅游产业的发展主要在于建立完善的旅游产业开发与发展机制。同时，三大类产业协调发展机制的建立，有利于更加卓有成效地推动工业产业的发展。

5.5.1.1 资源价格形成机制

我国资源价格改革是伴随资源型产业发展的一项重要内容。长期以来，由于忽视资源价值，导致其被严重低估，因而在资源节约与高效利用方面一直难以有效推进。早在 2005 年 10 月，时任国务院副总理曾培炎在全国资源价格改革研讨班上就指出，深化资源价格改革是完善社会主义市场经济体制的重要内容，我国部分产品的价格还没有理顺，特别是资源价格形成机制还不合理，不能适应社会经济发展的需要。时至今日，资源价格形成机制的改革依然是资源产业依赖型省级区域经济发展的重要命题。因此，完善资源价格形成机制是推进资源产业依赖型省级区域资源工业发展的必要条件。

资源具有价值是毋庸置疑的，而且随着资源的减少，资源的价值将会不断上升。尽可能真实地反映资源价值是推进资源产业依赖型省级区域工业化的必要条件，而这又需要资源的价格反映其价值，因为只有合适的价格才能正确地反映资源市场的供给和需求，才能向市场主体传递资源的供求状况和稀缺程度，从而保证资源被最大限度地合理使用，资源工业的可持续发展才成为可能。当前造成资源价格不合理的原因在于政府对资源的垄断和不完善的资源价格形成机制。

政府对资源的垄断源于资源产品的特殊性以及这一特殊性所决定的资源产权不清晰。国家是资源的真正所有者，但是资源的占有者是地方政府和国有企业。地方政府在决定资源的开发方面具有绝对的权威，在政府"看得见的手"的干预下，很难形成合理的价格。合理的资源价格首先是放弃政府对资源定价的垄断，是通过资源市场的需求和供给互相作用形成的均衡价格。这一资源价格给市场主体传递的信息是真实有效的，市场主体也能依靠价格信息作出正确的决策。其次，完善的资源价格形成机制必须同时发挥市场和政府的作用。由于资源价格形成的特殊性决定了其不能完全由市场形成，还必须依赖于政府的宏观调控，甚至在特殊的时期采用价格干预的措施以维护经济的稳定。因此，建立政府和市场共同作用下的资源价格形成机制，必须加快市场体制、机制建设和制度创新，充分利用市场机制对价格的形成作用，同时发挥政府对资源价格的调节作用，在"看得见的手"和"看不见的手"共同作用下，形成合理的资源价格。

5.5.1.2 山区特色农业扶持与发展机制

农业现代化是资源依赖型省级区域面临的最大挑战，其原因在于农业所处的区域特性决定着农业现代化的难度。探寻适宜山区发展的农业现代化是其自我实现机制的必然保障。虽然山区特色农业所具有的竞争性潜质吸引着投资者，但是由于资源依赖型省级区域的基础设施比较落后，农业发展处于效率相对较低的水平，如果没有相应的农业扶持推动其发展，势必导致其依然处于资源的潜在状态而很难向现实优势转变。所以，推动农业获得发展的关键性机制在于对山区特色农业产业的扶持。

农业扶持与发展机制的核心在于通过政府和农业协会的扶持，带动农业产业的前端、中端和后端的全链条舞动，从而串联着散落在农村的广大农户、农业生产中介组织和农业企业。具有这一串联功能的首先是经营农业的龙头企业。因此，扶持龙头企业在山区布局农业产业发展，是有效保障山区特色农业现代化发展的重要措施，这一扶持包括龙头企业的税收扶持、使用国有土地的优惠政策、金融扶持，如政府给予龙头企业担保、建立产业风险基金等措施。其次，对特色农业的扶持，需要在前端的农业技术、种植养殖，中端的农产品精深加工、后端的市场营销网络的构建和市场的开拓等方面建立全方位、多层次的扶持体系。重点立足于农业科学技术的研究与开发、种植养殖补贴、农产品加工补贴，市场营销网络公共平台建设等扶持机制的建立。再是建立农产品质量监督体系。为资源产业依赖型省级区域特色农产品发展建立系统的质量监控体系，加强农产品生产过程的质量监控，建立符合国际标准的农产品品质保障体系，加快名、优、特、新等农产品质量建设。

5.5.1.3 旅游产业开发扶持机制

我国资源产业依赖型省级区域的旅游资源对区域工业化的产业带动、就业带动力不强，其主要原因在于旅游资源开发处于无序、同质化竞争状态，与工业产业的关联性弱，促进第三产业发展的动力不足，这需要从根本上建立一个有效推动旅游产业发展的机制。

旅游产业的开发与发展机制取决于对旅游产业的整体定位。随着旅游消费者不断追求高品质的旅游产品，旅游市场的高度细分以及差异化、特色化的产品需求成为主流，对旅游产品的深度开发就成为市场发展的需要。而旅游产品的深度开发需要根据不同旅游资源产业地带的工业产业特点、民族特色以及区位优势，进行有针对性的深度开发。而机制的设计则应重点围绕旅游产业工业品开发机制、旅游产业带动就业机制等着手。①建立旅游产业共同发展机制。旅游产业开发与发展是政府、企业甚至民众积极参与的过程，既立足长远，做好长远的开发与发展规划，又立足当前，稳步地打造出区域特色的旅游，最终形成推动旅游产业自我发展的良性循环机制，这需要多方共同参与才会做到资源利用的最大化。②制定旅游产品开发机制。通过政府撮合，鼓励工业企业与旅游企业合作研究适宜当地旅游资源产业发展的工业产品、农业特色优势加工品，满足旅游消费者对旅游产品的需求。③促进区域就业水平提高。鼓励旅游资源开发企业吸纳区域就业人员，加强协商合作，出台相应的政策措施。

5.5.1.4 工业反哺农业发展机制

在工业化处于比较低的水平时，要实现三次产业的协调发展是比较困难的。原因在于资源产业依赖型省级区域的工业化水平高于农业现代化水平，农业比较落后，会阻碍工业的发展。因此，这一阶段需要通过扶持农业的发展，以进一步加快工业化的进程。所以工业反哺农业机制就是这一时期需要建立的重要产业关联机制。

工业反哺农业机制的核心在于鼓励工业资本、技术、人才等要素向农业产业流动，支持农业产业化、农村工业发展。这一机制的设计需要充分发挥政府在基金设立、制度构建和财政税收等安排上的引导作用。鼓励发达地区的资本、技术等投资于我国资源产业依赖型省级区域的农业产业发展中；建立农业产业发展、技术研究开发的专项资金等；尽快推动城乡户籍制度改革、农村土地产权制度改革，加快推动城乡一体化的政策支持，特别是对落后地区的财政和金融支持。

5.5.2 资源产业依赖型省级区域的企业发展机制

工业化推进的重要主体便是工业化微观企业。我国资源产业依赖型省级区域的工业化长期走的是一条政府主导下国有企业参与为主的发展道路，国有企业控制着政府的资源。这些行业由国有企业控制有着深刻的背景和原因：①我国社会主义公有制的性质直接要求国有企业对资源型领域实施控制；②国有企业控制这些领域有利于中央或省级政府从整体上掌控相关的资源，有利于向工业领域输送其所需的资源，积累发展所需要的资金，尽快地提高经济发展水平；③由于市场经济的活力比较差，市场经济制度建设不完善，政府控制资源也就顺理成章。但是随着经济发展条件出现新的变化，国有经济的经营效率下降、活力不足，以及市场经济日益成长，使工业化实现不再单纯地依赖一股力量去推动。当然这不能否定国有企业在工业化发展中的作用，特别是在资源型省级区域的工业化水平还不高的情况下，但国有企业作为一个重要的主体，必须进行与市场接轨的改革。

因此，资源产业依赖型省级区域的企业发展机制包括国有企业与民营企业适应资源型产业发展的竞争性机制。这一机制的核心作用有三个方面。①推动企业建立现代企业制度。我国资源型企业具有典型的产权不清晰、权责不明、管理落后等弊病。推动资源型企业建立现代企业制度，要根据企业自身的特点，选择合适的股权结构和现代管理方式，设立规范、科学的组织管理架构。建立内部系统完善的考核制度，招聘优秀人才，提高管理岗位的效率。②推动各类企业做大做强。资源型企业做大做强的重要方式之一就是推进企业的兼并重组，建立落后企业的淘汰机制。根据资源型产业成长的规律，将不能适应市场竞争规律的企业淘汰出局、污染严重的企业关停并转、效率低下的企业破产重组，剩下的企业必将是竞争力强的企业。③吸引外资和民营资本，建立混合的多元化经营机制。通过政策优势吸引外资依然是资源型省级区域工业化发展的重要方式，充分利用外资带来的管理经验、技术和经营理念等提高企业的经营管理水平。利用民营经济的经营活力推动资源型产业的发展。经过多年的发展，我国民营经济已经日益壮大，并成长为工业化的重要推动力量。鼓励民营资本进入资源产业领域组建企业，同时维护民营资本的利益，利用其优势提高企业的经营效率。

5.5.3 资源产业依赖型省级区域的政府作用机制

5.5.3.1 生态资源的补偿机制

工业化发展必然引起环境的污染与破坏，引发一系列的环境问题，因而需要建立比较完善的生态资源补偿与修复机制。这一机制就是对生态环境的破坏者进行收费，对环境保护做出贡献的主体给予经济补偿。从我国已有的生态补偿机制看，先后制定了《森林法》《水土保持法》《防沙治沙法》《水污染防治法》《退耕还林条例》等，这在一定程度上发挥着保护生态环境的作用。在生态补偿机制的进一步建设上，①应充分利用主体功能区对各区域的定位，在重点开发区和优先发展区建立环境保护专项支持政策和给予资金支持，在限制开发区和禁止开发区通过政策倾斜和财政资金支持保护相应的生态环境；②建立多种融资渠道保障生态补偿，除了中央政府和地方政府的专项财政资金支持外，应建立多元渠道的资金支持体系，鼓励民间资本、外资和其他资本建立生态补偿基金；③从制度上保障生态补偿机制的实施，建立专门的机构从事生态补偿机制的建设与管理工作，建立良好的法制环境保障生态补偿机制的实施。

5.5.3.2 融入两带一廊开发与合作机制

我国对外开放虽然是全方位、多层次、宽领域，但由于开放的整体质量不高，开放的效果并不显著，这在资源依赖型省级区域表现更是十分明显。资源依赖型省级区域由于没有能够产生激励性的开放机制，经济发展基本上是内生型、封闭性的机制在发生作用。这一机制下容易产生低水平恶性循环，而打破这种低水平、恶性循环只有建立区域开放的机制，这一机制包括省级区域内部的开放机制和对外开放机制。

习近平访问中亚四国时提出共同建设"丝绸之路经济带"战略构想是中国西北地区与中亚地区从安全合作向经济合作乃至全面合作转变的重大战略。李克强访问印度等国时提出建设"孟中印缅经济走廊"和"海上丝绸之路经济带"是中国南向开放战略的核心，是西南与南亚合作的重大突破。从国内看，李克强提出依托长江构建经济支撑带的战略将东、中、西部有机串联起来，为推动区域协调发展提供了新动力。

"海上丝绸之路经济带""孟中印缅经济走廊"和"长江经济带"三大战略是我国对外开放与国内区域经济发展的新战略，这三大战略的统筹，是我国区域开发与合作机制建立的基石。这一区域合作是以长江下游的上海、江苏、浙江等作为先导区，形成对中部地区和西部地区工业化的引领和带动；以广西、云南、贵州等南丝绸之路经济带构建中国南向联动发展区，与"孟中印缅经济走廊"联动发展；以陕西、甘肃、新疆、青海等北丝绸之路经济带为中国西北联动发展区，与中亚的北丝绸之路区联动发展；以长江上、中游包括四川、重庆和湖北等作为区域发展的腹心区，并在整体上形成链接西南、西北和长江下游的核心开发区。这一区域合作机制有利于我国资源产业依赖型省级区域和其他省级区域一道，充分利用国际国内的优势资源，加强向西的对外开放合作和经贸往来，促进产业协同和区域经济水平快速提升；同时又能通过长江经济带的作用，实现联动区、先导区和腹心区的互联互通、优势互补和共同发展。

第6章 传统产业主导型省级区域新型工业化道路的实现模式与机制

6.1 传统产业主导型省级区域的经济地理特征

6.1.1 传统产业主导型省级区域的自然地理

我国传统产业主导型省级区域主要包括陕西、四川、重庆、黑龙江、吉林、河北、河南、山西、湖北、湖南、安徽、江西 12 个省级区域，总面积约为 262.84 万平方公里、占全国总面积的 27.38%，人口为 6.5 亿，约占全国总人口的 47.65%。这 12 个省级区域主要包括 3 个西部、6 个中部和 2 个东北的省级区域，涵盖了我国东、中和西部地区。我国传统产业主导型省级区域大多位于中国地理的第一阶梯和第二阶梯，主要分布在四川盆地、东北平原、华北平原，拥有两大水系——长江和黄河。在气候和环境方面南北差异较大，河北、河南属于温带季风气候，江西、安徽处于南方，属于副热带季风气候，各省级区域的自然地理状况如表 6-1 所示。

表 6-1　传统产业主导型省级区域面积和人口

省级区域	国土面积/$10^4 km^2$	人口/万
陕西	20.56	3764
四川	48.5	8107
重庆	8.24	2970
黑龙江	45.3	3835
吉林	18.7	2751
河北	18.77	7333
河南	16.7	9413
山西	15.67	3630
湖北	18.59	5799
湖南	21.18	6691
安徽	13.94	6030
江西	16.69	4522
总计	262.84	64845
全国	960.00	136072

数据来源：2014 年中国及各地区统计年鉴。

6.1.2 传统产业主导型省级区域的经济地理特征

传统产业主导型省级区域拥有相对较好的地理区位，优越的地理环境和丰富的资源，这无疑为其工业化发展提供了比较优越的条件，因而工业化水平远远高于资源依赖型省级区域。传统产业主导型省级区域的经济地理特征表现在以下两个方面。

1. 区域内部的资源储量比较丰富

传统产业主导型省级区域的资源比较丰富。国家重大的工程，如西气东输、西电东送和南水北调等工程都与这些省级区域高度关联。山西的煤炭资源、四川的水力资源十分丰富。根据2014年中国统计年鉴的数据，在所列的16种主要有色金属、非金属矿产、能源、黑色金属矿产基础储量中，占全国总量50%以上的有硫铁矿、磷矿、天然气、煤、钒矿、原生钛铁矿6种，其中，原生钛铁矿占全国总量的97%，为21224.61万吨。而目前人类使用的最主要的"三大"化石燃料——煤、石油、天然气分别占到全国总量的59%、40%、50%。传统产业主导型省级区域排名前五名的主要资源分布情况如表6-2所示。

表 6-2 传统产业主导型省级区域重要资源种类及储量

省级区域	传统产业主导型各省级区域排名前五名的重要资源种类及储量分布情况/10^4t					天然气/$10^8 m^3$
陕西	煤炭 1043800	铁矿 39900	石油 33712.64	磷矿 600	锰矿 277.27	6231.14
四川	煤炭 557400	铁矿 266000	磷矿 45500	硫铁矿 37726.98	原生钛铁矿 19887.19	11874.38
重庆	煤炭 198600	铝土矿 6448.27	铁矿 2200	锰矿 1712.64	硫铁矿 1453.10	2472.83
黑龙江	煤炭 613800	石油 47311.25	铁矿 3500	铜矿 110.63	硫铁矿 48.20	1353.93
吉林	煤炭 100300	铁矿 45200	石油 18326.64	硫铁矿 730.70	高岭土 48.55	756.35
河北	煤炭 394100	铁矿 239700	石油 26685.34	磷矿 19400	硫铁矿 1142.84	325.86
河南	煤炭 895500	铝土矿 14376.78	铁矿 14100	硫铁矿 5991.87	石油 5037.37	72.09
山西	煤炭 9068000	铁矿 127000	铝土矿 15122.81	磷矿 8100	硫铁矿 1058.11	
湖北	磷矿 77000	铁矿 60500	煤炭 32300	硫铁矿 4722.08	石油 1303.70	48.79
湖南	煤炭 66100	铁矿 17900	磷矿 2400	高岭土 2015.42	锰矿 1908.37	
安徽	煤炭 851900	铁矿 79000	硫铁矿 14381.25	磷矿 2000	石油 254.20	0.24
江西	煤炭 39700	硫铁矿 14886	铁矿 13700	磷矿 6100	高岭土 3176.96	

数据来源：2014年中国统计年鉴。

煤炭资源是各省级区域都存在的主要资源,其次是铁矿石、锰矿、硫铁矿。储量丰富的资源为相应区域的工业发展提供了巨大而广阔的空间。如四川形成了以水电开发、攀西钒钛资源综合利用等为主的传统优势产业;山西的煤炭资源占据整个工业比例的半壁江山;河北的工业以钢铁为主,从某种程度而言,也属于资源产业的工业化。

2. 区域交通基础设施建设发展较快

交通基础设施建设是经济发展的重要支撑。从传统产业主导型省级区域内部看,公路、铁路和航运建设较快。以 2013 铁路运营看,与 2003 年相比,增长速度最快的是重庆,增长了 166%,其次是湖北增长了 94%,安徽增长了 62%。从 2013 年公路运营里程的增长看,与 2003 年相比,重庆、陕西和河南增长了 291%,其他省级区域都增长了一倍以上。内河航运里程的绝对数量也比较大(表 6-3)。

表 6-3　2013 年传统产业主导型省级区域交通基础设施发展情况

省级区域	铁路营业里程/km	与 2003 年相比增长率/%	公路里程/km	与 2003 年相比增长率/%	内河航道里程/km
陕西	4421.1	28	165249	230%	1066
四川	3539.4	47	301816	167%	10720
重庆	1680.1	166	122846	291%	4331
黑龙江	6021.8	12	160206	146%	5098
吉林	4397.2	23	94191	114%	1456
河北	6255.5	32	174492	167%	
河南	4890.4	43	249831	238%	1267
山西	3786.4	51	139434	121%	467
湖北	3929.5	94	226912	158%	8271
湖南	4026.6	45	235392	176%	11496
安徽	3513.1	62	173763	150%	5642
江西	3084.3	40	152067	148%	5638
总计	49545.4	40	2196199	171%	

数据来源:2004 年中国统计年鉴、2014 年中国统计年鉴。

3. 区域内部国家级新区的产业和人口集聚功能较强

我国传统产业主导型省级区域除了东北黑龙江、吉林,以及四川的甘孜、阿坝和凉山属于全国重点生态功能区外,其他区域属于优先开发区和重点开发区的比较多,这为区域内部工业化发展提供了比较广阔的空间。迄今为止,区域内的国家级新区有成渝经济区、两江新区、天府新区、西咸新区、郑东新区以及长株潭国家级新区等(表 6-4)。

表 6-4 传统产业主导型省级区域内国家级新区及其功能定位

国家新区	产业功能定位
成渝经济区	全国统筹城乡发展的示范区,全国重要的高新技术产业、先进制造业和现代服务业基地,科技教育、商贸物流、金融中心和综合交通枢纽,西南地区科技创新基地,西部地区重要的人口和经济密集区
西咸新区	西部地区空港交通枢纽和临空产业园区、统筹科技资源示范基地和体育会展中心;具有世界影响力的秦汉历史文化聚集展示区;西安国际化大都市生态田园示范新城、新兴产业基地和综合服务副中心、统筹城乡发展示范区和循环经济园区
郑东新区	国家区域性金融中心、金融服务改革创新试验区、区域性要素市场交易中心、全国重要金融后台服务中心、国际商品期货定价中心
长株潭新区	全国资源节约型和环境友好型社会建设的示范区,全国重要的综合交通枢纽以及交通运输设备、工程机械、节能环保装备制造、文化旅游和商贸物流基地,区域性的有色金属和生物医药、新材料、新能源、电子信息等战略性新兴产业基地
武汉城市群	全国资源节约型和环境友好型社会建设的示范区,全国重要的综合交通枢纽、科技教育以及汽车、钢铁基地,区域性的信息产业、新材料、科技创新基地和物流中心

按照国家的战略定位,对每一区域的功能定位十分鲜明。如成渝经济区的功能定位是我国重要的增长极,是我国清洁能源生产基地、先进装备制造业基地、农产品加工基地、高新技术产业发展基地。这些国家级的新区不仅是区域内部产业集聚程度比较高的区域,而且也集聚了大量的人口,并形成了五个特大的城市群,包括沈阳城市群、中原城市群、武汉城市圈、长株潭城市圈、成渝城市群,这些城市群不仅是传统产业主导型省级区域的人口集聚地,而且是我国平衡西部地区和东部地区的重要节点,在集聚知识、人口、资本和要素等方面发挥着较大的作用,对于整体提升区域经济的竞争力意义重大。

6.2 传统产业转型与升级发展理论

传统产业是客观存在的一类产业,也是工业化国家转型升级必然需要面对的一类产业。但关于传统产业的认识多数是从传统产业的转型和升级两个层面展开,对其系统性的理论分析比较缺乏。传统产业作为一类重要的产业,其可持续发展具有十分重要的意义。因此,从理论高度厘清对传统产业的认识是其持续性发展的基础和前提。为了系统地认识传统产业,本章拟对其内涵、工业发展思路与逻辑、工业化道路的形成体系等加以研究。

6.2.1 传统产业的内涵

对传统产业内涵的理解并没有统一的界定。一是认为传统产业是指那些在工业化不同阶段对国民经济发展具有重大支持作用的产业,具有劳动密集型或资本密集型特征,与高科技产业的技术知识密集型相对应(鲁方,2001)。二是认为传统产业是在新兴产业产生之前就存在的那些产业(李悦,1988)。三是认为传统产业主要是指产业的成长期较长,生产技术已经成熟,整体处于生命周期的成熟阶段,并对国民经济的贡献度逐渐下降的产业。虽然对传统产业的理解并没有统一,但一般认为传统产业是指产业的发展时间较长,技术基本成熟，在经济发展进程中曾经发挥关键作用，经历高速增长后发展趋势缓慢，贡献率下降、利润率下降的产业(表6-5)。

表6-5 传统产业的衡量指标

考核指标	产业成长时间	对GDP的贡献度	利润率	要素密集度
指标表现	成熟期	下降	低	劳动或资本

传统产业一般是指农业、钢铁工业、机械、纺织、煤炭、化工、石油和电力工业等，具有一定规模，产值比例较大，但生产增长率和产品的附加值不如新兴产业高，是劳动密集型或者资金密集型，在国民经济发展中曾经具有主体性和支柱性地位的产业(李悦，1988)。

6.2.2 传统产业的特征

传统产业是一个国家经济发展进程中成熟的产业，是在工业化进程中对国民经济和社会发展起支撑作用的产业，是对就业有着强有力支撑的产业。这是传统产业积极的一面，但其特征决定了其具有时效性、阶段性和差异性。作为一类客观存在的产业，传统产业具有不同于新兴产业的特征。

(1) 传统产业与新兴产业具有相对性。传统产业是产业演化进程中客观存在的产业，不同发展阶段传统产业类型是不一样的。农业社会里的传统产业就是农业，工业化社会的传统产业逐渐由轻工业过渡到钢铁、石油化工、机械制造、煤炭采掘、有色金属等产业。传统产业并非是绝对的，在工业化进程中，相对于传统产业之前的传统产业，又叫新兴产业，所以新兴产业与传统产业具有相对性，甚至相互转化和并存。从各国工业化的进程看，传统产业对一个国家或地区的GDP贡献、就业的吸纳作用是相当大的，任何一个产业都会在经历一段时期后，由于新的产业出现而成为传统产业。

(2) 传统产业与高技术并非对立。相对于高科技产业、先进制造业，传统产业具有附加价值低、技术水平不高的特点，但由于新兴产业与传统产业在不同的国家或区域同时存在，用新兴产业改造传统产业是传统产业发展的一种重要方式，所以传统产业也有一些高科技、高附加价值的环节。

(3) 传统产业在经济增长中的贡献依然较高。虽然传统产业代表着旧的产业形式，但其在相当长的一段时期内对经济增长将发挥非常重要的作用，甚至是一个国家或地区的支柱产业。其原因在于传统产业基本上都具有基础性、支撑性的特点，在比较长的时期内依然是社会所急需的，甚至是必须的产业，其替代性较差。此外，产业的转型升级并非在较短时期内可以完成，从产业发展的生命周期看，必然要经历成长期、成熟期，然后步入衰退期，但处于衰退期的产业并非是退出市场。在信息化和新技术支持下，那些衰退的产业会呈现新的生机，从而在驱动区域经济增长中发挥重要作用。

(4) 传统产业与区域产业发展能力相适应。传统产业是依托于区域产业而生存的，这是其植根性，所以不能离开某地区而成为传统产业。传统产业进一步发展的后果是难以预测的，即传统产业在发展进程和升级过程中有可能面临着产业发展方向的选择，这种选择既有可能促使传统产业成长为优势传统产业,又有可能促使传统产业走向衰退。因而传统产业的进一步发展具有难以预测性。

(5)传统产业是必然发生改变的产业。尽管传统产业有众多的优势,但其必然发生改变,主要原因包括:①产业自身发展的不足,传统产业基本上都是耗能比较高、资源消耗量大、环境污染比较严重的钢铁、石油化工等产业,这些产业在带来规模经济的同时,会产生比较大的负面影响,因此推动其发生改变是产业发展的必然要求;②需求不足倒逼产业发生改变,在一定的时期内传统产业会为经济发展作出比较大的贡献,但是当相应需求获得满足后,必然出现需求下降,进而没有需求的状态,因此倒逼原有传统产业转型或升级就成为其发展的必然选择。

6.2.3 传统产业发展理论

1. 产业结构理论

与传统产业发展高度关联的理论属于产业结构理论的范畴。产业结构理论主要研究产业之间的比例关系。最早对产业结构演化进行研究的是英国经济学家威廉·配第,他在《政治算术》中提到"工业的收益比农业多得多,而商业的收益又比工业多得多",配第的思想反映出产业结构内在的演变趋势。20世纪30年代新西兰学者菲希尔提出了三次产业的分类法。柯林·克拉克(Colin Clark)在配第的基础上,通过统计数据发现随着经济的发展,人均国民收入水平不断提高,劳动力首先由第一产业向第二产业转移,再向第三产业转移。在此研究的基础上,美国经济学家库兹涅茨又通过统计数据发现,不仅劳动力在三次产业之间有上述规律,而且农业、工业和服务业部门对一国国民收入的贡献同样存在这一规律。20世纪70年代后,美国社会学家丹尼尔·贝尔指出,工业化实现后,社会将进入以服务业为主导的后工业化社会(李伟,2000)。

产业结构理论表明,在一个经济发展的阶段,存在传统产业与现代产业之分。在三次产业结构得到一致认可的基础上,罗斯托指出任何一个经济社会,甚至成熟的社会中都存在主导产业,主导产业的扩散、关联和旁侧效应带动其他产业的发展。主导产业在不同的经济发展阶段是变化的,其根本原因在于技术的推动(罗斯托,1979)。钱纳里也指出制造业内部结构变动是有规律的,经济发展初期的主要产业是食品、皮革、纺织,中期主要是橡胶、石油化工、煤炭等,后期是机械制造等(钱纳里,1999)。霍夫曼指出工业化的不同阶段会先后出现消费品工业、资本品工业分别占主导地位的工业化。

产业结构理论表明工业化的不同阶段,产业的类型是不同的,在每一个阶段都有着占绝对优势地位的产业,相对于以前的产业,它就是一种新兴产业,而占绝对优势之前的产业就是典型的传统产业。

2. 产业结构优化理论

产业结构优化主要指产业结构合理化和高级化。对产业结构合理化的理解有一些差异:一些学者认为产业结构合理化就是协调化,如李京文等认为产业结构优化是通过产业结构调整，使各产业实现协调发展，并满足社会不断增长的需求的过程；一些学者从产业结构的功能视角去定义，认为产业结构合理化是指产业间存在着较高的聚合质量。如苏东水(2010)认为产业结构合理化是一个动态的过程，是产业与产业之间协调能力的加强和关联水平的提高，其能促进产业结构的动态均衡与产业素质的提升，产业结构高级化主要是指产业结构从低水平到高水平的动态发展过程；有学者认为产业结构的演变过程也就是产业结构的高度化过程，主要有四个方面的指标予以衡量，即产值结构的高度化、资产结构的高度化、技术结构的高度化与劳动力结构的高度化(王磊等，2008)。

3. 传统产业转型升级理论

传统产业转型升级理论隶属于产业结构合理化和产业结构高级化，即产业结构优化的范畴，但传统产业作为一类特殊的产业形态，又具有不同于产业结构优化的相关理论。

产业升级的内涵包括产业结构的优化、产业竞争力的提升。产业结构的优化反映了产业内部的结构和比例问题，第一产业、第二产业和第三产业三者之间的转变。从客观的规律看，产业结构优化在于第一产业和第二产业比例下降，第三产业比例上升的过程。但对于传统产业升级型省级区域而言，第一产业占有较大的比例是一个重要的问题，但更应该挖掘其工业化发展的相关问题，也就是如何做好第一产业的问题。其次，对于第二产业该如何发展也是这些省级区域重点发展的领域。这就需要从内部考察第二产业的状况并予以分析，然后选择方向。

传统产业是相对于新兴产业而言的，新兴产业是在传统产业的基础上发展起来的，这是两类产业的辩证关系。但传统产业并非就是新兴产业的替代。在开放的经济条件下，传统产业对于一个国家而言可能逐渐减少甚至消失，但对于整个世界而言，有可能在另一些国家以新的形式或传统模式存在，这意味着传统产业不会消失。对于类似于中国这类地区经济发展差异比较大的发展中国家而言，如何认识其传统产业呢？这种认识主要是对传统产业的可能性发展方向而言的，即如何认识传统产业的未来走向。对于传统产业的未来发展方向，现有的研究集中于以下三个方面。

(1) 升级论。传统产业升级论是最为重视的一种理论。通过传统产业的优化升级，可以实现其新的发展，进而促使传统产业焕发新的生机。传统产业的优化升级是一些产业在其发展过程中摆脱已有的发展惯性，追求新的发展思路的必然选择。之所以成为传统产业，是因为新的产业出现，对已经形成的产业产生巨大的冲击，置已有的产业于不利的地位。此外，新的替代性产业的出现也使得已有的产业需求下降，发展动力衰减，而且造成的负面影响比较大。但一个区域发展传统产业或者是新兴产业，关键看这个区域的发展能力。能力发展指数对区域传统产业的影响是比较大的。这个指数应该包括政府的产业发展意愿、投融资能力、对产业发展的战略选择和产业发展环境等多因素的结合。

(2) 消亡论。产业消亡论认为传统产业的历史性作用已经发挥出来，再发展该产业的意义和作用已经不大，需要新的发展思路推动产业的发展，因此传统产业就彻底从产业发展目录中消失。

(3) 转移论。传统产业不在一个地区存在，而是被转移到其他地区，这一理论从客观现实看，也就是传统产业在一个地区的消失，但是在另外一个地区又复生。造成这种现象的原因是地区经济发展的差异。

4. 优势传统产业理论

优势传统产业是传统产业中具有竞争力的产业。由于传统产业在发展进程中供需矛盾难以协调，导致一部分产业消失并被淘汰出局，但并非所有的传统产业都面临着这一命运，部分被保留下来成为具有优势的传统产业。优势传统产业是产业规模比较大、集中度比较高、规模经济效应比较明显、市场需求比较稳定、拥有较强的市场竞争能力、对区域经济贡献比较大的产业。判断一个产业是否是优势传统产业，可以从以下三个方面入手。

(1) 产业在国民经济中的地位和作用。传统产业因为其产业的特殊性而成为传统产业，但在相当长一段时期内，特别是处于工业化中期阶段的省级区域，其依然是支柱产业，表现在对就业的需求和对 GDP 的贡献方面不降反升，因而根据这两个指标判断其依然是优势传统产业。

(2) 从市场的角度加以判断。传统优势产业是满足普适性需求的一类产业，也就是说不管新兴产业如何发展，这一类产业由于市场的需求是客观存在的，因而不能被市场所淘汰。只是说在产业的发展过程中改变了要素投入的比例，更多地运用技术促进其升级，尽可能地延长其生命周期。

(3) 具有辩证的产业可持续发展能力。传统产业由于对资源等要素的需求比较高、发展方式的不科学，对环境的污染和破坏比较重，因而其可持续性必然受到影响。但传统产业又是客观存在的产业，通过改变发展方式，创造新的要素以及通过技术创新，可以促进其可持续发展。

6.3 传统产业主导型省级区域工业化实现的挑战

6.3.1 传统产业转型升级压力较大

随着工业化的推进，工业产业发展必然出现更替，新的产业将出现并替代原有产业，或者对原有产业进行改造升级。艾伯特·赫希曼(A.O.Hirschman)(1991)认为由于资源的稀缺性、企业家的缺乏等，需要对重点产业部门进行投资，并带动关联产业的发展，这一过程就会促进产业结构优化升级。从我国传统产业主导型省级区域的工业产业结构看，传统产业占有比较大的比例，在增加 GDP、缓解就业等方面发挥着巨大的作用，但其"高污染、高消耗、高排放、低产出"的特征使传统产业的转型升级成为其发展的主要方向。此外，我国不少传统产业的供给远远大于需求、产品质量偏低、市场需求下降，因而传统产业转型升级成为必然。

但我国传统产业主导型省级区域转型升级的压力比较大，主要有以下三个方面的原因。①这些省级区域的一些产业是在资源的基础上发展起来的，对资源过度依赖，又缺乏技术、资本甚至其他外生的力量，导致工业化发展中的资源依赖在短期难以有效减少。②重化工业特征在短期难以消除。重化工业是我国传统产业主导型省级区域工业化的主要工业。如东北地区的黑龙江和吉林是我国的老工业基地，以钢铁等矿产资源的开发和利用为主，又如重庆的军工、钢铁产业，四川的钒钛钢产业，陕西和山西的煤炭资源开采，中部六省的煤炭、冶金、电力等重工业。我国重化工业发展一直比较粗放，技术改造投资严重不足，产业链比较短等，这些正是重化工业产业升级的主要方向。③没有形成具有支柱性的新兴产业。传统产业转型升级之一就是转型，甚至采用淘汰的方式以减少传统产业，但这需要各省级区域具有支柱性的新兴产业出现。目前，传统产业主导型省级区域新的产业对经济发展的支撑力比较弱，对GDP的贡献度不高，因此对传统产业的依赖还有相当长的过程。

6.3.2 高新技术对传统产业支撑不强

传统产业与高新技术是相互促进的关系，即一方面传统产业的发展能促进高新技术产业的发展，另一方面高新技术的发展可以带动传统产业的转型升级。从我国传统产业主导型省级区域的高新技术产业发展看，各省在继续重点发展传统产业的同时，推动了高新技术产业的发展。如重庆的电子信息技术、生物医药和现代制造业，吉林的生物医药、电子信息、新材料、精细化工，河北的医药制造、航天航空、电子信息、电子计算机等。从理论上而言，高新技术对改造传统产业，促进传统产业转型升级将发挥着非常重要的作用。

从我国传统产业主导型省级区域看，一些省级区域形成以政府为主导、企业为主体，通过发展高新技术带动传统产业转型升级，甚至提出发展战略性新兴产业对传统产业的升级。各省级区域都制定出比较详细的传统产业转型升级的相关文件，加强对传统产业的转型升级的资金支持(表6-6)。

表6-6 传统产业省级区域技术改造升级的部分相关文件

省级区域	部分技术改造升级文件
陕西	《关于征集2015年省级工业转型升级(企业技术改造、示范基地)专项资金项目的通知》《关于加快重点产业振兴和技术改造专项项目建设实施尽快投产达效有关要求的通知》
四川	《关于做好2015年四川省技术改造与转型升级专项资金项目申报有关工作的通知》《四川省人民政府关于加强企业技术改造的实施意见》《关于组织申报2014年四川省技术改造资金项目的通知》
重庆	《重庆市中小企业局关于做好2014年国家中小企业发展专项资金项目储备工作的通知》《重庆市工业振兴专项资金管理办法》
黑龙江	《关于组织申报2014年全省工业企业节能技术改造奖励资金的通知》《关于印发黑龙江省2014—2015年节能减排低碳发展实施方案的通知》
吉林	《吉林省人民政府关于进一步加强企业技术改造的意见》
河北	《关于做好2015年省工业企业重点技术改造项目申报工作的通知》《关于做好2014年省工业企业重点技术改造项目申报工作的通知》《河北省工业企业技术改造升级计划》《河北省年度重点 技术改造项目实施办法》
河南	《河南省人民政府办公厅关于加强企业技术改造促进产业优化升级的意见》《河南省企业技术改造专项资金管理办法》
山西	《2014年山西省企业技术改造专项申报要求》《山西省企业技术改造资金管理暂行办法》《企业技术改造资金使用管理监督办法》《关于加快推进山西工业转型发展技术改造重点项目建设的通知》
湖北	《关于组织申报2014年湖北省工业转型升级专项和技术改造贴息专项项目的通知》《关于组织申报2014年湖北省工业转型升级专项和技术改造贴息专项项目的补充通知》《湖北省工业转型升级与技术改造投资指南》

续表

省级区域	部分技术改造升级文件
湖南	《湖南省企业技术改造专项资金管理办法》《关于做好2015年技术改造项目申报工作的通知》《关于做好2014年技术改造节能创新专项资金技术改造项目申报工作的通知》
安徽	《安徽省企业技术改造专项资金使用管理办法》《关于组织申报安徽省2014年工业转型升级技术改造项目投资导向计划的通知》
江西	《江西省人民政府关于促进企业技术改造的实施意见》《关于进一步支持企业技术创新的实施意见》

但我国传统产业的技术支撑明显不足,集中表现为高新技术对传统产业的技术支持缺乏,技术改造资金比较紧张,传统产业领域的专利技术申请并不高。原因主要包括四点。①虽然在产业政策、投资基金等方面给予传统产业扶持,但从扶持的效果看并不理想。其可能的原因在于企业自身在运用扶持资金或政策方面缺乏效率,以及政府的监管不到位等。②单纯依靠企业自身去推动传统产业的技术改造与升级,企业会考虑成本比较大,风险比较高,自身技术研发水平不足等因素,不愿意投入。③地方政府一直存在的以 GDP 为导向的发展观念,使得企业在发展中存在软约束,因此企业宁愿选择粗放的发展获得微薄的利润而不愿意对投入较高和风险较高的技术进行投入。④传统产业的技术外部获得比较困难。相对于其他要素的可获得性,传统产业的技术要素获得由于受到专利保护以及技术转让的利益分配等因素的影响而比较困难。

6.3.3 传统农业向现代农业转型遭遇多重挑战

我国传统产业主导型省级区域也是我国粮食主产区和农业集中发展区。在 13 个粮食主产区中,传统产业主导型省级区域就占了 9 个,包括黑龙江、吉林、河北、江西、湖南、湖北、四川、河南、安徽。较好的区位优势为农业的发展提供了基础,成为我国主要农产品的提供之地。在这些省级区域中,河北的畜牧、蔬菜、果品三大优势产业占农牧渔业总产值比例的 69.7%;河南的小麦、玉米、花生、油菜、西瓜占较大的比例;湖南的稻谷、玉米、大豆、红薯、油菜、柑橘比例较高;其他各省级区域的农业产业都呈现多样化的特点(表6-7)。

表6-7 传统产业主导型省级区域粮食主产区的农业产业

省级区域	主要农业产业
河北	小麦、大豆、玉米、花生
河南	小麦、玉米、花生、油菜、西瓜
湖北	稻谷、小麦、油菜
湖南	稻谷、玉米、大豆、红薯、油菜、柑橘
四川	水稻、玉米、小麦、油菜、柑橘
安徽	稻谷、小麦、玉米、油菜
江西	水稻、油菜、棉花、
吉林	玉米、水稻、大豆、小麦
黑龙江	稻谷、小麦、玉米、大豆、甜菜

资料来源:2014统计年鉴、2013统计公报。

改革开放 30 多年来，我国从中央到地方对"三农"问题高度关注，并推行强有力的政策措施促进农业的发展。但从我国粮食主产区的情况看，农业存在的一些深层次症结和矛盾没有从根本上突破，严重影响着我国农业现代化的顺利推进。这些深层的症结和矛盾主要表现在以下四个方面。

1. 土地经营制度与农业现代化发展的矛盾

我国农村以家庭联产承包责任制为主的经营模式在一定时间和程度上解决了农民激励机制不足的问题，但随着经济社会的发展，这一模式日益成为制约农业现代化发展的重大障碍。由于传统产业主导至省级区域的劳动力合理流动逐年加大，外出务工、经商的农民逐年增加，举家外出的农户也相应增多。在现有的土地承包制度框架下，无法进行合理的土地流转，愿意接地的农民往往因无法承担土地上的各种负担而放弃。一方面，各村种田能手都迫切需要土地，扩大生产规模。据一些资料反映，各地土地撂荒的比例有的高达5%左右。另一方面，相应省区的农村至今仍延续着"弯弯犁头水牯牛"、主要靠锄头耕作、一家一户分散种、养殖的传统农业生产。刀耕火种的原始生产方式仍然十分普遍，劳动力分散、土地分散、物质分散、劳动工具原始落后。农业生产的分散化，导致投入和资本的分散化，农业效益十分低下，农民收入增长缓慢，一家一户的种田积极性正逐步走向尽头。

一些省级区域在现行土地政策不变的情况下，广泛进行农业产业化的实践，通过契约、合同、股份制等形式，建立合理的土地流转制度，使土地逐步向少数种田能手集中，成片开发有科技含量的农业产品，提高了土地的利用率，促进了农业科技的迅速推广应用，为农业产业化与农业规模化经营寻找到现实的出路。但由于我国现行的农村土地经营制度没有从根本上加以变革，这势必与现代农业对土地的发展要求相距甚远。实际上，在稳定家庭联产承包责任制的基础上，可以让具有经商头脑和一技之长的农民从土地上挣脱出来，宜商的经商、宜工的办企业、懂技术的搞技术，发挥各自所长，以专业化分工促进农业专业化发展。在此基础上，不失时机地推出我国农村土地经营制度的变革。

2. 农业现代化与知识型农民严重不足的矛盾

现代农业的产业属性必然要求农业生产经营主体的变革。20 世纪 50 年代以来，国外农业发展的实践表明现代农业具有市场化、知识化、智能化、生物化、效益化和国际化的基本特征，与传统农业有着根本的区别。现代农业所表现出来的新的属性必然要求农业生产经营主体与之相适应。与现代农业相比，我国农民存在着能力提升的严重滞后，具体体现为：农业现代化进程中高技术水平的不断运用与农民对相应技术掌握能力严重欠缺之间的矛盾；市场化大潮中农民对市场风险的意识、对农业生产经营做出合理预期与农民市场化知识欠缺之间的矛盾；日益开放的条件下，农业国际化发展与农民活动范围区域化之间的矛盾；农村经营规模化、专业化与农民现代管理知识缺乏之间的矛盾；农业与信息化相结合与农民信息化水平比较低之间的矛盾。这些多重矛盾的克服过程也就是知识型农民产生的过程，我国农业现代化水平不高的一个重要原因就在于知识型、技能型农民严重不足。

3. 城乡一体化与城乡差异化的矛盾

城乡关系是马克思主义哲学的重要理论范畴。城乡一体化是城乡关系发展的最终取向，是新农村建设的重要目标。但多年来，我国城乡二元结构和城乡发展的分割使得城乡一体化更多是一种期待，而不是现实。显而易见，农村成为城乡一体化发展的短板，比较突出的问题集中表现为农村经济发展水平较低、产业化比较落后、工业化发展水平不高、城乡要素流动性较差。虽然政府提出城乡一体化发展已经多年，但目前还没有探索出一条有效的城乡一体化发展模式和路径。

4. 农村城镇化与农业产业支撑严重不足的矛盾

产业发展是城镇发展的基础，产业化是城镇化的前提条件。尽管农村城镇化进程中的产业并非完全是农业，但农村城镇化作为连接农村产业和城市产业的纽带，只有良好的农业产业支撑，城镇化才有坚实的基础。农业产业化对城镇化的贡献主要是集聚所需要的资金、劳动力、消费力，形成产业的集聚效应。我国农村城镇化的发展水平虽然已经明显提高，但产业支撑较弱、广大农村产业化和农业化水平较低，这在中西部地区的农村城镇化进程中尤为突出，部分城镇化的产业支撑基本上处于空心化的状态。

这些矛盾是发展农村经济不可忽视的问题。缓解以至解决这些矛盾，是深化农村改革、发展农村经济的重要任务，是解决我国粮食主产业"三农"问题的关键所在。当然，这些根本性矛盾的出现是源于我国社会主义新农村建设中没有深刻认识到农业现代化、农民知识化与农村城镇化之间的逻辑统一性和发展的差异性，因而分析"三位一体"的内在逻辑，寻求症结的破解有利于扫除社会主义新农村建设中的障碍，有利于探索出一条适合我国国情的新农村建设道路。

6.3.4 对外开放的空间与格局难以有效突破

对外开放为一个地区的工业化提供了重要的空间。我国传统产业主导型省级区域的工业化更多地依赖内生型的道路去推动发展，工业化的外向水平比较低。

从出口商品的结构看，陕西、黑龙江、河南、湖北、湖南、安徽和江西的一般贸易出口远高于加工贸易，高新技术产品出口无论是绝对值或者相对值都比较低（表6-8）。

表6-8 传统产业主导型省级区域对外贸易出口结构 （单位：亿美元）

省级区域	贸易方式		产品类别	
	一般贸易	加工贸易	机电产品	高新技术产品
陕西	51.08	32.94	68.87	47.39
四川	—	203.50	270.90	192.17
重庆	188.59	266.62	350.17	248.36
黑龙江	90.10	5.98	47.90	2.96
吉林	47.82	11.94	24.20	6.90
河北	261.20	41.10	95.50	27.80
河南	123.31	228.20	244.96	207.26

续表

省级区域	贸易方式		产品类别	
	一般贸易	加工贸易	机电产品	高新技术产品
山西	38.70	40.20	46.50	32.28
湖北	152.02	63.22	102.50	52.09
湖南	101.10	45.00	57.70	16.60
安徽	221.70	53.40	128.30	42.30
江西	233.87	40.75	105.66	34.42

资料来源：2014年各省统计年鉴、2013年各省统计公报、商务厅、海关统计数据。

从区域利用外资的情况看，2011~2013年实际利用外资和外商直接投资额虽然都呈现稳步增长的态势，但是利用外资额的增长幅度比较小，而且各省利用外资的差异比较大，四川、重庆和河南利用外资的水平比较高，山西、黑龙江利用外资的水平比较低（表6-9）。

表6-9　2011~2013年传统产业主导型省级区域利用外资情况　　（单位：万美元）

省级区域	2011年		2012年		2013年	
	实际利用外资额	外商直接投资额	实际利用外资额	外商直接投资额	实际利用外资额	外商直接投资额
陕西	235500	235500	293609	293609	367800	367800
四川	1102733	948137	1055054	980100	1057481	1028443
重庆	1057900	1052948	1057700	1053347	1059715	414400
黑龙江	346000	325000	399140	390000	464000	461000
吉林	494705	148125	581600	165000	676400	181900
河北	526016	468095	603168	580486	66700	645000
河南	1008300	1008300	1211800	1211800	1745659	1345700
山西	249530	207278	276711	250379.39	299095.66	280666.66
湖北	465500	465503	566600	566591	689000	688800
湖南	615000	615031	728000	728034	870500	870000
安徽	662887	662900	863811	863811	1068772	1069000
江西	605881	605881	682431	682431	755096	755096

数据来源：2012~2014年各省统计年鉴、2011~2013年各省统计公报。

我国传统产业主导型省级区域的对外开放水平不高的主要原因有三点。①受制于地理区位的影响。从我国对外开放的国别看，主要是美国、欧洲和东亚的日本和韩国，这对于相对封闭的传统产业主导型省级区域而言，"相对封闭"和远离比较发达的世界市场，造成与世界市场的运输成本比较高，市场信息获得比较困难。②国家的对外开放政策制约。优先发展新兴产业导向型省级区域，将可以利用的政策优势集中于此，这些区域在吸引外资和跨国公司的入驻时具有显性竞争优势，而传统省级区域在吸引资本等能力方面明显较弱。③自身并没有形成较强的发展能力。这些能力就是非常良好的基础设施、区域创新体系、对外资的态度以及政策吸引力等方面。比较而言，除了成都、武汉等地有着较强的竞争能力外，其他省级区域都不具有竞争能力。

6.4 传统产业主导型省级区域新型工业化道路实现模式及路径

6.4.1 新型工业化道路实现模式构建思路

传统产业主导型省级区域工业化水平整体上处于工业化中期阶段，由于产业对人口的集聚效应明显优于资源产业依赖型省级区域，因而城镇化水平较高，工业化与城镇化具有较好的协调性。但其工业化发展的基础是传统产业，包括资源型产业和一些特色产业，虽然各个省级区域发展战略性新兴产业的意愿强烈，但力度和技术水平远远不够，整个工业化的重化工特征比较明显。

根据传统产业主导型省级区域工业化实现的目标定位与现实基础，其工业化实现模式应建立在科学的工业化战略发展定位基础上，同时厘清产业发展的思路，充分激发微观市场主体的潜能，不断通过顶层的改革与创新支撑工业化水平的提高。具体说来，这一模式集中体现在三个方面。

1. 省级区域工业化实现的战略性定位

这一定位就是对我国传统产业主导型省级区域工业化在国家战略层面的定位及实现路径的选择。在定位上，基于工业化的客观现实与工业化发展的未来趋势，将这些省级区域定位于传统产业向现代产业转变的核心区、现代制造业集中发展区和生产性服务业集聚区。在实现路径上，政府应加大从顶层设计上调整和优化产业的内部结构，推动以传统产业为主的产业发展格局向现代制造业转变，促进生产性服务业与制造业协同发展，在制造业具有竞争优势的区域建立生产性服务业集聚发展区，建立具有竞争性的大型经营集团，推动微观企业建立现代企业制度，不断深化市场经济体制建设，加大政策的支持力度。这一模式是以产业结构优化和现代制造业体系铸造为主要方向，以改革为动力，以微观企业的做大做强和适应市场竞争能力为核心的工业化实现道路。

2. 工业化实现的产业支撑

传统产业主导型省级区域产业发展的定位基于一个基本的判断——将传统产业主导型省级区域打造成为我国具有全球竞争优势的工业制造核心区，因此重点发展四类产业：向现代制造业转型的传统制造业、高端成长型产业、现代农业和生产性服务业。

(1) 向现代制造业转型的传统制造业。我国传统产业主导型省级区域不仅要坚定地发展传统产业，更要将其发展成为在国内和世界市场上都具有强劲竞争优势的产业。一些传统产业出现过剩，但是随着"一带一路""新丝路"的建设，从国内看是过剩的，而从国外看就不会过剩。同时，从国内看，我国的基础设施建设还具有比较大的空间，在相当长的时期内对钢铁、化工等产业的需求是客观存在的，房地产业在城市化的高速发展下也具有非常广阔的市场，因此，传统产业具有比较旺盛的生命力，但需要不断地升级、变革和发展。这种升级是技术的升级，是功能的升级，是向现代制造业的升级。

(2)高端成长型产业。传统产业主导型省级区域不仅发展传统产业,而且还需要发展高端产业,对传统产业形成升级和转型的带动,这是工业化未来产业发展的主要趋势。高端产业是先进生产力的代表,是产业发展的方向所在,战略性新兴产业是高端产业的重要组成部分。因此各省级区域可以根据自身产业的发展基础和条件,选择具有自身优势的高端产业加以发展。

(3)现代农业。推动传统农业向现代农业转变本身就是工业化实现的一个重要标志,我国作为最重要的农业主产区,实现这一转变更具有现实意义。尽管多年来中央一号文件都与农业有关,但由于我国传统农业长期投入不足、技术水平低、产出效率低、发展方式落后,因此从顶层设计到激活市场主体参与都需要全面和深度的改革,以激发传统农业向现代农业转变,提升工业化实现的支撑力。

(4)生产性服务业。工业化的过程就是服务业不断兴起和繁荣的过程,但在不同阶段,服务业业态、地位和作用是不一样的(Rostow,1960)。工业化初期主要是农业和简单的商业服务,服务业落后既受到消费水平的影响,又与工业生产不发达高度相关。工业化中期后,工业化水平的不断提高使得农村剩余劳动力由农业向制造业和服务业加速转移,商业服务和生产性服务业发展较快,服务业在产出比例、就业比例和对经济增长的贡献上都呈现出上升的态势。特别是生产性服务业,不仅对制造业提供研发设计、流程设计、保险、培训、营销等服务,而且在其内部也提供专业化服务,产生新兴服务业。生产性服务业成为工业化的黏合剂,它全面参与各个经济部门的价值创造,对经济发展具有战略推进的作用(Hutton,2004)。工业化后期,金融、健康、休闲、教育、艺术等知识型服务消费迅速增长,由制造业为主转变到以服务业为主,服务业在三次产业中占绝对优势。

传统产业主导型省级区域进入了工业化的中期阶段,不仅需要优化制造业发展,更应该推动服务业特别是生产性服务业的发展。因为这一阶段本身就是服务业和工业协同发展的过程,工业的发展形成了对服务业的需求,促进服务产业分工深化。与此同时,以信息技术为核心的现代服务业的高度发展,必将促进工业生产方式、组织方式和技术创新,以及工业结构的优化和全面升级。所以生产性服务业的发展既能推动制造业发展,反过来又能促进服务业的发展。

3. 微观企业发展

微观企业层以现代企业制度建立和大型企业集团的培育、发展为核心。从传统产业主导型省级区域重点发展的三类产业可以看出,微观企业应该具有规模化、产业化、品牌化和创新化的素质,以产品质量、企业声誉以及规模经济为塑造点。因此,在现有企业的基础上,推进大企业、大集团的培育和发展,将其培育成具有世界竞争优势的企业集团是支撑四类产业发展的关键。

因此,传统产业主导型省级区域工业化实现是在对相应省级区域进行定位的基础上,重点以四大类型的产业发展为核心,最终推动传统产业主导型省级区域成为我国现代制造业基地和现代农业主产区(图6-1)。

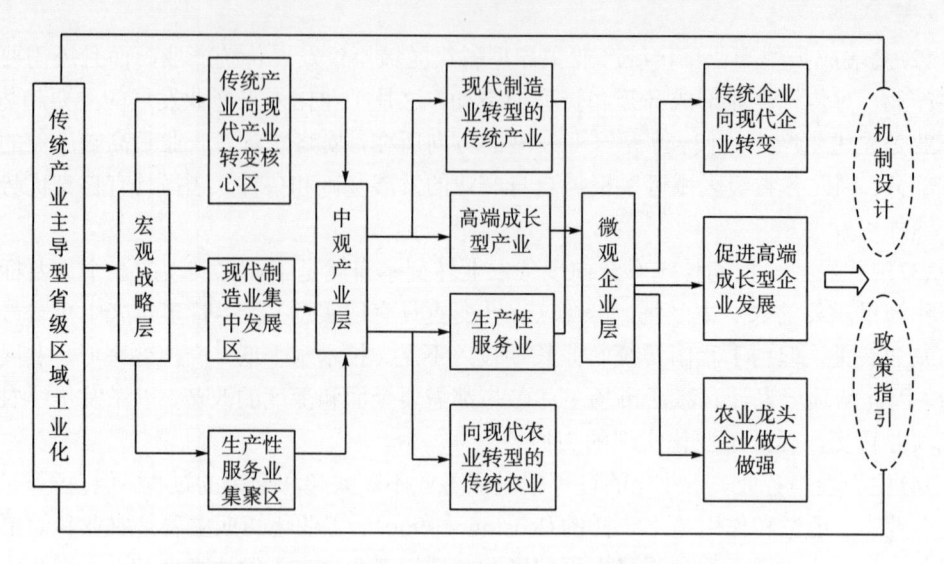

图 6-1 传统产业主导型省级区域工业化道路的实现模式

6.4.2 传统产业主导型省级区域新型工业化道路的产业发展

6.4.2.1 传统产业主导型省级区域的产业发展重点

传统产业主导型省级区域产业是我国工业制造发展的核心区和现代农业集聚区,这就要求其不是简单地、孤立地建立若干个现代产业,而是从区域整体性出发,建立若干具有较强竞争实力的现代产业发展体系。这一体系重点包括四个方面。

(1)推动传统产业向现代制造业转型升级,建立现代制造业体系。首要的是淘汰落后的产能,将那些资源消耗高、环境污染严重、产能效率低下的落后产能坚决淘汰出局。其次要重点推动优势传统产业的升级,促进信息技术与产业的深度融合,加快高科技对传统产业的升级改造,将传统产业转变成为具有竞争优势的现代产业。

(2)发展高端成长型产业。应该率先发展具有良好基础、市场潜力巨大、产业发展能力突出的高端产业,以及部分战略性新兴产业,既引领传统产业的转型升级,又适应产业发展的大趋势,塑造产业核心竞争力。

(3)推动现代农业的发展。基于省级区域农业的现状,因地制宜地推动农业规模化、集群化、技术化、生态化、品牌化发展,加强各省级区域之间的分工与协作,加速推动农业现代化进程。

(4)大力发展生产性服务业。改变单纯重视传统制造业的发展方式,将生产性服务业和传统制造业、现代制造业有机结合起来,促进制造业与服务业融合协调发展,推动我国传统制造业转型升级的同时,尽快提升服务产业在整个产业中的比例。

6.4.2.2 传统产业主导型省级区域的产业发展路径:转型与升级

传统产业主导型省级区域是我国制造业比较密集的区域,也是传统产业发展的典型区域。随着信息技术与产业的深度融合,高科技对传统产业的支撑,推动传统产业向现代产业转型升级就成为必然的趋势。但传统产业向现代产业转型，不是简单地、孤立地建立若干个现代产业，而是从区域整体性出发，建若干具有较强竞争实力的现代产业发展体系，包括制造业、生产性服务业与现代农业的系统性发展。

传统产业的转型升级首先是转型问题，即将落后的生产技术和高消耗、高污染的生产方法淘汰，但更重要的是如何升级的问题。传统产业的升级是在信息化条件下如何全面塑造传统产业的竞争优势的过程，是主要的方向所在，淘汰是为了向先进制造业升级。目前，没有统一对先进制造业的理解和认识，根据科技部(2006)的定义，先进制造业是不断吸收电子信息、计算机、机械、材料等方面的高技术成果并采用先进管理模式或现代管理技术，将先进制造技术综合应用于制造业设计、生产、管理、服务的全过程，从而实现优质、高效、低耗、清洁、灵活生产的制造业总称。由此可见，先进制造业不仅是技术的先进性，而且是管理、服务的先进性，是更全面、综合的产业发展体系。由这一界定可以看出，先进制造业具有以下几个方面特征(黄烨菁，2010)：制造模式创新驱动的产业，主要包括制造技术、信息技术、自动化技术与信息化的高度融合，这一制造具有敏捷制造、绿色制造、现代集成、大规模定制和精益生产的特征；生产组织方式创新，主要表现在价值链组织的策略与微观载体层面；制造业与服务业高度关联与融合。因此，传统产业向先进制造业的转型升级，不仅是技术创新驱动的结果，而且还应该是产业组织及管理方式的创新和合作与分工的强化。

1. 加速淘汰落后产能实施转型升级

按照产业的生命周期理论，任何一个产业的发展都将经历萌芽期、成长期、成熟期和衰退期四个阶段，当一个产业步入衰退期后，其归宿之一就是被淘汰。从我国政府层面看，淘汰落后产能既是市场客观需求的反映，又是对企业主观发展能力遏制的必然结果。淘汰落后产能不仅有利于经济的可持续发展，而且有利于规范市场行为，形成一个有效竞争的市场体系，促进产业的健康发展。

(1)加快顶层推进淘汰落后产能的力度。我国早在20世纪80年代初就开始关注落后产能的淘汰(吕铁，2010)，重点关于钢铁行业的落后产能淘汰问题。1996年开始，我国连续十多年钢产量稳居世界第一，2005年全国钢产量超过美、日、俄三国产量总和，但大约有1/4的钢产量不符合产业政策规定的产能标准。2007年4月，国务院召开钢铁工业关停和淘汰落后产能的工作会议，对钢铁行业的落后产能逐步淘汰。金融危机爆发后，由于落后产能市场需求饱和，以及对环境生态的污染比较大、资源消耗高等问题日益明显，落后产能的生存问题已经受到高度关注，我国政府也在有条不紊地推进落后产能的淘汰。2009年，国务院制定了《加快淘汰落后产能指导意见》，并成立"淘汰落后产能工作推进小组"，对电力、煤炭、焦炭、钛合金、电石、钢铁、有色金属、建材、轻工和纺织10个行业的落后产能进行重点淘汰。2010年，《国务院关于淘汰落后产能的通知》要求各省级区域根据实际情况加快对落后产能的淘汰。2010年，国家工信部就对电力、煤炭、钢铁、水泥、有色金属、焦炭、造纸和印染等八大行业的落后产能淘汰作出重要部署。此后，国家每一年都颁布实施落后产能的淘汰目标和任务，从顶层保障了落后产能淘汰问题的解决。但落后产能的淘汰问题会面临地方政府经济增长的硬约束、就业的刚性约束和地方的政策保护等问题,会使其推进比较缓慢。因此,加快顶层推进淘汰落后产能的力度,不仅要制定相应的目标,更应在目标落实的监督与管理方面花功夫,力争将淘汰落后产能的工作落到实处。

(2)建立淘汰落后产能的系统支持体系。完善落后产能淘汰的政策支持会使得落后产能的淘汰工作推进更加有条不紊。在这方面,政府应对传统的落后产能按照产业发展标准制定准入制度,按照新的技术标准重新核定生产经营许可证,不符合产业发展要求的落后技术按期整改,关停并转。严格实施节能与环保准入标准,从源头上制约落后产能的野蛮生长。通过财政税收制度的实施,以及员工的安置、帮扶落后产能企业走出困境,同时创造条件实施兼并重组,尽可能地减少淘汰落后产能的阻力。

(3)建立完善的由市场化决定的淘汰落后产能机制。当前我国落后产能的淘汰主要是在政府强力推动下进行。这主要源于市场化体制机制的建立严重不足,不能形成一个有效的市场化淘汰机制。严格来讲,落后产能的企业是不能在完善的市场化机制下存在的,因为当其技术水平比较落后,污染严重,必然被市场所淘汰,这在发达国家已经被证实。但在国内这一现象却没有发生,其原因在于我国经济发展不是靠市场化制度的改革而取得的,是依靠政府的强力推动,因此,制度建设滞后、政府保护、价格扭曲、环境成本和社会成本比较低,使得落后产能有生存的空间。建立完善的由市场化决定的淘汰落后产能机制,就是制定正确的制度,反映要素价格,将社会成本、环境成本等反映到企业的生产经营中去,加快法律法规的建设。通过市场化制度的建设,不仅要淘汰已经公布行业的落后产能,而且还应该加大力度进一步淘汰其他行业的落后产能。

2. 加快推动传统产业高新化发展

传统产业高新化意味着用先进适用的技术改造和提升传统产业,改变传统产业原有的落后的产业形态,推动传统产业的可持续发展。针对传统产业主导型省级区域的传统产业高新化需做到下述四点。①加大对传统产业技术创新的力度。任何一个传统产业要想继续生存下去,必须改变原有的要素投入模式,树立技术创新驱动模式,只有技术创新,才能使传统产业焕发新的生机。因此,需要动态地跟踪和把握传统产业各领域的最新前沿技术,制定传统产业技术创新路径图,采取单独研究与开发、联合研发等模式,建立具有自主知识产权的核心技术。②加快传统产业的技术引进与创新。技术引进有其自身的优势,可以提高技术使用的效率,节约研究与开发时间,尽快推动传统产业发展方式的改变,因而是一种非常有效的创新方式。但技术引进需要高度关注技术本身的先进性和适用性。③不断提高员工的素质。充分利用知识经济的作用,在传统产业领域注入更多具有知识含量的要素,加大对企业员工的教育力度,培训一批懂科学管理的技术骨干、管理骨干,不断充实到各行各业之间。④强化政府与企业合作共赢。建立加速折旧和促进产业现代化的制度、制定企业增加技术开发投入和创新投入的政策支持,制定比较完善的传统产业高新化的政策措施。

3. 促进信息化与传统产业深度融合

党的十八大提出我国未来要实现信息化、工业化、城镇化与农业现代化的同步发展。

四化同步是适应当前我国经济结构发展的需要,是产业转型升级的重要推动力量,也是发展中国家工业化不同于发达国家工业化的地方。

信息化与传统产业的融合可以发生在任何一个领域。这决定着信息产业与传统产业具有广泛的适应性,这也是我国当前探讨最多的一个方面,任何一个传统产业都可以与信息化进行融合和创新。信息化与传统产业的融合表现为信息化对传统产业正能量的注入,促使传统产业工艺升级,品牌形象改造与品质升级。信息技术对传统产业的改造与升级是传统产业成长的一条重要道路,是传统产业升级的必然手段,因此重视信息技术对传统产业的改造是我国传统产业主导型省级区域发展的核心路径。

信息产业推动传统产业的发展:①应该加快传统产业领域共性的、战略性、基础性、公益性的信息基础设施建设;②加快传统产业的信息设备制造业建设,夯实传统产业所需要的信息设备,以改造和升级传统产业设备;③加快传统制造业领域的信息服务业发展,各省级区域与国家共同打造传统产业信息化服务平台,大力发展网络制造、电子商务和网络创新等;④加快企业自身的信息化建设,应从研发、采购、制造、营销等环节建立系统的信息化数据库。

4. 向先进适用行业延伸传统产业链

传统行业产业链的延伸是通过产业组织的持续变化和价值创新保持产业的增长,这一变化是基于新的竞争思维模式和寻找全新的市场空间机会,从根本上改变了独立发展和在产业边界内从事价值链一系列固定活动的传统模式,企业跨越边界去发现那些真正体现价值创新的领域,依靠资产的商业潜力参与价值创新网络和新的生产交易系统(表 6-10)(孙理军,2005)。

表 6-10 传统行业产业链延伸发展与传统行业企业独立发展的差异

	传统行业企业独立发展	传统行业产业链延伸发展
战略目标	企业从事一系列固定活动,提供产品和服务	企业依靠主要资产的商业潜力参与价值创新网络和新的生产交易系统,提供产出
产业假定	产业条件既定	产业条件可以改变
战略重点	建立竞争优势,打败竞争者	企业在产业竞争的所有要素中识别最有价值的要素,参与价值创造网络和生产交易系统中角色、关系、结构的构建和连续整合;不寻求建立竞争优势,但力求主导市场
顾客	通过市场的进一步细分及差异化,保持和扩大客户基础	顾客的大多数为生产交易模块化、集成化后产出的接受者;寻求特定阶段多数顾客的共性需求方面,发现全新的客户价值资源
资产与能力	利用已有的资产与能力	不受已有资产与能力的限制,考虑资产的商业能力;企图开发、获得、整合和积累广泛的跨企业资源
主要策略	市场份额、技术创新与上市时间	生产交易系统的定位和调整,价值增长潜力与价值创新;技术与竞争力仅仅是一种手段
企业供给	提供产业传统边界决定了的产品与服务	提供总体解决顾客需求的阶段性产出

传统产业价值链的延伸既要遵循传统产业发展的内在要求,又要与市场和技术水平相结合,体现其先进性和适用性的双重要求。其主要方向有三点。

(1)在传统产业集聚区发展关联产业,促进集聚区多元产业发展的产业链模式。这一类产业链延伸主要是依托相关的资源型产业集聚区,建立与资源关联度高和资源精深加工的相关产业。针对我国煤炭资源十分丰富但开采水平还比较低的现实,2012年3月,国家发展和改革委员会在《煤炭工业发展"十二五"规划》中提出在大中型矿区内发展电力、建材、化工等资源综合利用产业,建设煤-焦-电-建材、煤-电-化-建材等多种模式的循环经济园区和产业链延伸模式。这一产业链延伸是在原煤资源开采的基础上,开发焦化、电力和其他建材产品,多元化的产品开发与发展拓展产业链。

(2)对原有传统产业生产方式改变以提升整个产业价值。以纺织品为主的传统产业链主要向上游延伸,提出了绿色供应链,即供应环节在保护环境下提供绿色产品,并强制环境不达标企业退出市场,推动企业遵守相应环境保护的规则,提高市场的竞争能力。同时在服装的生产过程中提出清洁产业链,即在纺织产业链中,从纺织源头的石化、天然气和化学纤维生产、加工到服装制造以及消费者购买过程,要求环境的保护和污染源的减少,达到满足市场消费者的目的。这一产业链虽然没有实现整体上产业链的延伸,但是通过过程的绿色和生态制造,提高了服装产业的附加价值,也提高了市场的竞争力,从而达到了产业链延伸的效果。

(3)通过兼并重组塑造全产业链的发展模式。产业链的延伸关键在于企业的自身经营战略与实力。当一个企业竞争能力比较强、规模比较大、市场占有率比较高时,通过全产业链的塑造覆盖全价值链,能够获得更大竞争优势。如中粮集团提出全产业链的战略就是在一个处于完全竞争的粮食行业,通过"合纵连横"的并购、重组和业务构建等方式,最终建立起一个包括粮、油、糖等国内外大宗商品加工、贸易、营销和服务的大型企业集团。通过全产业链的价值链塑造,实现了业绩的增长,保护了粮食安全并促进了地区经济的发展。

6.4.2.3 推动高端成长型产业对传统产业的引领与带动

高端产业是现代产业的范畴,是在国民经济产业体系中,或在各产业链条中处于控制或优势地位并有较高技术含量、利润率和附加价值且资源消耗比较低的产业(牛勇平,2012)。高端产业不同于传统制造业的最大特点在于技术的先进性和产业的带动、引领性比较强,选择高端产业符合产业发展的演变规律。产业演变的规律是产业发展过程中,随着市场需求不断饱和以及变化,一些产业中必将出现新兴产业逐渐代替传统产业成为市场需求旺盛的产业。但一个产业的形成与发展并非一蹴而就,需要具备产业发展的基础和条件。这就决定了产业发展中选择部分高端产业作为发展的重点具有必然性。

四川省近年来把高端成长型产业作为其加速传统产业转型,以及重点推动的新兴产业。高端成长型产业是战略性新兴产业中的优势产业,是具有发展潜力而且能够率先突破的产业。四川省将部分战略性新兴产业作为高端成长型产业加以发展便是基于自身产业发展的基础和条件而做出的选择,其重点发展页岩气、节能环保装备、信息安全、航空制造与燃机和新能源汽车5大高端成长型产业。

通过发展高端成长型产业,可以避免产生"一哄而起"的产业发展行为,而且能够有效规避每一个省级区域资源、资本、研发人力资源等的限制,将有限的资源、资本和技术进行高效的配置。基于这一思路，传统产业主导型省级区域都可以选择各省产业基础好、技术创新水平高、科技支撑实力比较强的高端产业加以发展，或者选择部分具有优势的战略性新兴产业。根据各省级区域产业发展优势，确定的高端成长型产业，如表 6-11 所示。

表 6-11 传统产业主导型省级区域的高端产业发展

省级区域	电子类	信息类	先进制造类	新能源类	航天航空类
吉林	√		√		
河北		√			
河南	√			√	
湖北	√	√	√		
湖南		√	√		
安徽		√	√		
江西		√		√	
黑龙江	√		√		
四川	√	√		√	
陕西	√		√		√
重庆	√		√		√
山西	√		√		

注："√"表示根据各省区产业优势拟重点发展的高端产业。

传统产业主导型省级区域高端产业的发展不仅是产业发展规律演变的结果，而且还可以带动和促进传统产业的升级与改造。高端产业不是其自身单独发展，而是将传统产业和高端产业有机融合，为传统产业注入发展的新动力。因此，发展高端产业既可以跟踪和把握产业发展的规律和趋势，还能引领和带动传统产业的转型升级。

6.4.2.4 加快推动生产性服务业发展

生产性服务业主要指用于满足中间生产需求，通过市场化模式向生产企业和其他组织的生产活动提供中间投入服务的产业，主要包括金融业、保险业、房地产业和信息服务业等(高觉民，2011)。改革开放以来，随着工业产业升级、分工的细化、城市化进程的加速以及社会生产、生活方式的调整和改变，中国以消费性服务业和生产性服务业为重点的现代服务业得到了快速的发展。2012 年，中国服务业在三次产业结构中的比例达到了 44.6%，与工业占比相当。但我国服务业由于发展体制机制不健全、生产性服务业滞后、商业服务受个人和家庭多种因素的制约，整体水平、消费附加值、科技创新、文化消费等方面严重不足，内部结构不平衡、生产性服务业比例与制造业水平不匹配，与工业化的协同性水平不高。传统产业主导型省级区域的服务业发展滞后，特别是生产性服务业与制造业比例严重不对称，服务业严重滞后于制造业。进入工业化中期阶段后，必须大幅度提升服务业水平，做到生产性服务业与制造业协同及融合发展。

服务业与制造业的协同发展重点从以下三方面入手。

(1)将生产性服务业与制造业协同发展作为重心。由于技术创新对生产性服务业和制造业的共性支持,以及二者的价值链高度关联,所以生产性服务业与制造业的协同是发展的重点。因此,在制造业发展中将其重心由生产链环节转向以供应链和价值链为核心的管理、电子商务、业务外包、技术研发、创意设计、市场营销等具有更高附加价值的生产性服务环节。同时,发展与之相关联的外围性服务业。制造业向价值链的高端攀升不单纯是制造企业内部的事情,而且需要很多外围性的服务业共同创造价值(Mathieu,2001)。

(2)发展新兴服务业。随着物联网、云计算和信息获取技术的进步,数据以巨大的速度增长和积累,大数据时代使得新兴服务业快速发展。在新兴服务业的发展中,一方面大力发展依托信息技术和数字技术而产生的新兴服务业,如数字文化、数字生活、健康产业、生态产业等;另一方面大力推动信息技术改造传统产业或者衍生型产业,如金融保险和各类中介服务。

(3)建立服务业发展的支持体系。从战略层面统一规划服务产业发展,制定完善的制度和标准,坚持市场在服务业资源配置中的决定性作用,鼓励和引导民间资本进入服务业,加强监督管理,提供财政税收支持和金融支持,推动服务产业健康快速发展。

新型工业化中的服务业与制造业的融合意味着工业化的过程也就是服务化的过程,服务化已经渗透到工业化的各个领域之中。由于生产信息化、社会化、专业化导致"生产软化系数逐渐增大"(李江帆,1994),生产过程仅仅是服务实现的一个环节和载体,工业化中的服务化不断增强。新型工业化中的服务化与工业化融合发展,就是要求在重视加工制造等环节的同时,更加重视产业增加值和就业向生产性服务业倾斜,重视研究开发和设计、生产经营与管理、营销渠道的建设与管理、供应链的建设与管理、品牌化塑造与售后服务建设。

6.4.2.5 推动粮食主产区农业现代化发展

舒尔茨(1987)认为传统农业向现代农业的发展是发展中国家经济成长的重要组成部分。农业现代化是为了摆脱传统农业而不断采用现代技术、管理手段、组织形式而推动的农业。农业现代化既是一个过程,又是一个结果,但没有农业现代化的过程,就不可能存在农业现代化的结果,特别是当前农业现代化更是以过程为主的农业现代化。推动传统农业向现代农业转变,对于促进传统产业主导型省级区域工业化实现具有十分重要的作用。

1. 加快推动"三农"发展方式的变革

"三农"发展方式的变革主要指农业生产方式、农民生活方式、农村建设方式和农村资源配置方式的改变。农业生产方式的变革是农业现代化持续获得成功的前提,农民生活方式的改变是农业现代化主体发生根本性变化的必要条件,生产资源配置的优化是农业现代化的基本动力和后续促进力。

(1)农业生产方式的变革必须紧跟农业现代化的步伐和满足城乡经济发展的要求。只有实现农业生产方式的变革和农业产业的集约化发展,才能充分发挥农业产业在农村经济的重要作用,才能为新农村建设提供最核心的保障。

(2)要让农民生活方式跟上经济发展的要求。生活方式的转变是其他因素转变与更新的前提,是农业现代化的思想保障,会相应革新其他生产生活方式。

(3)要实现农业生产资源的合理配置。农业生产资源不仅包括土地、劳动力、原材料等基础资源,还包括政策、市场、技术和观念等新型资源。农业资源不仅要实现在农业内部各行业、各产业之间的优化配置,也要实现农业与非农产业资源的合理配置与流动。只有资源的流动顺畅了,农业的发展才会顺利和高效。

(4)要实现农村基本建设方式的变革,这是新农村建设的重要一步。包括规划布局、建筑方式、基础设施等必须根据当地实际、根据当地产业发展和特色做出符合实际的安排。这四个变革的本质就是实现农业现代化、农民知识化和农村城镇化的互动,就是在"三位一体"互动的视角下,探索农业现代化的新思路。

2. 大力实施农业产业化经营

现代农业的核心是农业产业化发展。农业产业化经营是以国内外市场为导向,应以提高效益为中心,以科技进步为手段,以各类企业、中介组织为龙头,以龙头带动农户,不受部门、地区和所有制的限制,把农产品的生产、加工、销售等环节连成一体,形成有机结合、相互促进的组织形式和经营机制(尹成杰,2002)。农业产业化经营能够有机地联系市场各类主体参与到农业价值链的增值与实现过程中来,既能实现农业生产效率的提高,增加农户收入,又能推动农业结构的优化。但不同省级区域的农业产业化经营模式不一样,所以各地区应该基于自身的地域特征、产业特点选择合适的农业产业化形式。同时,要想推动农业产业化发展,必须大力培育具有优势的龙头企业,明确各区域发展的主导产业和特色优势产业,形成合理的利益分配格局,保障农业产业化经营各类主体特别是农户的利益。

3. 因地制宜地推动科技农业的发展

从国外已有的农业现代化模式看,都是将科技作为农业现代化的核心要素予以推动。美国基于人少地多、劳动力资源相对稀缺的特征,通过农业生产的机械化代替人力,同时重视农业教育、科研和技术推广去发展现代农业。日本是典型的人多地少的国家,其科技重点在农作物品种,大力发展农业工业、发展小型农业机械设备进行精耕细作。德国、英国等重视机械化、电气化和生物技术在农业科技中的作用。因此,作为我国最为重要的农业主产区,传统产业主导型省级区域的农业现代化道路既要立足于产业化与规模化,同时又要将农业建立在科学技术水平的基础上,提升土壤质量、优化农业品种,因地制宜实施农业的机械化,对农业进行精耕细作,实施农产品精深加工,提升农业种养加一体化水平,建立以企业为主体,政府为支撑,动员社会力量共同参与的农业技术创新体系。

4. 推动传统农民向知识型农民转化

现代农业的产业属性必然要求农业生产经营主体的变革。20世纪50年代以来,国外农业发展的实践表明现代农业具有市场化、知识化、智能化、生物化、效益化和国际化的基本特征,与传统农业有着根本的区别。现代农业所表现出来的新的属性必然要求农业生产经营主体与之相适应。与现代农业相比,我国农民能力严重滞后,具体体现为:农业现代化进程中高技术水平的不断运用与农民对相应技术掌握能力严重欠缺之间的矛盾;市场化大潮中农民对市场风险的意识、对农业生产经营做出合理预期与农民市场化知识欠缺之间矛盾；日益开放的条件下，农业国际化发展与农民活动范围区域化之间的矛盾；农村经营规模化、专业化与农民缺乏现代管理知识之间的矛盾；农业与信息化相结合与农民信息化水平比较低之间的矛盾。这些多重矛盾的克服过程也就是知识型农民产生的过程。

因此，传统产业主导型省级区域农业现代化的发展，需要积极培育知识型、技能型、市场经济驾驭型和掌握现代技术的新型农民。农村城镇化是农业现代化进程中商品、资本、农民追求规模经济效应出现的空间集聚的动态过程，这一过程是农民素质提升和农业产业化发展的必然选择。因此，新型农民是城镇化的重要主体和推动力量，是将农业、农村与城镇有机联系在一起的执行者。农业现代化是城市经济与农村经济的节点，它把现代化的农业生产与发达的城市市场统筹运作，既可以实现城乡优势互补，又可以优化城乡二元经济结构，从而加快城乡经济一体化的步伐。

6.4.3 传统产业主导型省级区域三类典型企业发展

1. 推动传统企业向现代企业转型

传统产业主导型省级区域中以传统制造业为主的企业运营具有典型的传统组织与管理特征。传统企业生产经营效率比较低下的主要原因在于其经营管理存在产权制度不清晰、决策机构臃肿、经营方式不灵活、主体与目标多元、对市场的反应滞缓等问题。推动传统企业向现代企业制度转变，不仅仅是在组织架构上设立比较完善的管理机构，更应该改变传统企业在管理方式上的独断与专权，建立有效的公司法人治理结构和明晰的产权，运用信息化等现代化的手段加强对企业的管理。

2. 促进高端成长型企业发展

高端成长型产业的特点决定高端成长型企业具有完全不同于传统企业的特征：①首先是培育最具有创新精神的企业家，深刻把握企业所从事领域的最前沿技术，拥有全面的知识、锲而不舍的创新精神和不达创新目标不罢休的事业心；②全面塑造高端成长型企业的创新能力，引进创新型的优秀人才，建立完善的创新激励机制、搭建最好的创新平台，为企业优秀的创新人员解决后顾之忧；③建立完善高端成长型产业一体化发展体系，在研究与开发、技术产品化、产业化和市场化整个过程都比较完善。

3. 推动龙头企业做大做强

龙头企业具有三个重要的特征。①对终端市场提供完整或整体功能的产品或服务；②必须具备相当的规模（吴金明等，2007）。区域龙头企业对农业产业化的推动、促进就业和农民收入增长的作用是巨大的。龙头企业的发展：①要不断做大做强各省级区域的龙头企业，将各省级区域工业化的中心由重视工业向重视农业与工业并重的过程转变，农业的发展重点就是扶持具有带动作用的龙头企业，提高其管理水平和能力，提升其产品质量和品牌效应；②要增强龙头企业的带动和引领作用，通过兼并、重组、获得控股权等多种方式推动龙头企业做大做强，提高龙头企业的技术水平和研发能力，延伸龙头企业的产业链，通过龙头企业培育具有区域竞争优势的专精特新等产品，增强龙头企业的带动力；③构建企业与农户的利益协作，龙头企业的根基在农户，这是任何一个龙头企业都不能改变的，因此龙头企业与农户应建立一个公平、公正的利益协作关系，增强自身的责任意识，保障农户获得持续的利益。

三类企业的发展必须适应服务化的大趋势。知识经济和信息经济持续运用于经济发展中已经使企业的价值链由传统的生产制造部门转向具有更高附加价值的研发部门、市场营销、A/S 等服务部门，工业化过程中的服务化日益成为工业化发展的重要内容。Vandermerwe 等（1988）认为服务化是将产品、服务、支持、知识、自我服务有机结合在一起的新商品。企业服务化需要三个阶段：①企业通过提供单纯的产品或者服务获取利润；②将产品与服务结合起来开拓新的市场；③构建顾客教育、远程服务等系统，为顾客提供解决问题的知识、方案，同时实现顾客的自我服务需求。工业化国家的实践已经表明，过于重视生产性增值部分而不重视服务的发展，不可能占据价值链的高端环节和控制产业价值链，也不可能让工业具有竞争优势，因为工业化的竞争既有可能在技术领域产生，也有可能在服务领域中产生。

6.5 传统产业主导型省级区域工业化道路的实现机制

分析我国传统产业主导型省级区域新型工业化的内在机理有利于从根本上认识其工业化发展的方向，为其工业化实现寻找正确的道路。如何认识传统产业主导型省级区域新型工业化的内在机理呢？这需要从产业的发展类型和工业化、城镇化与农业现代化的联动机制以及对外开放与合作机制等方面加以分析。

在传统产业的主导下，工业化的内在逻辑关系是"三高一低"的产业主导，城市的发展对此依赖性较强，形成一种产业导向的城镇化，特别是制造业导向的城镇化发展模式。农业受工业的反哺作用较弱，长期发展滞缓，造成"三化"之间的协调性比较弱。因此，传统产业主导型省级区域工业化实现机制应从工业化发展的重要产业关联机制、城镇化主导的工业化机制以及工业化、城镇化与农业现代化的协调发展机制入手。

6.5.1 传统产业主导型省级区域工业产业发展机制

基于上述产业发展的重点安排，传统产业主导型省级区域工业产业发展机制主要有传统产业转型升级的动力机制、高端成长型产业协同发展机制和服务业支撑工业产业的机制。

1. 传统产业转型升级的动力机制

传统产业转型升级的动力机制可以从需求和供给两端加以分析。从供给结构看，首先，资源消耗与环境保护的约束、能源节约都会形成传统产业发展的刚性约束，因而可以形成传统产业发展的压力。其次，通过技术的牵引、管理效率的提高以及现代信息化手段的运用形成对传统产业产出的改变,进而提升其效率。从需求结构看,其是倒逼传统产业升级的关键性环节。因为一旦市场需求出现升级,原有的传统产业必将淘汰,相应的新的产业出现,这就是需求诱致的传统产业结构升级。为此,一方面需要鼓励需求结构不断升级,另一方面需要创造条件,使需求结构升级出现。

2. 高端成长型产业协同发展机制

高端成长型产业的发展既不能脱离区域工业产业的客观现实,又应该对推动区域工业产业发挥引领和带动作用,因而,其机制设计的重点需要考虑发展、带动机制。其发展机制的核心在于形成以创新为中心的高端成长型产业推进机制,这需要企业和政府共同推动,形成从创意到商品被消费者消费的推进机制。从带动机制看,应该将高端成长型产业的技术研发与传统产业的技术需求有机结合起来,推动二者协同发展。

3. 服务业支持工业产业的机制

服务业支持工业产业是工业化发展到一定阶段的必然要求。只有工业化发展到一定阶段后,才会形成对服务业的强劲需求,才具有融合的可能性。只有服务业向工业领域延伸,为工业化提供服务,和工业化融合才有可能提升二者的水平,因此融合是发展的动力,融合塑造出新的价值。服务业与工业化的融合意味着工业化的过程也就是服务化的过程,服务化已经渗透到工业化的各个领域之中。由于生产信息化、社会化、专业化导致"生产软化系数逐渐增大"(李江帆,1994),生产过程仅仅是服务实现的一个环节和载体,工业化中的服务化不断增强。服务化与工业化融合的目的在于实现制造型经济向服务型经济的转变。工业化早期阶段,价值创造的核心环节主要是生产领域,服务仅仅是价值实现的一个简单环节。第三次技术革命后,生产制造环节地位下降,以知识经济和信息经济为核心的服务在价值塑造中的地位和作用日益突出,并逐渐成长为工业化过程中价值创造的核心。推动制造型经济向服务型经济转变,建立服务业与工业化融合机制应立足于两个方面。

(1)建立制造业服务化机制。无论是重化工业或者是现代制造业,都应实现以制造环节为核心向以服务为核心的战略转变。随着产业价值链的重心由传统的生产制造部门转向具有更高附加价值的研发部门、市场营销、售后服务等,专注于生产制造环节的价值空间不断缩小,竞争力不断削弱,服务业的价值不断提升,并成长为制造业的核心竞争力。因此,服务业与工业化的融合,就是传统制造业向服务型制造业的转变过程,就是由专注于生产制造向专注于研究与开发、售后服务体系的建设和全方位制造方案的解决过程。

(2)建立服务产业化机制。服务产业化是服务化与工业化融合的根本保障。大数据和信息时代的新型工业化是在重视工业制造环节价值增值的同时,推动服务产业化。重点包括信息服务产业化、生产性服务产业化、知识服务产业化、研发与设计服务产业化、管理咨询服务产业化等内容。

6.5.2 工业化、城镇化和农业现代化联动协调机制

工业化、城镇化和农业现代化的联动协调是城乡一体化发展的有效途径。在三者的关

系中,工业化是经济发展的基础和动力,城镇化和农业现代化是解决"三农"问题的两大抓手。工业化、城镇化和农业现代化联动的关键是要把握工业化的基础性作用,核心是要把实现合理的城镇化作为新农村建设的中心,目标是实现农业的现代化,促进区域的协调发展。

工业化、城镇化和农业现代化的互动关系如图6-2所示。工业化为城镇化提供原材料市场,为农业现代化提供下游产业链的承接和技术支持;城镇化为工业化和农业现代化提供产业、财力和人力的集约空间载体;农业现代化为城镇化和工业化分别提供最稳固的保障和上游产业源。"三化联动"对新农村建设的促进作用远大于单一的推动力。把握好"三化联动"所发挥出来的资源和能量,新农村建设将会更加顺畅。

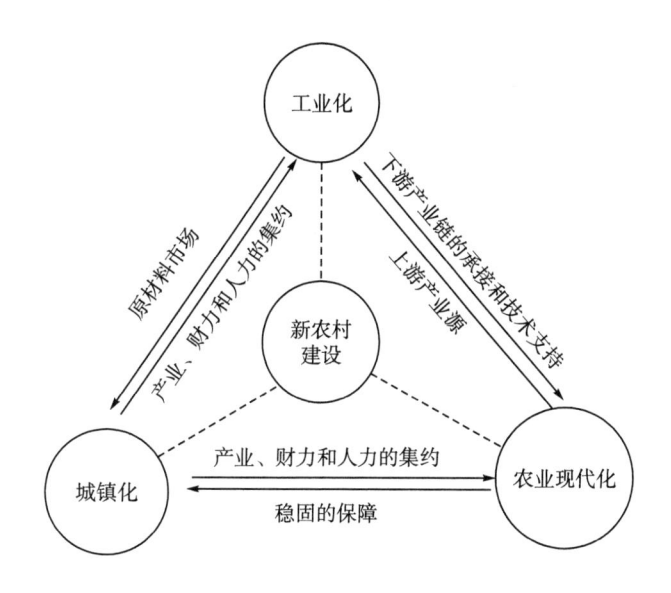

图6-2 工业化、城镇化和农业现代化"三化联动"的协调机制

建立工业化、城镇化和农业现代化"三化联动"的协调机制应重点从以下方面着手。①加快推动工业化对农村的带动性作用。工业化是经济发展的基础和动力,只有加快工业化的发展,才能有效实现城乡统筹发展,把农村的资源、劳动力和特色优势产业整合起来,实现工业的延伸。开发农村巨大的潜在市场,把工业产能和产品拓展到农村,把农村的资源、劳动力等优势就地转化成经济效益。工业化的扩散效应及城乡的链接效应能加速促进城乡从对抗、独立到相互融合、渗透和促进,实现城乡一体化。把握好工业化的步调,就为新农村建设的顺利进行提供了内部性保障和外部性支持。②做好城镇化与新农村建设的协调与互促。新农村建设的目标是实现集镇建设、规模发展、集约用地和农业人口的缩减与专业化。城镇化正好与新农村建设的目标相辅相成。加快推动城镇化的步伐,实现农业剩余劳动力的就地转移和转化,把剩余劳动力的就业压力转化为人力资源的优势,把新农村建设过程中的产业集中与富余劳动力相结合,使劳动力的专业化、知识化和技能化与城镇建设结合起来,充分发挥集镇在市场消费和产业集中方面的优势,推动新农村建设顺利

进行。③农业现代化与新农村建设的互动。农业现代化是指农业产业的一体化,包括产前、产中、产后的一体化。农业现代化的实现将对农民素质和农村产业进行根本性地提高、优化和集中,这与新农村建设的集中化和集约化相辅相成,能根本性地改变农村面貌,实现新农村建设的目标。

6.5.3 农民知识化、农业现代化与农村城镇化的协调互促机制

农民知识化、农业现代化与农村城镇化相互促进、相互统一,三者的协调和统一发展有利于更健康地推动农业现代化发展。在三者的互促过程中:①要采取有效措施,不断培训农业生产经营的主体,因为农民专业文化素养的高低与农业现代化水平的高低是一致的,如果农民知识化水平低,就不能满足现代化建设的要求,比如可以请专家学者进入农村,统一培训适应社会主义新农村建设的新型农民;②农业现代化水平的高低要与农业知识化水平和农村城镇化水平的高低相适应,在"三位一体"的建设中,要不断推动农业现代化水平发展,提高农村城镇化的质量和内涵,使农民知识化、农业现代化和农村城镇化在较高水平上保持一致;③农村城镇化得以持续发展的产业基础是现代化的农业产业,主体是知识型水平高的新型农民,这是城镇化建设必须把握的两个核心问题。因此,城镇化可持续发展首先必须要有与之相适应的产业作为支持,否则农村城镇化的产业将出现空心,城镇化随之会成为伪城市化。其次,必须要有与之相适应的知识型农民,这是城镇化富有活力的重要保障,因此要创造条件,建立一个宜居、宜业、生态和谐的城镇环境。

6.5.4 对外开放与合作机制

传统产业主导型省级区域是在一个相对封闭的体系中发展其工业化,这一封闭体系的主导者就是政府。在政府主导下,投资是其发挥作用的关键力量,而政府的投资都具有公共产品的性质,势必会投向基础设施等领域,对大宗商品的需求会激发相应产业的发展。此外,在一个相对封闭的体系下,地方保护主义要求尽可能地利用本地制造的产品,所以会推动本地产业的发展。更为重要的是,房地产业和铁公基(铁路、公路、机场,水利等重大基础设施建设)在中国大江南北都经历着高速的发展,对重化工产业的钢铁、水泥等拉动效应也比较明显,因此在相对封闭的体系下,政府主导下的工业化势必会对本区域的传统制造业形成既有一定保护,又具有旺盛的需求。由此可以看出,传统产业主导型省级区域在相对封闭的体系内发展工业化,同时在政府强力推动下发展工业化势必会使传统产业形成强的路径依赖,而打破这个路径依赖的阻力较大、动力严重不足,这是深刻制约传统产业主导型省级区域工业化发展的重要原因。

在对外开放与合作机制建设方面:①充分发挥"一带一路"对对外开放的作用。从我国目前公布的六大经济走廊看,中蒙俄、新亚欧大陆桥、中国—中亚—西亚、中国—中南半岛、中巴、孟中印缅都经过传统产业主导型省级区域。因此,相应省级区域应抓住发展的机遇,充分利用这一平台,在更大程度上实现对外开放,通过对外开放促进工业化的实

现；②加强各省级区域之间的对外开放与合作，形成合理的分工与协作格局。改变过去省级区域之间不合作、少合作、恶性竞争的格局，实现各省级区域之间产业发展沟通、市场共建；③要跨越时空，更积极主动地融入全球经济一体化的大趋势。在全球范围内进行分工合作，而不仅仅是在省级区域范围去配置资源，为工业化提供充足的动力机制。

第7章 新兴产业导向型省级区域新型工业化道路的实现模式与机制

7.1 新兴产业导向型省级区域的经济地理特征

7.1.1 新兴产业导向型省级区域的自然地理

我国新兴产业导向型省级区域主要包括广东、福建、浙江、山东、江苏、上海、北京、天津和辽宁9个省级区域,总面积约为84.86万平方公里、占全国总面积的8.84%,人口约为4.8亿、占全国总人口的35.26%,人口密度比较大。这些省级区域基本上位于我国经济最发达的几大增长极,即珠江三角洲、长江三角洲、京津冀环渤海经济圈、山东半岛、海峡西岸开发区。新兴产业导向型省级区域属于我国地理的第三级,主要气候特征是夏季高温多雨、冬季寒冷干燥、气候南北差异比较大。北京、辽宁和山东属于温带季风气候,上海、江苏、福建、广东属于亚热带季风气候,各省级区域的自然地理及人口状况如表7-1所示。

表7-1 新兴产业导向型省级区域面积和人口

省级区域	面积/$10^4 km^2$	人口/万
北京	1.64	2114
天津	1.19	1472
辽宁	14.8	4390
山东	15.79	9733
江苏	10.26	7939
浙江	10.18	5498
上海	0.63	2415
福建	12.4	3774
广东	17.97	10644
总计	84.86	47979
全国	960.00	136072

数据来源:2014年各省级区域统计年鉴。

7.1.2 新兴产业导向型省级区域的经济地理特征

1. 新兴产业导向型省级区域区位优势明显

新型产业导向型省级区域的区位优势十分明显。①近邻海洋。这些省级区域都紧邻海洋，分别是北海、东海和南海，按照经济地理学的理解，距离海洋越近的区域，其经济发展的水平越高。②经济基础较好。由于改革开放以来，新兴产业导向型省级区域基本上都是优先发展的重点区域，因而区域内部经济基础和条件较好。③优惠政策密集区。在非均衡发展战略的指引下，为了尽快让一部分地区先富起来，中央政府选择了这些具有较强区位优势和经济优势的区域，通过政策的倾斜让其率先发展起来。

2. 处于优先开发区和重点开发区

按照国家主体功能区规划，这些省级区域是我国的重点开发区和优先开发区，但各省级层面的规划存在较大的差异。根据资源禀赋、环境容量、现有开发密度、人口潜力等情况，浙江省将重点开发区集中于环杭州湾和温台沿海地区以及临港工业发展区等，优先开发区主要包括杭州湾和温台地区高速公路沿线城镇密集区，限制和禁止开发区主要包括浙江省森林覆盖地区、江河水系源头、湿地保护区和具有特殊保护价值的区域（范利祥，2006）；山东省将淄博、烟台、潍坊、济宁、泰安、日照、临沂、东营等经济条件较好、承载能力较强的区域列为重点开发区，将青岛、济南、东营等开发密度较大、资源环境承载力较弱的地区列为优先开发区，将枣庄、莱芜、德州等集聚经济能力较弱、国土开发密度较低的地区作为限制开发区，省内的国家级自然保护区、森林公园、湿地保护区作为禁止开发区（张广海等，2007）；福建省将海峡西岸等产业基础条件较好和人口集聚程度高的沿海区域作为重点开发区，根据发展的需要将区域内部山地、丘陵作为优先开发区，将省内的森林系统作为限制开发区、重点突出森林的生态系统保障，将武夷山等生物多样性的区域作为禁止开发区域、强化湿地和生态保护；广东省将东莞、中山、珠海、惠州、广州作为珠江三角洲的重点开发区，江门、阳江、茂名、云浮、潮州、汕头作为优先开发区，北部、东北地区的梅州、河源作为限制开发区，省内的森林公园、风景名胜作为禁止开发区；河北省将唐山、石家庄作为重点开发区；天津将滨海新区作为重点开发区等。各省级区域内部比较多的处于重点开发区和优先开发区，有利于经济活动主体根据功能区划的要求，合理选择区域工业化的发展方式，有序推动各省级区域的工业化发展。

3. 各省级区域的新兴产业发展基础较好

新兴产业导向型省级区域经过多年的率先发展，已形成了高新技术主导的新兴产业形态。长江三角洲、珠江三角洲和环渤海地区已成为我国三大高新技术产业密集区，这三大区域高新技术产业产值占全国高新技术产业产值的比例达75%以上，因此新兴产业发展具有非常良好的基础。各省级区域新兴产业的战略性定位都非常明晰。如长江三角洲重点发展通用设备制造、交通运输设备制造、计算机仪器仪表、医药制造业、计算机制造等现代制造业，珠江三角洲重点发展计算机制造、电子零配件、家电等现代制造业，环渤海经济圈主要发展海洋高新技术、装备制造、石油精加工等现代制造业。

7.2 新兴产业主导下的工业化理论认识

7.2.1 新兴产业的内涵和特征

对于新兴产业的相关界定并没有统一的认识。概括不同学者对新兴产业的理解，主要有以下四方面的观点(李伟娜，2009)。①认为新兴产业是科技进步力量作用下的产业，对整个经济社会发展发挥着比较关键的促进作用，处于产业生命周期中的萌芽阶段和成长阶段。产业增长率较高，产业结构以及相关支撑产业变动性较大。②认为新兴产业是由于技术的突破、产品或服务的创新而产生的产业，其可能是一种全新的发明，是依靠不同于传统技术的新技术形成的一系列产业，又称为高新技术产业，也有可能是在既有的技术、产品或服务上因改进与创新而产生的产业，对传统产业有一定的依赖性。③认为新兴产业是由于新的消费需求的产生或社会的改变而使新的产品或服务提升至可能、可行的行业机会，从而促成新的产业，是需求拉动产品、服务、技术，甚至是管理模式的创新而产生的新兴产业。④认为从区域的角度看，新兴产业是针对各地区不同的特点，其发展能够发挥各地区的优势，能够有效化解产业发展中的困难，有力推动各地区均衡发展、扩大就业、提高国际竞争力的产业。

一般认为，新兴产业主要是指在新的科技成果的推广和应用基础上新产生的产业，主要包括在信息技术推广和应用基础上形成的信息产业、在电子技术推广和应用基础上形成的电子工业、在新材料技术推广和应用基础上形成的新材料工业、在新能源技术推广和应用基础上形成的新能源工业、在生物工程技术推广和应用基础上形成的生物工程工业，以及在宇航和海洋技术基础上形成的宇航工业和海洋工业(李锐，1988)。

本书认为，新兴产业是由于技术创新、新的消费需求的产生，或者其他经济或社会的改变使新的产品或服务提升至可能、可行的商业机会而发展起来的产业(Porter，1980)，是全新的、在销售和就业方面快速增长的产业，是范式发生改变的产业 (Erickcek et al.，2007)。在突破性思想、思想的合成或现存观念的重新组合下，市场需求重大的不确定性、可行的商业模式、社会认可、技术轨道等都可能引起新兴产业的出现(Heffernan et al.，2009)。新兴产业处于产业发展初期阶段(Low et al.，1997)，但早期很难识别，因为一些新兴产业在这一阶段并不需要新产品的产生(Macdonald et al.2010)。

从新兴产业的界定可以看出，其具有以下几个方面的特征：①在开始建立时，产值比例不大，但生产增长率高；②多是技术知识密集型产业，科研经费高，员工的科技水平高；③产品的附加价值高；④对于国民经济的现代化具有较强的推进和带动作用(李锐，1988)。

7.2.2 新兴产业发展的理论基础

1. 熊彼特的创新理论

熊彼特是第一个系统而完整地提出创新理论的西方学者。他认为创新是"当我们把所能支配的原材料和力量结合起来,生产其他的东西,或者用不同的方法生产相同的东西",这一过程即"企业家把一种从来没有过的生产要素和生产条件实行新的组合,从而建立一种新的生产函数"。熊彼特的创新包括五个方面的内容:①引进新产品;②采用新的生产方法;③开辟新的商品市场;④控制原材料供应的新来源;⑤实现企业的新组织。总的说来,是企业家对新产品、新市场、新生产方法和组织的开拓以及对新原材料的控制(约瑟夫,1979)。他还认为创新是企业家的唯一职能,其创新理论的核心在于生产技术的变革和生产方法的革新是经济发展过程中重要的推动力量。当然,其创新的观点为产业发展的创新奠定了基础。

2. 产业生命周期理论

产业生命周期理论源于产品生命周期理论。美国学者 Booz 和 Allen 在《新产品管理》一书中提出了产品生命周期理论,他们根据产品销售将一个产品的生命周期分为导入期、成长期、成熟期和衰退期四个阶段。20 世纪 60 年代,Vernon(1966)分析了美国产业的国际化,根据产业从发达国家到发展中国家一次转移的情况,将产品的生命周期分为导入期、成熟期和标准化时期三个阶段。Abernathy 和 Utterback(1996)将产品的生命周期与创新结合,将其分为流动阶段、过渡阶段和稳定阶段。

产业生命周期指产业从产生到消亡具有阶段性和规律性的厂商行为。Gort 和 Klepper(1982)提出了该理论,并将其划分为引入期、大量进入期、稳定期、大量退出期和成熟期五个阶段。产业生命周期理论分为成熟前期和成熟后期两个阶段,在成熟前期,几乎所有的产业都具有"S"形的生产曲线,在成熟后期,产业生命周期曲线要么处于稳定成长的成熟期,要么进入衰退后退出市场(刘婷等,2009)。新兴产业生命周期是学者研究的一个重要论题。

3. 竞争优势理论

追溯竞争优势理论的渊源,应始于李嘉图的比较优势理论,其成为产业国家分工的奠基性理论。俄林的要素禀赋理论是发展了的比较优势理论,该理论指出各国要素禀赋的差距是造成比较成本差距的重要原因,这些传统的比较优势理论容易陷入"比较优势陷阱"中。所谓"比较优势陷阱"是指一国(尤其是发展中国家)完全按照比较优势的原理,生产并出口初级产品和劳动密集型产品,在与技术和资本密集型产品出口为主的发达国家的国际贸易中,虽然能获得短期利益,但贸易结构不稳定,总是处于不利地位,此外还可能会错过在其他部门的潜在学习效应,导致福利损失,从而落入"比较优势陷阱"。竞争优势理论就是在这一背景下提出。

波特的竞争优势理论指出一个国家的竞争优势就是企业、行业的竞争优势，一个国家的成败就取决于其在国际市场中的竞争优势，在中观层次上，这又取决于是否有具有优势的主导产业，在宏观层次上取决于是否具有高级的生产要素、良好的国内需求、相关或者支撑性的产业存在和企业的战略结构与竞争。在进一步分析的基础上，波特提出了竞争优势的发展阶段：第一阶段是要素推动的阶段，即在对外分工中拥有廉价的劳动力和丰裕的资源；第二阶段是投资驱动的阶段，资本的积累和更新加速新产业的出现和产业的发展；第三阶段是创新推动阶段，研究与开发是创新的主要来源；第四阶段是财富推动阶段（盛晓白，1998）。竞争优势理论表明在任何一个国家或地区中，保持一国的竞争优势十分重要，而新兴产业在竞争优势的塑造中的作用是非常巨大的。

7.2.3 新兴产业主导下发达国家工业化道路之争

第二次世界大战结束之后，欧美发达资本主义国家步入经济增长速度非常快的黄金时期。美国在20世纪50年代就已经进入后工业化社会，日本、德国等在20世纪70年代进入后工业化社会，这标志着工业化已经完全实现。工业化基本完成的发达资本主义国家，人均GDP已达到10000美元以上，由重视工业向重视第三产业转变，特别是向高端服务业迈进。以美国的工业化为例，在工业化实现之后，其在产业结构的表现上已经十分明显，从其20世纪70年代到80年代的产业结构变动可以看出，商品生产、建筑、制造业比重呈现逐年下降的趋势，而服务业比例上升趋势非常明显。从就业结构的指标看，商品生产、建筑、制造业就业比例逐年下降，服务业就业人员比例逐年上升（表 7-2）（张守一，1989）。

表 7-2 美国产业结构和就业结构变化（1972～1986 年）

产业名称	产业结构			就业结构		
	1972 年	1979 年	1986 年	1972 年	1979 年	1986 年
商品生产	48.3	46.5	43.5	28.0	26.1	22.1
其中：矿业	4.8	4.0	3.3	0.7	0.9	0.7
建筑业	7.9	6.9	6.8	4.6	4.4	4.4
制造业	35.6	35.6	33.4	22.7	20.8	17.0
其中：耐用品	18.0	18.3	17.0	13.1	12.6	10.0
非耐用品	17.6	17.3	16.4	9.6	8.2	6.9
服务生产	47.9	50.0	53.1	59.0	62.2	66.6
其中：运输与公用事业	8.6	9.1	8.1	5.4	5.1	4.7
批发商业	4.8	4.9	5.6	4.9	5.1	5.1
零售商业	6.6	6.7	7.4	14.0	14.8	16.0
金融、保险和不动产	10.0	10.8	11.6	4.6	4.9	5.6
服务	10.8	12.0	13.8	14.3	16.5	20.2
政府	7.1	6.5	6.6	15.8	15.7	15.0
农业	3.6	3.3	3.3	4.2	3.4	2.9
私营住宅	0.2	0.1	0.1	2.0	1.3	1.1

正因为发达资本主义国家在工业化完成后产业结构和就业结构变化十分明显,第二产业对整个产值和就业的贡献率明显下降,第三产业的相应指标明显上升,不少学者认为工业化实现之后的后工业化阶段,发达资本主义国家已经不需要再发展工业,不需要工业化,只需要发展第三次产业,特别是高端的第三产业就足够了。

这一判断无论是理论上还是实践上都难以成立。从理论上看,发达资本主义国家的再工业化已经是一个共识,最早由阿米泰·埃兹厄尼首先提出,他认为美国的工业化进程倒退了,过度的消费和投资不足削弱了美国的生产能力,如果美国要继续保持高生活标准和为国防提供所需的资源,就必须花费时间来提高其生产能力,或进行再工业化(阿米泰·埃兹厄尼等,1980)。

虽然不少学者从理论上提出再工业化的重要性,但是在实践中并没有引起重视,也就是说并不具备再工业化转向的条件和基础。其主要原因在于20世纪70年代以信息技术为驱动力的新兴产业高速发展,不仅提高了实体经济的发展效率,而且为金融创新提供了最有力的支持,虚拟经济的快速发展及不断忽视实体经济的作用,使实体经济与虚拟经济严重背离,成为金融危机爆发的导火索。2008年的金融危机本质上是对美国去工业化发展方式的反思,这从根本上要求美国重新审视经济发展战略,特别是真正回归到再工业化战略上来。

美国制造业复兴是其再工业化战略的核心和重要内容。但这种再工业化不再是以传统的依靠劳动力成本、产业链的完善配置以及专业性的技术人才等为基础的工业化,而是充分利用多年来发展的新兴产业,特别是战略性新兴产业积累的技术优势,以人工智能、数字制造、3D打印、工业机器人等先进制造技术推动现有的全球工业体系向美国等发达国家所具有的优势转变。

从美国工业化实现之后新兴产业发展的过程可以看出,美国新兴产业的发展是新技术革命的必然,终结了工业化进程,但新兴产业带动的、重视第三产业的发展方式并没有让美国走得更远,重新审视,发展战略性新兴产业推动再工业化发展就成为工业化道路的必然选择。因此,新兴产业的发展不是改变工业化的道路,而是更好地服务于工业化。欧美发达国家再工业化作用的产业形态虽然没有发生变化,但是产业的发展方式、组织模式等变化深刻,这种变化是由第三次工业革命对工业化带来的影响所致。这也从另外一个角度说明,工业化是必然的,但工业化的发展方式可以改变。

7.2.4 中国新型工业化进程中新兴产业发展理论

虽然我国在改革开放以后才步入工业化发展的正常轨道,并在相当长的一段时期内都走了一条传统工业化道路,但从理论与实践层面都在探索新兴产业的发展问题。周叔莲等(1984)就新兴产业与传统产业的关系进行比较,认为二者的关系是一个战略问题,新兴产业是在传统产业的基础上发展起来的,虽然传统产业发展还不成熟,但发展新兴产业有利于实现产业结构优化,改造传统产业和提高社会经济效益。薛跃(1991)对支柱产业、主导产业、新兴产业的递进发展加以研究,认为三者的递进推动产业结构不断优化。但新兴产业的发展并没有在事实层面有效地展开。这既有我国产业发展整体水平比较低、对轻工业和重化工产业的需求依赖比较大等方面的原因,还与我国科技水平整体比较落后有关,导致我国在传统工业化阶段，新兴产业的发展严重不足。

随着信息化的不断发展和技术水平的不断提高，我国对新兴产业的需求呈现加速趋势，但这一阶段也是我国重化工业高速发展的时期，虽然提出了发展新型工业化，但工业化进程中的避轻就重很难改变。

21世纪以来，虽然我国提出了发展新型工业化道路，但是在工业产业的选择与发展中仍然没有摆脱传统重化工产业的影响。其原因主要有以下几个方面。一是我国对房地产和基础设施建设的需求旺盛，直接刺激和拉动重化工产业的发展；二是重化工产业的资源要素投入驱动模式比较简单，规模经济效应比较强，对企业利润的获得有很强的保障，因此重化工产业得以快速发展。但重化工产业的"高污染、高消耗、高投入、低产出"使得这一模式只见经济增长，不见发展质量的改善。早在2005年，著名学者吴敬琏就指出中国重化工产业存在"三高一低"的严重问题。但另外一些学者则认为我国现阶段还没有进入以新兴产业为主导的工业化阶段，还处于不能逾越的重化工业阶段，这是工业化进入中期阶段的重要特点。本书认为，中国特色新型工业化下的新兴产业发展是我国工业化发展的方向所在。这一方向既为遵循产业发展的规律所要求，也是我国产业未来发展的必然选择。但这并不影响重化工产业的发展，其实二者并非是相互对立的关系，关键在于准确地把握产业的发展方式。

新兴产业发展在理论上的持续争论并没有在实践上引起推动这一产业发展的有效转向，即我国的新兴产业发展并不理想。2008年，我国为了应对席卷全球的金融危机，提出发展战略性新兴产业。2010年10月，（中国共产党第十七届中央委员会第五次全体会议）提出"要发展现代产业体系，提高产业核心竞争力，改造提升制造业，培育发展战略性新兴产业。"与此同时，《国务院关于加快培育和发展战略性新兴产业的决定》明确了我国新兴产业"三步走"战略：在2015年战略性新兴产业形成健康发展、协调推进的格局，强化对产业结构升级的推动作用；2020年，要求其吸纳、带动就业能力显著提升，节能环保、新一代信息技术、生物、高端装备制造业成为国民经济的支柱产业，新材料、新能源、新能源汽车成为国民经济的先导产业，并建成一批产业链完善、创新能力强、特色鲜明的战略性新兴产业集聚区；2030年战略性新兴产业的整体创新能力和产业发展水平达到世界先进水平。

战略性新兴产业是众多新兴产业中的核心产业，是世界新兴产业竞相角逐的焦点产业，是决定我国能否实现由传统产业向新兴产业迈进的产业。这些产业发展的成功与否，对于推动我国新型工业化的最终实现具有决定性的意义。因此，战略性新兴产业的提出有利于推动新型工业化从以传统产业为基础向以新兴产业为基础的转变。

但我国发展新兴产业面临着非常大的挑战。这个挑战在于转向过程中发展的动能严重不足，而且对于如何发展新兴产业存在着比较大的争议。特别是战略性新兴产业出现后，各个省级区域都将其作为发展的重中之重，这是否符合各省级区域的特点呢？本书认为，战略性新兴产业并非适合所有的省级区域，资源产业依赖型省级区域应该立足于资源产业类型的新兴产业，同时发展具有较强基础和实力的战略性新兴产业。传统产业主导型的省级区域则应该围绕着与传统产业相关联的产业发展战略性新兴产业，同时选择优先发展的重点产业，如四川根据自身的特点，选择五大高端成长型产业作为战略性新兴产业推进的重点,通过高端成长型产业带动其他战略性新兴产业的发展,就具有十分重要的启示意义。

总之,中国发展新兴产业所处的工业化阶段完全不同于发达资本主义国家新兴产业发展时期,其根本原因在于中国是在没有实现工业化的情况下发展新兴产业。发达国家的新兴产业得以发展是内生于第二次科技革命基础上的重化工业发展的结果,是资本家不断追逐利润、提高生产效率的必然要求,其根本的推动因素在于技术革命与创新的驱动。我国新兴产业也是在我国工业化进程中不断提高工业生产效率的结果,但更具有外生性的特征,其植根于产业内的黏性较差,导致发展不如人意,且困难重重。

7.3 新兴产业导向型省级区域工业化实现面临的挑战

虽然我国新兴产业导向型省级区域的工业化水平普遍较高,从人均收入水平看,工业化水平最高的北京、上海等省级区域已经超过世界平均水平,接近发达国家的人均收入水平,工业化水平相对较低的福建省也远远高于部分发展中国家。但这仅仅是部分指标的反映。事实上,工业化还远没有达到实现的程度,工业化质量不高、现代产业体系建设滞后、区域创新体系建设任重道远,这无疑困扰着我国新兴产业导向型省级区域工业化的实现。

7.3.1 新兴产业导向型省级区域工业化的质量不高

虽然新兴产业导向型省级区域的工业化总体水平远比其他两个类型省级区域高,但是区域内部工业化差异仍然较大,结构急需进一步优化,高新技术产业竞争能力不突出,工业量的增长并没有带来高质量产业的大量涌现,工业化总体质量并不高。

从 2013 年 GDP 总量看,新兴产业导向型省级区域占我国 GDP 总量比较大,达 55.9%。其中,广东、江苏、山东的 GDP 分列前三名,分别为 62164.0 亿元、59161.8 亿元和 54684.3 亿元,福建、辽宁等省相对较弱一点。从 2013 年人均 GDP 看,最高的是天津、北京和上海,分别为 99607 元、93213 元和 90092 元。最低的是山东、福建、广东和辽宁,但也达到 6 万元左右(表 7-3)。特别需要说明的是,广东虽然 GDP 总量大,但是由于人口多,其人均 GDP 并不高。从人均 GDP 看,新兴产业导向型省级区域与欧美发达国家的差距还不小。

从 2013 年工业增加值比例看,北京、天津和上海的绝对值和比例并不高,但其他比较发达的省级区域,如广东、江苏和浙江的绝对值占 GDP 的比例都高。

从 2013 年三次产业结构优化程度看,优化程度最高的是北京、天津,第一产业和第二产业比例较低,第三产业比例高,其余各省第一产业达到 7%左右,第二产业比例达到 45%左右,第三产业比例不高。

表 7-3 新兴产业导向型省级区域工业化基本概况(2013 年)

省级区域	GDP/亿元	人均 GDP/元	工业增加值/亿元	三次产业结构之比
北京	19500.6	93213	3536.89	0.8:22.3:76.9
天津	14370.2	99607	6678.6	1.3:50.6:48.1

续表

省级区域	GDP/亿元	人均GDP/元	工业增加值/亿元	三次产业结构之比
辽宁	27077.7	61686	12510.27	8.6∶52.7∶38.7
山东	54684.3	56323	24222.2	8.7∶50.1∶41.2
江苏	59161.8	74607	25612.24	6.1∶49.2∶44.7
浙江	37568.5	68462	16368.43	4.8∶49.1∶46.1
上海	21602.1	90092	7236.69	0.6∶37.2∶62.2
福建	21759.6	57856	9455.32	8.9∶52.0∶39.1
广东	62164.0	58540	27426.26	4.9∶47.3∶47.8

资料来源：2014各省统计年鉴及统计公报。

从2013年轻重工业和高新技术产业的情况看，各省级区域的重工业比例较大，轻工业比例较小。高新技术产业产值占工业增加值的比例非常低，最高的上海、北京和广东，超过90%但都不足100%(表7-4)。

表7-4 新兴产业导向型省级区域工业化内部结构(2013年)

省级区域	规模以上轻工业总产值/亿元	规模以上重工业总产值/亿元	高新技术产业产值/亿元	工业增加值/亿元	高新技术产业产值占工业增加值比例
北京	2227.2	12286.46	2897.6	3048.79	0.95
天津	3630.87	17231.87	2672.3	5430.84	0.49
辽宁	8153.53	33623.21	1884.5	10696.54	0.18
山东	31019.15	68485.83	6201.1	21275.89	0.29
江苏	26636.19	81044.49	19487.8	22280.61	0.87
浙江	21953.08	34452.98	3722.4	14683.03	0.25
上海	6788.15	25656.99	7021.4	7208.59	0.97
福建	12319.11	15124.79	3068	7675.09	0.40
广东	36005.33	58866.35	23576.3	24649.6	0.96

资料来源：2013年国民经济与社会发展统计公报。

7.3.2 现代产业体系构建比较滞后

从工业产业的构成看，新兴产业导向型省级区域应该是以现代产业体系为核心的工业化。我国在党的十七大报告中明确指出要建立现代产业体系，但对什么是现代产业体系并没有界定。2008年，中共广东省委、省政府出台的《关于加快建设现代产业体系的决定》认为，现代产业体系是以高科技含量、高附加值、低能耗、低污染、有自主创新的有机产业群为核心，以技术、人才、资本、信息等高效运转的产业辅助系统为支撑，具有创新性、开放性、融合性、集聚性和可持续性特征的新型产业体系。发展现代产业体系是顺应国际产业发展的趋势，遵循工业化发展规律，特别是区域步入工业化水平较高阶段后的必然选择。现代产业体系是具有当代领先的竞争优势又面向未来发展趋势的产业体系(刘明宇等，

2009)。

从我国新兴产业导向型省级区域的产业体系看，基本上形成了以第二产业为主，部分省级区域如北京和上海以第三产业为主，三次产业比较协调的产业结构。从每一产业内部看，北京、天津、上海第一产业比例不足1%，但山东、江苏、辽宁的第一产业比例还偏高，达到7%左右，农业的传统性比较强、"现代性"不突出。第二产业占有较大比例依然是我国新兴产业导向型省级区域工业化的主要特点，除了北京和上海外，其他省份都高，天津、福建、辽宁和山东达到了50%左右。工业产业中黑色金属冶炼和压延加工、石油加工、炼焦及核燃料加工业、金属制品业等传统产业还占有相当大的比例。由于第二产业比例比较高，第三产业占有较高比例的省份除了北京和上海外，其他省份都比较低。辽宁不足40%，广东、山东、浙江基本上维持在45%的水平。从具体的产业类型看，金融、咨询、会展、物流等高端服务业比例并不高，低端服务业依然占有较大的比例。

从对外贸易也可以看出我国新兴产业导向型省级区域的现代产业体系比较落后，对外贸易的主要产品是一个区域参与国际市场分工、反映区域产业竞争力的一个重要指标。从相应省级区域对外贸易主要出口产品结构看，除了广东的加工贸易超过一般贸易外，其余各省份一般贸易都超过了加工贸易，机电产品和高新技术产品出口的绝对值都比较低（表7-5）。

表7-5 新兴产业导向型省级区域对外贸易出口结构 （单位：亿美元）

省级区域	贸易方式		产品类别	
	一般贸易	加工贸易	机电产品	高新技术产品
北京	272.83	255.37	389.48	203.57
天津	206.39	250.42	341.78	192.89
辽宁	365.10	227.80	261.50	54.30
山东	760.40	525.90	508.80	172.60
江苏	1455.30	1500.60	2142.60	1279.70
浙江	1963.40	322.50	1015.60	142.8
上海	817.25	943.80	1433.95	887.13
福建	749.95	267.98	376.10	155.27
广东	2145.82	3234.43	4396.03	2564.31

资料来源：2014各省统计年鉴及2013年各省国民经济与社会发展统计公报。

现代产业体系的构建应该是以第二产业为主的产业体系向第三产业为主的产业体系转变，至少也应该是二、三产业并重，同时第二产业和第三产业内部的结构呈现高度化的产业发展体系。但我国新兴产业导向型省级区域的现代产业体系建设明显滞后于工业化发展的水平。

7.3.3 省级区域创新体系建设比较滞后

从国外发达国家的经验判断，进入新兴产业主导的社会一个比较明显的标志是具有比较完善的区域创新体系。Cooke(1992)指出区域创新体系主要是由在地理上相互分工与关联的生产企业、研究机构和高等教育机构等构成的区域性组织系统。著名的演化经济学家 Nelson(1993)认为区域创新系统是为引导创新产生的区域性的制度、法规、实践等组成的系统。作为一个区域创新体系，至少要包括六个方面的要素(田红娜等，2007)：①具有地域空间和开放的边界；②具有生产企业、高等院校、研究开发机构、地方政府与中介机构等组织参与；③各类创新组织彼此关联形成创新的网络；④通过创新组织结构及与环境的相互作用而实现创新功能，并对区域社会、经济、生态产生影响；⑤通过与环境的作用和系统组织的作用促进创新活动的运行和实现创新的可持续发展；⑥高度关注制度和政策因素。基于这一认识，促进我国新兴产业导向型向新兴产业主导型省级区域转变的区域创新体系建设将直接影响这些省级区域能否在更高水平上实现工业化。从我国新兴产业导向型省级区域的区域创新体系建设看，存在以下明显的不足。

(1) 创新主体地位依然比较弱。2005 年我国出台《国务院办公厅关于强化企业技术创新主体地位全面提升企业创新能力的意见》明确提出，到 2015 年我国基本形成以企业为主体、市场为导向、产学研结合的技术创新体系。要求培育和发展一大批创新型企业，大中型工业企业平均研发投入占主营业务收入比例提高到 1.5%，行业领军企业达到国际同类先进企业水平，企业发明专利申请和授权量实现翻一番的目标。

企业创新主体地位的确立是创新成败的关键。从我国新兴产业导向型省级区域的创新企业数量看，高新技术企业最多的是广东和江苏，科研人员最多的是江苏和上海，科研经费投入最高的是江苏、广东和北京，最高的投入也只有 1440 亿元。因此，我国新兴产业导向型省级区域的科技创新能力并不具备明显的优势(表 7-6)。

表 7-6 新兴产业导向型省级区域创新基本情况表

省级区域	高技术产业企业数量/个	研发机构从业人员数量/人	研发经费支出/亿元
北京	1081.4	156753	1185.0
天津	1545.8	14060	428.1
辽宁	466.6	22039	445.9
山东	1597.1	23130	1175.8
江苏	12525.1	48709	1487.4
浙江	1317.6	22158	817.3
上海	4691.2	44791	776.8
福建	1832.1	6732	314.1
广东	15411.2	25460	1443.5

数据来源：2013 年中国科技统计年鉴、2013 年中国高技术产业统计年鉴、2013 年全国科技经费投入统计公报。

(2) 三类创新成果增效不显著。2013 年与 2003 年相比，从我国九大新兴产业导向型省级区域的工业化相应指标看，实用新型发明、外观设计和专利等创新成果的绝对增长的幅度比较大，但是年增长率并不高(表 7-7)。

表 7-7　2003 年、2013 年新兴产业导向型省级区域三类专利授权数　　　（单位：项）

省级区域	实用新型 2003 年	实用新型 2013 年	增长率/%	外观设计 2003 年	外观设计 2013 年	增长率/%	发明专利 2003 年	发明专利 2013 年	增长率/%
北京	4244	36301	755	1743	5675	226	2261	20695	815
天津	1547	18759	1113	717	2956	312	241	3141	1203
辽宁	3905	15582	299	1107	2244	103	644	3830	495
山东	5770	58938	921	2717	9125	236	580	8913	1437
江苏	5381	98246	1726	3833	124609	3151	626	16790	2582
浙江	4947	106238	2048	9026	84973	841	429	11139	2497
上海	3844	29859	677	11947	8177	-32	880	10644	1110
福建	1658	22152	1236	3582	12418	247	137	2941	2047
广东	7921	77503	878	20361	72843	258	953	20084	2007

数据来源：2003 年、2013 年中国科技统计年鉴。

(3) 科技资源的高度集中并不能有效地推进创新的发展和发散，集中表现在三个方面。①省级行政中心是科技资源的核心区，集中了一个省份几乎所有的高等院校、科研院所和其他研发机构；②高新区基本上都集中在省级行政区中心；③创新资源集中于科研院所和国有企业或国有控股企业中，如文献、数据和实验仪器主要在高等院校居多。科技资源的高度集中，使市场对创新资源不能发挥有效的配置作用，而且科技资源越集中，越不能使资源在企业间发挥作用，导致研究与开发的水平较低。

(4) 区域创新中心建设进展缓慢。我国目前还没有真正的区域创新中心，能够代表区域创新中心的主要是高新技术开发区。自 1988 年第一家国家级高新技术开发区——北京高新技术产业开发试验区成立以来，我国已经有 83 家国家级高新技术开发区。高新技术开发区为我国提升科技水平、解决就业、增加 GDP 和税收、出口创汇等方面发挥了巨大的作用。从 2013 年反映我国创新导向型省级区域高新技术开发区发展情况的主要经济指标——企业家数、从业人员、营业收入、工业总产值等来看，都比较低（表 7-8）。我国新兴产业导向型省级区域的高新技术开发区的创新效率并不高，在创新的制度建设、文化建设方面严重滞后，高新技术开发区对区域创新的影响力、带动和辐射作用并不强，对区域创新体系建设的影响有限。

表 7-8　2013 年新兴产业导向型省级区域国家高新区主要经济指标（程凌华等，2014）

省级区域	企业数量/家	年末从业人员数量/万人	营业总收入/亿元	工业总产值/亿美元	实际上缴利税/亿元	净利润/亿元	出口总额/亿美元
北京	15455	189.9	30497.4	7890.3	1506.6	1908.2	336.2
天津	3175	34.3	5674.4	3119.5	188.0	577.4	105.8
辽宁	3978	56.7	7887.1	6536	447.6	565	131
山东	3271	109.5	14429.6	12532.7	991.1	952.6	223.5
江苏	5856	159.1	19052.5	18119.8	795.5	836.5	739.4
浙江	2931	53.3	5846.6	3700.6	268	432.8	142.1
上海	2891	74.1	11709.6	6817.1	630.5	798.3	320.6
福建	1058	38.7	3775	3879.8	147.3	164.6	262.8
广东	6288	177	20291.9	18838.2	852.8	1324	999.4

7.4 新兴产业导向型省级区域新型工业化道路的实现模式及路径

7.4.1 新兴产业导向型省级区域工业化道路实现模式构建

新兴产业导向型省级区域的工业化水平是我国三类省份中最高的,其产业的优势远比其他两个类型的省级区域都要明显。但我国这一类省级区域的工业化水平与发达国家相比,技术创新水平不高,产业发展层次不高,国际竞争力不强。因此,我国新兴产业导向型省级区域新型工业化的实现依然需要从三个方面加以构建。

(1) 省级区域新型工业化实现的战略性定位。从国家的战略定位看,应将我国新兴产业导向型省级区域定位于创新型国家建设的战略先导区,自主创新的核心发展区和区域创新体系建设的中心区。这一定位既有其客观的技术、产业和区域基础,又能适应发达国家优先发展竞争性产业的需要,同时对其他两个类型的省级区域有着非常良好的支撑和引导作用。

(2) 新型工业化实现的产业支撑。我国新兴产业导向型省级区域工业化发展的产业应当以战略性新兴产业的发展为核心,带动其他新兴产业的发展为支撑,并向第一、三产业辐射。

我国新兴产业导向型省级区域的工业化正处于由新兴产业导向型向新兴产业主导型转变的特殊阶段。推动这一转变的基要生产函数首先是促进新兴产业的发展,通过新兴产业的发展带动第一产业和第三产业的发展,促使产业层面基要生产函数的变化。从新兴产业的发展趋势看,2008年金融危机之后,各国为了摆脱金融危机的影响,力争在产业发展中获得主动权和控制权,纷纷选择以战略性新兴产业发展为核心(表7-9)。发达国家高度重视战略性新兴产业发展,既从全球性的战略高度总体谋划战略性新兴产业发展的重点,高度重视科技引领战略性新兴产业发展,又辅以财政、金融等政策支持,构建完整的创新体系。

表7-9 金融危机后主要发达国家新兴产业发展重点领域(宋宗宏,2011)

国家	时间	主要规划及举措	产业领域及技术
美国	2009年2月	《2009年美国复兴与再投资法》	新能源、环保、信息和互联网、生物和医疗、空间与海洋产业
	2009年6月	《美国清洁能源法案》	新能源
德国	2009年6月	一揽子计划	新能源、低碳经济
英国	2009年6月	《数字英国》	数字经济
	2009年7月	《英国低碳转型发展规划》,配套方案:《可再生能源战略》、《低碳工业战略》及《低碳交通战略》	低碳经济:节能住宅、核能、近海风能、潮汐能、新能源汽车
	2009年11月	英国商业创新和技能部发布报告《增长的技能》	优先发展五个新兴产业:生命科学、数字媒体和技术、工程建筑、先进制造业及低碳经济

续表

国家	时间	主要规划及举措	产业领域及技术
	2010年1、2月	3.25亿英镑创新投资基金	1.25亿英镑投资低碳清洁技术、2亿英镑用于发展生命科学、数字产业和先进制造业
日本	2009年3月	信息技术紧急计划	IT技术
	2009年4月	第四次经济刺激计划	环保型汽车、电力汽车、低碳排放、医疗护理、太阳能发电、文化旅游等
	2009年12月	新经济刺激计划	节能

我国在2008年提出大力发展七大战略性新兴产业的重大战略举措。尽管我国各省都提出了推动这一类产业发展的战略构想,但真正有能力系统推动战略性新兴产业发展的应该是我国工业化水平比较高的新兴产业导向型省级区域。其他类型省级区域的战略性新兴产业虽然有所发展,但可能在发展中各有侧重。同时,战略性新兴产业的发展将通过产业的辐射、产业融合以及产业的关联实现第一产业和第三产业的发展。因此将新兴产业的发展植根于第一产业和第三产业,就可以在整体上提升第一产业和第三产业的水平,从而更快地实现新型工业化。

(3)工业化发展的微观企业支撑。新兴产业发展并非是没有基础和条件的。事实上,从各国新兴产业发展的情况看,重视微观企业竞争力的塑造是新兴产业发展的关键。作为微观企业,需要在企业创新、制度的变革以及创新型集群建设等方面予以系统性的构建。微观企业以技术创新以及将创新成果产品化、商品化和市场化的发展导向作为根本性导向。制度变革服务是管理效率提高的需要和创新企业成长的需要。创新企业群应致力于以新兴产业及其关联产业的发展为核心,进而打造具有全球竞争优势的若干新兴产业战略性集群。对于微观企业而言,需要突出创新的核心作用,及制度变革和集群在企业发展中的作用。

基于上述分析,我国新兴产业导向型省级区域的工业化实现既要从宏观战略层面予以顶层设计,又要在中观层面把握产业发展的重心,在微观层面培养具有竞争优势的企业,并通过政府激励与约束机制的设计以实现工业化(图7-1)。

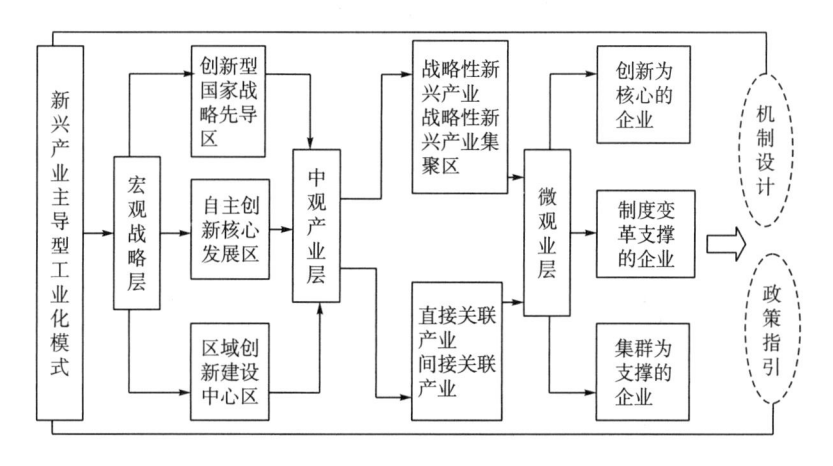

图7-1 新兴产业导向型省级区域工业化道路的实现模式

7.4.2 新兴产业导向型省级区域工业化实现的产业发展路径

7.4.2.1 新兴产业发展的四种路径

新兴产业有其自身的运动规律。一般认为，新兴产业发展遵循四个路径。①在原有产业中孕育出新产业。根据产业的生命周期理论，那些繁荣之后的衰退产业往往孕育着新的生命，这些新的生命与原有产业高度关联，但在性能上需要完全突破原有产业的禁锢，才能使产业焕发出新的生机与活力，推动原有产业进入一个新的生命周期。②突破性技术创新的出现并实现产业化。这一类新兴产业与原有产业没有多大的关联，完全是技术创新的结果，往往具有战略性意义，能够重塑一个新的产业。③产业衍生，即在一些产业的发展中，为了更好地推动处于成长阶段的产业发展，需要衍生出一些新的产业出来。④产业融合而产生新兴产业。即处于不同产业或同一产业内部之间的产业间相互渗透、相互交叉而产生新产业。

在这四个类型的新兴产业发展中，由突破性技术创新驱动的产业往往属于战略性新兴产业，而其他三类就属于一般性的新兴产业。无论哪一类型的新兴产业，都必须是在创新的基础上发展起来的。这种创新，按照熊彼特的理解，要么是采用新的产品，采用新的生产方法，要么是采用新的工业组织形式的结果。

新兴产业的发展，都将带动关联产业成长。关联产业主要是围绕着新兴产业而出现的一些产业，比如分布在产业价值链上的研发、材料采购、服务性等行业。因此，通过新兴产业以及新兴产业关联产业的发展，将从整体上构造出一些新的产业群，改变原有的产业结构，重塑新型工业化实现的产业基础。

7.4.2.2 推动具有竞争优势的战略性新兴产业发展及集聚区建设

从世界经济发展的历史进程看，每一次危机都孕育着新技术和新产业(Šmihula, 2010)，战略性新兴产业的提出正是源于 2008 年金融危机所孕育的技术突破和产业变革。金融危机的爆发刺激了发达国家对科技创新、新兴技术和新兴产业发展的布局，也激发了我国对这一领域前所未有的重视。我国在 2010 年 10 月出台的《国务院关于加快培育和发展战略性新兴产业的决定》首次明确提出了战略性新兴产业"三步走"战略：在 2015 年，战略性新兴产业形成健康发展、协调推进的格局，强化对产业结构升级的推动作用；2020 年，吸纳、带动就业能力显著提升，节能环保、新一代信息技术、生物、高端装备制造业成为国民经济的支柱产业，新材料、新能源、新能源汽车成为国民经济的先导产业，建成一批产业链完善、创新能力强、特色鲜明的战略性新兴产业集聚区；2030 年，战略性新兴产业的整体创新能力和产业发展水平达到世界先进水平。这一决定不仅指明了我国战略性新兴产业发展的目标、突破的重点领域，而且还明确提出建成一批战略性新兴产业集聚区。

1. 推动具有竞争优势的战略性新兴产业发展

1) 战略性新兴产业的内涵

《国务院关于加快培育和发展战略性新兴产业的决定》认为战略性新兴产业是以重大技

术突破和重大发展需求为基础,对经济社会全局和长远发展具有重大引领带动作用,知识技术密集、物质资源消耗少、成长潜力大、综合效益好的产业。学者一致认为,战略性新兴产业是科技与产业的融合,代表着科技和产业的发展方向,具有很强的产业关联性和技术扩散性,并能推动产业间技术经济联系,带动产业结构转换,在国民经济发展中具有战略地位,对国家安全产生重要影响(万钢,2010;李朴民,2010;冯长根,2010)。这些研究深化了战略性新兴产业的科技产业属性,以及在经济社会发展中的地位和作用。

战略性新兴产业的基础是新兴产业,但战略性新兴产业具有完全不同于新兴产业的内涵,是"突破性技术创新"驱动的产业。战略性新兴产业的技术创新不是沿着已有的技术轨道所指明的技术创新方向而发展,而是打破原有技术轨道,在新技术范式下的技术研究与开发。所谓"战略性"产业是金融危机所孕育的突破性产业,是引导未来经济社会发展的产业,是应对我国工业进程中资源能源耗竭,推动产业结构优化升级的产业,是服务于国家战略性目标的产业,既表现为应对全球竞争及产业安全的需要而发展的产业,又表现为解决国内重大需求、转变经济发展方式的产业。

因此,战略性新兴产业是满足突破性技术创新、战略性产业发展和国家战略性目标三个层面而谋定的产业。在微观层面满足突破性技术创新的需要,中观层面满足"战略性"产业的需要,宏观层面服务于国家战略目标的需要。在三者的关系中,突破性技术创新是战略性新兴产业发展的基础,战略性产业的发展服务于国家战略性目标,突破性技术创新是整个体系的关键环节(图7-2)。

突破性技术创新 —驱动→ 战略性产业发展 —目标→ 国家战略性目标

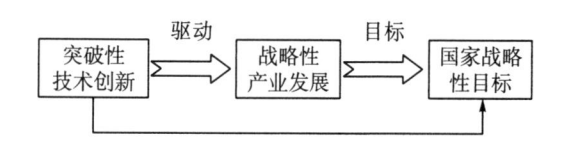

图 7-2　战略性新兴产业的三重意境

2)厘清各省级区域战略性新兴产业发展的重点

战略性新兴产业的发展绝非盲目的发展,也不是"大而全""小而全"的发展,更不是"一哄而起,一哄而散"的发展,这样的发展只会造成我国各省级区域之间传统产业的恶性竞争。我国新兴产业导向型省级区域的战略性新兴产业的发展是基于各省已有的产业基础、比较优势,甚至多年培养出来的产业竞争优势基础上的选择。从我国九大新兴产业导向型省级区域看,其产业的发展各有差异。如北京的战略性产业主要以电子信息、新材料、新能源、生物医药和装备制造为主,天津的战略性新兴产业发展重点是航天航空、新一代信息技术、生物技术与健康、新能源、新材料、节能环保、高端装备制造业,上海则以新能源、民用航空制造、先进重大装备、电子信息制造业、新能源汽车、新材料、软件和信息服务业等为主。在各省级区域战略性新兴产业发展中,还必须明确需要重点发展的产品类型,以及重点产品将要达到的目标(表7-10)。

表 7-10 各省级区域战略性新兴产业发展的重点

省级区域	战略性新兴产业
北京	新一代信息技术、生物、节能环保、新材料、新能源汽车、新能源、航空航天、高端装备制造
天津	航天航空、新一代信息技术、生物技术与健康、新能源、新材料、节能环保、高端装备制造业
上海	新一代信息技术、高端装备制造、生物、新能源、新材料、节能环保、新能源汽车
江苏	新能源、新材料、生物技术和新医药、节能环保、新一代信息技术和软件、物联网和云计算、高端装备制造、新能源汽车、智能电网、海洋工程装备
浙江	生物、新能源、高端装备制造、节能环保、新能源汽车、物联网、新材料、海洋新兴以、核电关联产业
广东	高端新型电子信息、新能源汽车、LED、生物、高端装备制造、节能环保、新能源和新材料
辽宁	先进制造装备、新能源、新材料、新医药、信息产业、节能环保、海洋产业、生物育种、高技术服务业
福建	新一代信息技术、生物与新医药、新材料、新能源、节能环保、高端装备制造、海洋高新产业
山东	新一代信息技术、新材料、新医药和生物、新能源和节能环保、海洋开发、新能源汽车、高端装备制造

资料来源：各省战略性新兴产业发展十二五规划。

3) 各省级区域战略性新兴产业发展的主要路径

战略性新兴产业是新的工业产业发展阶段重点发展的产业，这一类产业的发展不仅面临着产业如何选择的问题，更重要的是还需要为其如何发展寻找一条有效的路径。在我国新兴产业导向型省级区域中，战略性新兴产业将按照以下三个方面加以推进。

(1) 依据自身的竞争优势制定比较完整的战略性新兴产业发展路线图。产业发展路线图是近年来技术集成战略管理与政府政策管理的一种重要手段和工具，是以市场需求变化及竞争力为内在动因，资源禀赋结构运动发展规律为依据，能力创建、机会捕捉为基础，形成竞争性市场的中长期规划。产业路线图兼具概括性、综合性、前瞻性、可修正和灵活性等特征。战略性新兴产业发展路线图，采用国际先进的新兴管理工具对产业的技术发展进行前瞻性的规划和设计，是适应竞争格局发生巨大变化的需要，对战略性产业的发展具有非常重要的引导作用。设计战略性新兴产业发展路线图，既要把握国际同类产业的技术前沿，洞悉其发展趋势，又要与各省的基础条件相结合，同时需要协调各省之间的技术资源禀赋和技术优势，力争实现产业发展路线图的互补，共同塑造产业竞争优势。

(2) 组建战略性新兴产业发展联盟。产业联盟是适应市场激烈竞争的需要，由企业间结成的相互协作和资源相互整合的合作模式。产业联盟由战略性新兴产业发展主体通过相互签订契约以建立明确的责任权利关系，并实现利益的共享与风险的共担。战略性新兴产业发展联盟既可以在研究与开发、产品商业化和市场化方面展开，也可以在市场开拓与物流服务等领域展开。通过产业联盟的发展，可以解决技术研究与开发、技术标准化以及产业发展配套能力弱等问题，从而能更有效地推动战略性新兴产业的发展。

(3) 发挥战略性新兴产业对其他产业的战略性带动和促进作用。战略性新兴产业的战略性不仅意味着其自身是战略性的产业，而且还意味着在传统产业改造、优化工业产业结构和提升整体工业化水平方面将发挥着战略性的作用。因此，通过发展战略性新兴产业，带动和促进其他产业的发展是其战略性的直接表现。如新的研究与开发，新产业的产品化、商业化和市场化，新的营销和服务，新的信息咨询，管理以及物流等产业出现，这些都有可能是由于战略性新兴产业的带动，或是与战略性新兴产业有着高度关联的产业。通过这一方式共同构筑新兴产业新的发展形态。

2. 推动具有竞争优势的战略性新兴产业集聚区建设

1) 战略性新兴产业集聚区的理解

战略性新兴产业的三重意境表明战略性新兴产业的区域集聚在集聚驱动要素、辐射范围、主体竞争力和战略目标方面不同于传统产业的区域集聚，也不同于高科技产业的区域集聚。战略性新兴产业的区域集聚具有突破性技术创新驱动、辐射全球范围、反映国家竞争力、服务于国家全球战略目标等特征(表7-11)。

表7-11 传统产业、高科技产业和战略性新兴产业区域集聚的比较

产业区域集聚类型	集聚驱动要素	辐射范围	主体竞争力	战略目标
传统产业	一般性要素	集聚区边界	集群竞争力	产业发展
高科技产业	技术	区域	区域竞争力	区域战略
战略性新兴产业	突破性技术	全球	国家竞争力	全球战略

2) 战略性新兴产业集聚区建设的演进理论

产业集聚的形成一般经历了企业在地理上的集中、企业间逐渐建立联系、形成一个稳定系统的过程(Alfred，1929；Ottaviano et al.，2002)。在战略性新兴产业区域集聚的这一演进过程中，通过不断地选择、接收、多样化形成和扩散，推动技术创新、产业变革、集聚系统的演化发展。技术创新，特别是突破性技术创新是战略性新兴产业得以集聚的基础条件，是企业初始集聚的主要动力。突破性技术创新的产品化、商品化和市场化重塑了新兴产业，加速了集聚区的成长，推动着集聚区系统化建设。因此，战略性新兴产业区域集聚的实现机理包含了三个关键性阶段，即战略性新兴企业初始集聚与突破性技术供给，创新演进、产业重塑与集聚深化，集聚区创新系统建设(图7-3)。

(1) 战略性新兴企业初始集聚与突破性技术供给。在 t_1 时期，战略性新兴企业形成初始集聚。政府诱导企业进入初始集聚区，开展突破性技术研究、产品开发或产品生产是这一时期的重要任务。与其他产业不同的是，战略性新兴产业发展的政府意愿更为强烈[①]，如何集聚到最优秀、最有创造力的企业到集聚区创业和发展是初始集聚的关键。集聚的初始动力源于三个方面。①政府战略。政府需制定符合实际的战略性新兴产业发展战略，在科学论证、谨慎决策的基础上，遴选意欲发展的技术领域和可行的集聚区，同时由于其突破性创新面临的技术、组织、市场和资源的不确定性较大(Ettlie et al.，1984)，亟须政府制定强有力的激励性政策，通过政企合谋以吸引创新型企业入驻集聚区。②初始集聚区的区位因子。包括区位和城市的基础设施、要素保障、经济发展状况、金融市场、开放程度、市场化水平、文化与制度等。③战略性新兴产业发展因子。包括高素质的人力资本、领先的研究与开发能力、新兴产业的配套能力、完善的市场技术转化平台等。

---

① 国际竞争的压力、经济发展方式转型的压力、政绩需要等都形成了战略性新兴产业发展的政府意愿，这一点可以从各地方政府制定的战略性新兴产业发展规划中看出。

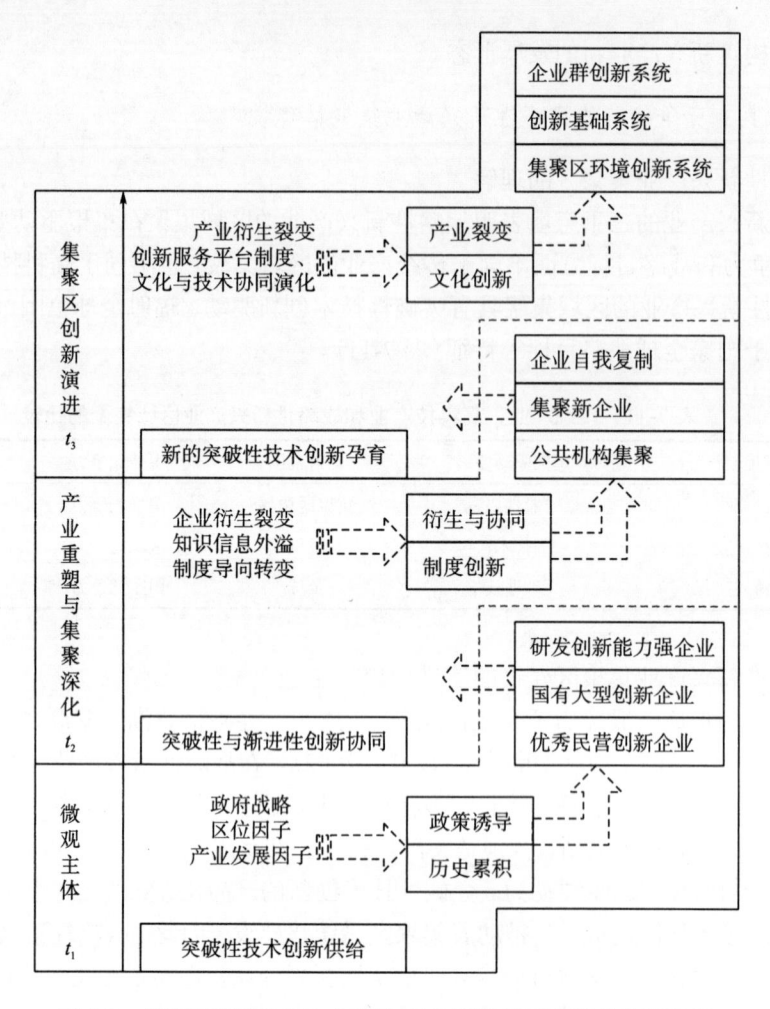

图 7-3　战略性新兴产业技术突破-产业重塑-区域集聚的实现机理

在 t_1 时期，研发创新能力强的大企业、国有大型创新型企业和大型优秀民营创新企业的规模效应、竞争效应、创新效应和集聚效应往往使它们成为政府推动战略性新兴产业发展的首选，因而初始集聚区突破性创新的主体往往是大企业而非小企业[①]。大企业的突破性创新是在打破原有创新惯例的基础上，通过制定战略、组织重构(Hewitt-Dundas et al.，2000)、风险管控、培养企业核心能力(Miller et al.，1992；Veryzer，2015)、建立多样化的创新模式等推动的。

战略性新兴产业微观主体的初始集聚形成了企业在空间上的集中布局，主要任务是进行技术创新，不同企业在突破既有"技术轨道"方面积累着经验和知识，形成其特有的创新路径，为战略性新兴产业区域集聚成长的多样性和演化的异质性奠定了基础。但这一阶

---

① 大企业或小企业谁具有突破性创新优势一直存在争议。尽管小企业的突破性创新更具有优势（陈劲，2002），但大型企业资源雄厚、对市场影响大、规模投资和研究发展能力强大，专业人才众多可以规避一些不利于创新的劣势(陈京民，2000)。笔者认为，小企业突破性创新的优势在国外得到了实践的验证，但是国内缺乏相关经验的支持。因此，考虑到我国政府主导型经济模式和大企业的集聚效应强等特点，引进创新能力强，发展水平高的大企业往往成为政府的首选目标。

段的技术创新还主要是政府的政策支持以及企业内生的创新力共同作用的结果,企业之间基本上没有建立起产业关联和分工协作的关系。微观主体的初始集聚是政府政策诱导、历史累积和企业预期机制作用的结果,初始集聚的企业构成了战略性新兴产业区域集聚的零星结点,具有单一线性特征,聚集的效应还没有真正产生。

(2)创新演进、产业重塑与集聚深化。在 t_1 阶段,战略性新兴企业的初始集聚仅仅实现了"地理近邻"和部分突破性创新,由 t_1 向 t_2 阶段发展过程中将推动企业创新演进、新兴产业重塑和集聚深化。t_2 阶段将有四方面的突破:①初始集聚的企业开始衍生或裂变,突破性技术创新与渐进性创新交替演进;②创新成果产品化加速推进,新兴产业成长壮大,产业重塑已经成形;③集群组织互动关联加强,促进集聚深化;④政府的作用由集聚初期的政策诱导向制度导向转变。

战略性新兴企业初始集聚到一定阶段,企业惯例的形成、扩散和新习惯的产生、变异,以及与环境的相互适应促使企业"衍生"或"裂变",加速了集聚区企业的倍数扩张。"衍生"公司是在母公司创新的基础上,脱离母公司而创建的新兴公司,既有技术创新者出来创立公司,又有相关的工作人员创办一个新的公司(Rogers et al., 1984)。"衍生""裂变"型公司与原有企业、新入驻企业将成为 t_2 时期创新的主体,是突破性创新与渐进性创新协同演进的结果,突破性技术创新塑造出新"技术轨道"下的战略性新兴产业,但新兴产业的部分技术需要持续不断地改进,属于渐进性创新。与此同时,旧"技术轨道"下的企业组织、商业模式等已经不能适应新"技术轨道"下新兴产业的发展要求,因此要创新相应模式,但这些创新不是脱离新"技术轨道"的要求而创造,而是基于新"技术轨道"的创新,具有典型渐进性创新的特征。

突破性技术创新为在新"技术轨道"上实施技术成果的产品化、商业化、产业化发挥了决定性的作用,在其与渐进性创新协同作用下,创新成果产品化加速发展,组织创新、过程创新等一系列创新纷纷跟进,在市场竞争中逐渐替代和超越传统技术和产品,获得大部分消费者的认可,逐渐成长起来的新兴产业最终塑造成形。

随着集聚区企业的"衍生"或"裂变",集聚区内知识、信息不断涌现和流动,使得集聚的外部性增强,会吸引更多的企业、金融机构、中介组织、高端要素入驻集聚区,加速区域产业集聚的深化,进而推动着集聚区主体互动关联程度加深,这是因为产业集聚深化会使企业之间的交流频繁和知识溢出增多,促进相同或相似产业之间的共生发展,同时集聚新的企业融合于集聚区。集聚区互动关联程度加深也是创新不断涌现的过程,使得产业组织、产业模块成长,产业链条延伸,相关支持及辅助性产业配套发展,促进集聚区功能增强,集聚效应放大。

在 t_2 阶段,政府的作用将由集聚初期的政策驱动向制度创新转变。演化经济学将影响产业区域集聚的制度分为内生制度和外生制度。内生制度形成于企业内部,具有相对稳定性,是企业技术创新的根本来源。外生制度的变化会通过企业环境作用于企业经济活动和企业之间的互动交往,从而加速知识遗传和创新的流动,影响到产业区域集聚。因此,在 t_2 阶段,政府作用的转变可以诱导更多创新出现。政府制度创新的重点可以是促进企业衍生的相应制度,提升集聚区软实力的制度,鼓励微观企业进入集聚区的制度和创新成果产业化的制度。

在创新演进、产业重塑与集聚深化阶段，企业在繁衍自身、集聚新的微观主体中实现了"地理近邻"向"组织近邻"和"关系近邻"演进。在这一过程中，集聚区企业"衍生""裂变"能力增强，突破性创新和渐进性创新交替演进，新兴产业重塑与制度创新共生发展。微观组织"结点"之间已经表现出比较明显的网络性特征，产业区域集聚的复杂系统性初步显现。

(3)集聚区创新系统建设。t_2阶段的创新演进、集聚深化还仅仅停留于联系比较紧密的微观企业之间，其他微观组织对创新和产业发展的作用并不大，而且集聚区环境的变化会时刻威胁着产业区域集聚的成长，因此建立一个稳定的集聚区创新系统就成为集聚发展的必然要求。这一系统的形成是创新演化、集聚深化与组织关联互动的结果，有助于在更高水平上保障创新演进和集聚深化。在t_3阶段，该系统由核心的企业群创新系统、创新基础系统和集聚区环境创新系统共同组成。

企业群创新系统构建的动力源于重大技术创新发明以及成果转化中出现的技术难度与高风险，为了提高创新效率，降低创新风险而建立，由与创新利益直接相关联的企业、科研院所、供应商、代理商、金融机构、技术产业化组织等构成，以产业链、供应链、技术创新联盟为纽带，通过创新系统的知识创造、转移，信息交流和技术共享，提高创新效率和实现创新利益。各利益相关者需要明确的契约以实现正式的联接是其特征，合作是其成功的关键。

创新基础系统是与企业群创新系统有紧密联系但不是由创新的直接利益相关者构成，其主体是政府、公共服务机构、培训机构、金融机构、产业协会、技术服务机构等，核心是为企业群创新系统提供公共服务、基础支持、政策支持。

集聚区环境创新系统是激励企业群创新的制度文化环境系统，目标是建立一个实现集聚区社会、文化和制度共同演进的创新氛围，核心是制度-文化的协同演进。演化经济理论认为企业除了受到自身成长的惯性影响外，还植根于区域制度和文化中，由于文化深深地嵌入社会经济生活中，因此制度变迁必须与一定时期的文化形态及其演化程度相结合。一个好的制度的形成应该是蕴涵文化演化的制度变迁的结果，即制度是演进和建构的统一。因此，集聚区环境创新系统的建设既要重视制度的构建，又要培育优良传统文化与现代市场经济相融合的文化观和价值观，通过二者的协同演进，为战略性新兴产业的区域集聚提供持续的动力。

在t_3阶段，通过企业群创新系统、创新基础系统和集聚区环境创新系统的建设，为集聚区新知识、新惯例、新信息的不断创造、流动，新技术的不断涌现、衍生和交叉融合创造一个稳定的环境，使得集聚区内微观主体的频繁交往，深化分工协作，制度、文化与技术协同演化，集聚区孕育着新的突破性创新，企业"衍生""裂变"向产业"衍生""裂变"转化，稳定、复杂的战略性新兴产业区域集聚将最终建成。

3. 战略性新兴产业集聚区建设的三条路径

1)突破性技术创新驱动型产业集聚区

技术具有集聚的倾向，技术集聚是客观存在的(Abreu et al., 2008)。产业的技术进步并非同时发生在遍及世界各地的相同产业中，创新往往发生在创新生产单元相对集中的区域(Helene et al., 2000)。技术创新与集聚会引起产业集聚(Lundvall, 1992),技术含量高的产业倾向于比其他产业集聚得更多(Audretsch et al., 1996; Porter, 1980)。但只有突破性技术创新才会从根本上改变产业集聚的方式,使产业集聚表现出新的特征,这从工业革命以来的每一次重大科技革命催生出新的产业,进而引起产业集聚方式的变革中得到较好的印证(图7-4)。

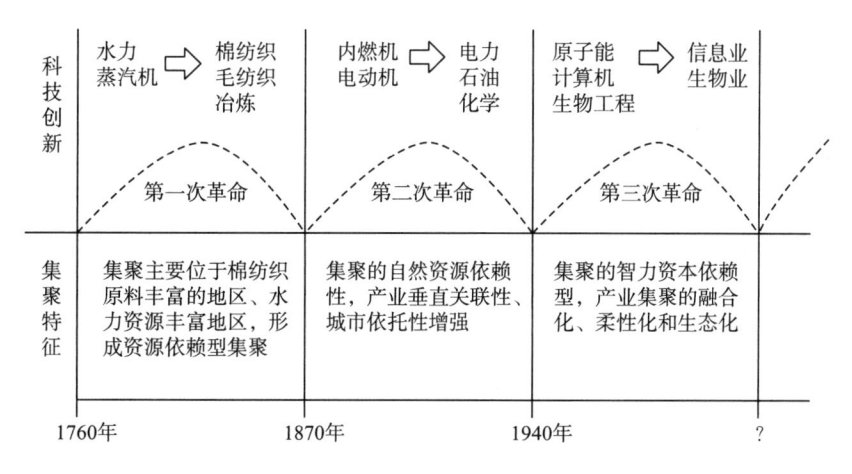

科技创新	水力蒸汽机 ⇒ 棉纺织毛纺织冶炼	内燃机电动机 ⇒ 电力石油化学	原子能计算机生物工程 ⇒ 信息业生物业
	第一次革命	第二次革命	第三次革命
集聚特征	集聚主要位于棉纺织原料丰富的地区、水力资源丰富地区,形成资源依赖型集聚	集聚的自然资源依赖性、产业垂直关联性、城市依托性增强	集聚的智力资本依赖型、产业集聚的融合化、柔性化和生态化
	1760年	1870年	1940年　　?

图 7-4　三次科技突破、产业变革与产业区域集聚特征

在突破性技术创新驱动型产业集聚的形成过程中,突破性技术创新是产业集聚的动力,政府的发展战略与政策助推着这一类集聚区的成长。在集聚的初始阶段,政企合作共同助推突破性技术创新的出现,进而实现技术的产品化、商业化和市场化,在重塑战略性新兴产业的同时促进集聚区的发展。随着集聚区的不断成长,集聚区内衍生或裂变的新企业逐渐增多,与此同时,集聚能力的增强吸引着新的企业入驻,集聚区组织的关联程度加深,进一步推动集聚区的成长,使得其对客观环境的依赖加强,促进集聚区创新系统的建立和完善,通过技术创新、产业发展与环境创新的相互作用,推动战略性新兴产业区域集聚走向成熟。突破性技术创新驱动型产业的区域集聚遵循着技术变革催生新的产业,新的产业需要适合自身发展的特殊的空间结构,这一过程形成了独有的技术变革-产业重塑-产业空间结构的演进规律。因此,突破性技术创新驱动的产业区域集聚在重塑新兴产业的同时,将形成具有自身特色的集聚区。

从我国九大新兴产业导向型省级区域看,处于技术前沿地带的广东深圳、上海、北京等地拥有国内著名的科研院所、高等学校,拥有国内甚至世界上著名的公司,这些公司的创新实力在全球范围内处于顶级水平,市场创新的氛围和环境比较好,因而容易形成突破性技术创新驱动型产业集聚(表7-12)。

表 7-12　具有突破性技术创新的研究机构与企业

省级区域	顶级的研究与开发机构或企业
北京	中国科学院、联想、微软亚洲研究院、百度、小米、中国铁道科学研究院
天津	铁道第三勘察设计院、国家超级技术天津中心、国家海洋技术中心、中国汽车技术研究中心

续表

省级区域	顶级的研究与开发机构或企业
辽宁	沈阳机床设计研究院、辽宁微生物科学研究院、华人风电、华锐重工
山东	中国科学院海洋研究所、海尔
江苏	西门子中国研究院、苏宁
浙江	阿里巴巴、吉利、娃哈哈、雅戈尔、万向研究院
上海	GE中国研发中心、陶氏化学上海研发中心、3M中国研发中心、上汽集团、复星国际
福建	福建二轻工业研究所、榕基软件、泰禾集团
广东	中兴、华为、格力、TCL、腾讯

2) 产业创新战略联盟驱动型集聚区

产业创新战略联盟是在借鉴国际技术创新、产业发展的成功经验和我国产学研合作的基础上，以市场为导向，通过创新合作、产业合作以提高创新资源配置效率和创新成功效率，提升产业化的速度和竞争力，促进产业快速、高效发展的一种模式。产业创新战略联盟驱动型集聚发展，是指在战略性新兴产业发展条件相对较好或资源富裕的区域，通过企业发展战略联盟、官产学研技术创新战略联盟和区域产业发展联盟等，引导和促进战略性新兴产业集聚区的发展过程。

企业发展战略联盟是在政府的引导和支持下，由区域内的创新型企业基于契约的基础共同组建，主要负责集聚区内战略性新兴产业的技术创新与产业发展的战略合作，以实现技术研发与产业发展中的资源共享、协同创新、规模经济，并避免过度竞争。官产学研技术创新战略联盟是指由企业、大学、科研机构或其他组织机构，以企业的发展需求和各方的共同利益为基础，以提升产业技术创新能力为目标，以具有法律约束力的契约为保障，形成的联合开发、优势互补、利益共享、风险共担的技术创新合作组织。区域产业发展联盟是为解决技术产业化而组建的联盟，能加强企业之间的产业链合作、市场合作、营销合作，促进集聚区内分工与合作的深化。

产业创新战略联盟驱动型集聚强调技术的合作开发与产业化、市场一体化的发展，进而促进地区专业化和产业集聚式发展。这一联盟能够体现企业的技术创新合作、产业发展导向、集聚创新和组织开放等特征。其成功的关键在于不断完善"官"的引导和监督，"产"的主体，"学""研"的助推作用。政府应建立集聚区创新公共服务平台，制定系统化的政策鼓励产业界、大学和研究机构之间的合作，建立大学与企业的共同研究制度以促进合作开发，制定相应的制度以鼓励和引导集聚区内的企业建立联盟，企业之间建立互信、合作机制，建立开发转移制度，甚至可以通过立法保证创新成果的应用、转化，推动集聚区建设。

这一类型的产业集聚在我国新兴产业导向型省级区域中已经开始出现，如由中生油(北京)能源科技有限公司牵头构建的"国家生物柴油产业技术创新战略联盟"，整合创新的资源和要素，组织具有研究与开发实力的企业、大学和科研院所等围绕技术创新、产业发展等方面进行密切合作，并选择合适的区域推动形成生物柴油产业集聚区，推动生物柴油产业的快速发展。

3) 高新技术开发区升级型集聚区

高新技术开发区升级型集聚是在充分发挥政府和企业主体作用的基础上，以高新技术开发区战略性新兴产业发展为核心，通过政府和企业合作统筹制定政府技术路线图、企业技术路线图和产业技术路线图，整合区内外优势研究资源和力量，组建攻克关键核心技术的若干联盟，并将研究与开发的成果运用于开发区，升级高新区产业的过程。政府技术路线图是为充分发挥政府在技术领域中的信息优势、资源优势，在战略性新兴产业发展的技术突破领域、产业发展重点与资源的优化配置等方面制定的相应路线图。企业技术路线图是在政府技术路线图的指导下，将企业或企业联盟的技术优势与高新技术开发区新兴产业技术优势有机结合，制定相应的关键核心技术研究与开发战略，推动技术产业化发展战略的路线图。产业技术路线图是企业技术路线图与政府技术路线图在战略性新兴产业发展中的反映，主要说明战略性新兴产业的技术产业类型、产业链衍生、产业化的前景和挑战、市场发展等。高新技术开发区升级型集聚有利于解决技术研发力量薄弱、产业层次较低、集聚不明显等问题，通过路线图明确战略性新兴产业的发展方向和重点，重大研发成果在高新技术开发区的产业化有利于提升其产业技术水平，并衍生或裂变新型技术和产业，提升其集聚能力和水平。

目前，我国已有部分国家级高新技术开发区抓住了战略性新兴产业发展的机遇，培育出具有自身特色和竞争优势的战略性新兴产业集聚区，如上海的张江高科技产业园区在2008年金融危机后，敏锐地抓住产业转型的机遇，将原来的漕河泾开发区升级为节能环保产业园区、以传统加工为主的金桥产业园升级为高技术软件园区，张江高科技园区已经成为我国六个世界一流园区建设的典范。无锡高科技产业园是集成电路、智能计算、无线通信、传感器、软件和信息服务业等基础条件比较好的产业园，在此基础上，无锡抓住物联网产业发展的大趋势，充分依托园区内具有物联网研发优势的中国科学院、中国电子科技集团、长电科技、华润微电子等企业，基于全产业链出发打造无锡物联网产业集聚区。

7.4.2.3 依托战略性新兴产业推动新兴产业发展

在发展战略性新兴产业的同时，大力发展新兴产业已经成为产业转型升级的必然要求，可以认为，战略性新兴产业的发展是建立在新兴产业的基础上，没有新兴产业的发展，也就没有战略性新兴产业的发展。从西方发达国家的产业发展进程可以看出，只有当新兴产业发展到一定阶段，在技术成熟、产业基础条件比较好的情况下，战略性新兴产业发展才顺理成章。推进我国新兴产业导向型省级区域的新兴产业发展应立足于三点。

(1) 围绕具有竞争优势的战略性新兴产业建立新兴产业群。以群的方式发展战略性新兴产业是国外，特别是美国意欲获得新兴产业竞争优势的重要法宝。如美国选择新能源产业群作为其新兴产业发展的重点，并作为经济增长的引擎，对美国摆脱2008年的金融危机将发挥十分重要的作用。因此，各省级区域可以借鉴经验，既要重视核心产业的发展，同时又要深度开发相关的衍生产业。如新能源产业群，既包括太阳能、热能、水能、风能等核心能源，同时还包括衍生的产业如能源装备、建筑节能、生活电器节能等制造业，是一个系列的，包括研究与开发、技术推广、生产制造、产品推广、品牌推广等环节。

(2) 积极培育新兴产业发展急需的知识要素。与传统产业不同，新兴产业对知识、技术和人才等核心要素需求比较高。新兴产业从孕育到成长是在依靠知识和技术的投入、对高素质人才的需求基础上而产生的，技术与高素质人才都离不开知识的积累。自工业革命以来，人类知识的积累速度大大增加，对工业发展进程的推动发挥了非常重要的作用，包括第一次产业革命时期的渗透性要素知识、第二次产业革命时期的独立要素知识、第三次产业革命时期的第一要素知识(杨国才，2001)。从新增长理论也可以看出，知识积累通过溢出效应不但形成报酬递增，而且还会促进其他要素的产出递增。研究与开发部门的知识积累会提高人力资本的生产效率。新兴产业本质上就属于知识型产业，因此积极培育新兴产业发展急需的知识要素是关键，这就要求政府应密切跟踪新兴产业的知识体系，在教育上与新兴产业的发展相结合，企业在专注于产品生产制造的同时，要不断提高员工的知识素养，不断提高研发人员的研发知识水平。

(3)通过新兴产业带动传统产业优化升级。在新兴产业导向型省级区域中，还存在不少的传统产业以及介于传统产业和新兴产业之间的产业，这一部分产业升级的导向必然是新兴产业。美国在20世纪50年代还是以钢铁、汽车等制造产业为主，到20世纪70年代新兴产业就已经达到50%，80年代里根政府提出运用新兴产业改造传统产业的计划，其核心就是传统产业的技术改造与创新的投入和攻坚。英国在20世纪70年代实施了为期十年的传统产业现代化改造。因此，我国新兴产业导向型省级区域在推动新兴产业发展的同时，要重视传统产业与新兴产业的结合点，特别是推动传统产业的技术改造，并运用新兴产业改造传统产业的部分环节。

7.4.2.4 以新兴产业发展驱动现代农业发展

现代农业是工业化发展到一定阶段的必然结果，也只有现代农业的发展及与之相伴的农业现代化水平的提高，工业化才能有比较稳固的基础。所谓现代农业，是指建立在现代化发展理念基础上，依靠现代科技、物质装备和组织形式发展起来的，有活力、效益高，具有可持续发展的新农业(李炳坤，2006)。发展现代农业必须具备四大条件，即设施装备发达、生产技术先进、组织经营高效和服务体系完善(柯炳生，2007)。现代农业的目标是农业现代化。因此，现代农业是与现代工业有着紧密联系的农业，是不能离开工业化生产方式、组织方式和技术支撑的现代农业。

新兴产业的发展不仅能直接促使工业产业的结构发生改变，而且能通过直接或者间接的关联作用，改变农业的生产经营方式，提高生产经营效率，推动其快速发展，加快农业现代化的进程。新兴产业驱动农业现代化的发展表现在以下三个方面。

(1)新兴技术直接成为推动现代农业发展的重要力量。新兴产业的技术不仅直接作用于新兴产业，而且还可以运用于现代农业中，以改变传统农业技术投入不足的问题。从国内外农业发展的情况看，无论是发达国家，或者是我国农业比较发达的区域，现代农业的根本性标志就是技术性农业。如美国的农业之所以这么发达，根本性保障就是建立了由联邦、州、县多层次人员组成的农业技术推广人员，并有从政府到市场企业各类主体联合参与；日本的现代农业有着非常健全的农业科研推广体系和社会化服务网络，包括国立的科研机构、大学以及企业共同组成日本农业研究与开发的重要体系。现代农业的根本性标志和保障就是科技农业。新兴产业的发展必然带动和引导现代农业的发展，这是产业发展的规律所致。因此，不仅应重视新兴工业产业的技术研究与开发，同时应致力于新兴的农业技术研究与开发，或者充分发挥工业技术的溢出效应，通过技术的进步来推动现代农业的发展。

(2) 将新的管理与组织方式运用于现代农业产业化中。众所周知,现代农业从技术形态上是新兴技术推动的,从产业组织形态上是现代组织运营与管理的农业,因此同样需要现代化的管理以提高农业经营的效率。新兴产业发展必将带来组织与管理上的变革,特别是信息化条件下的组织与管理变革更是节约了管理时间、减少了管理的资源消耗、提高了管理效率。这一管理变革同样也应该用于现代农业的发展中。在农业规模化与产业化的发展中,应该加强对现代化管理理念、技术和方法的培训,运用规范、科学和现代的管理手段,完善不同类型的农业产业化内部组织结构,建立完善的组织运行体系与监督管理机制,保障农民、企业的利益。

(3) 将现代农业与新兴产业的服务体系有机对接。现代农业的发展具有完整的产业链条,"产养加、贸工农"比较完整地刻画出这一链条的价值环节,显然服务体系是现代农业价值实现的重要环节,但其不能仅限于农业领域内,还必须和新兴产业的服务体系有机对接,甚至和新兴产业的现代服务体系融为一体,在更长的价值链环节中追求现代农业的剩余价值。

7.4.2.5 促进新兴产业与服务业的深度融合

工业化的过程就是工业结构比例下降、服务产业比例上升、产业结构不断优化、服务化加快发展的过程,服务业和新兴产业的融合是工业化发展到一定阶段的必然要求。只有工业化发展到一定阶段后,才会形成对服务业的强劲需求,才具有融合的可能性。只有新兴产业与服务业融合,才有可能提升服务化和工业化的水平,因此融合是发展的动力,融合塑造出新的价值。

服务业与新兴产业的融合是进入工业化后期阶段的典型特征。不同于工业化中期阶段是制造业主导下的服务业发展,后期阶段是服务业主导下的制造业发展。也就是说,服务业在工业化进程中充当最为重要的角色,主导着后工业化的进程。因此,在大力推动新兴产业发展的同时,围绕着新兴产业以及农业,全面发展服务业是这一阶段产业发展的主要特色。

新兴产业与服务业的融合意味着工业化的过程也就是服务化的过程,服务化已经渗透到工业化的各个领域之中。由于生产信息化、社会化、专业化导致"生产软化系数逐渐增大"(李江帆,1994),生产过程仅仅是服务实现的一个环节和载体,工业化中的服务化不断增强。服务业与新兴产业融合的目的在于实现制造型经济向服务型经济的转变。工业化早期阶段,价值创造的核心环节主要是生产领域。第三次技术革命后,生产制造环节地位下降,以知识经济和信息经济为核心的服务在价值塑造中的地位和作用日益突出,并逐渐成长为工业化价值创造的核心,推动制造型经济向服务型经济转变。

制造业服务化是新型工业化过程中服务化与新兴产业融合的核心。无论重化工业或现代制造业都应实现以制造环节和服务为核心的战略转变。随着产业价值链的重心由传统的生产制造部门转向具有更高附加价值的研发、市场营销、售后服务等部门,专注于生产制造环节的价值空间不断缩小,竞争力不断削弱,服务业的价值不断提升,并成长为制造业的核心竞争力。因此,服务化与新兴产业的融合,就是传统制造业向服务型制造业的转变过程，就是由专注于生产制造向专注于研究与开发、售后服务体系建设和全方位制造方案的转变过程。

服务产业化是服务化与新兴产业融合的根本保障。大数据和信息时代的新型工业化是在重视工业制造环节价值增值的同时，推动服务产业化。重点包括信息服务产业化、生产性服务产业化、知识服务产业化、研发与设计服务产业化、管理咨询服务产业化。

7.4.3 新兴产业导向型省级区域创新型企业的培育与成长

新兴产业得以发展的关键在于企业的发展，企业得以成长的根本导向是创新，这种创新不仅仅是一般意义上的创新，还包括突破性技术创新。所以，系统地研究创新型企业成长所需具备的要素，成长路径和成长规律尤为关键。

7.4.3.1 创新型企业的内涵与基本要素

1912年，熊彼特在《经济发展理论》中提出创新理论，他认为创新是指建立一种新的生产函数，把一种从未有的有关生产要素和生产条件的新组合引入生产系统，包括五个方面，即引进新产品、引用新技术、开辟新市场、控制原材料的新供应来源和实现企业的新组织。但关于什么是创新型企业，并没有统一的界定。早期的学者认为创新型企业就是运用先进技术的企业。

Kumpe等(1994)经过总结，得出企业的发展模式经历效率型企业、质量型企业、灵活型企业和创新型企业，并指出创新型企业的创新是企业成功的关键因素，是不断寻求新的突破的过程。从政府层面看，我国对创新型企业的建设高度重视。2006年，国家科学技术部、国务院国有资产监督管理委员会和全国总工会联合下文《关于开展创新型企业试点工作的通知》，指出创新型企业主要是指在技术创新、品牌创新、体制机制创新、经营管理创新、理念和文化创新等方面具有突出成效的企业，是任何一个时期最具竞争力的企业。一般认为创新型企业需具备以下三个方面的基本要素。

(1)技术创新是创新型企业的核心。技术创新不仅包括技术的研究与开发，还包括一个新的工艺过程，以及设备第一次运用于商业活动中，是技术、设计、制造以及商业活动的一系列过程。技术创新是产业成长的关键力量，是企业效益的直接驱动力量，在经济增长中扮演着非常重要的角色。因此，追求创新的企业必须根据自身条件寻找到有效创新路径，尽可能地提高企业运营效率，在市场竞争中获得优势。

(2)制度创新是创新型企业的基础。制度创新是创新型企业为了获得更大的利润而对业已存在的制度进行变革的过程，主要是为以技术创新、管理创新等为核心的一系列创新更有效率地展开。重点涉及企业的产权制度改革、管理制度创新和组织制度创新等。企业产权制度改革在于建立一个促进科技激励、建立科技创新的产权安排，管理制度创新是提高企业运营效率的有效保障，组织制度创新则有利于节约企业运营成本，提高企业竞争力。

(3)管理创新是创新型企业的保障。Stata(1989)首次提出企业管理创新的概念，他认为企业管理创新比技术创新更重要。尽管这一概念源于国外，但国内学者对其研究更深刻。芮明杰(1994)认为管理创新是指更有效的资源整合方式，陆园园(2009)综合不同学者对管理创新的认识,认为管理创新应该包括以下几个方面的要素:主体是组织的管理者,动因是组织内外环境的变化和需要,目的是更有效地整合资源和实现组织,措施是创新或引进新的管理思想、制度、程序、方式和方法等。总之,企业的管理创新需要企业家、政府、学术机构以及社会中介等多方面力量的共同作用,但其建立的核心是企业家以及企业的管理层对管理变革的决心和信心。

7.4.3.2 创新型企业形成的三种模式

1. 突破性技术创新型企业

从战略性新兴产业的发展要求可以看出,支撑其创新的主要是突破性技术创新。因此,如何培育和发展具有突破性技术创新的企业是我国战略性新兴产业成长的微观基础。一般而言,突破性技术创新型企业具有竞争性的文化理念、高效鼓励员工创新的激励机制、雄厚的基础研究和应用研究能力、高素质的研究与开发人才、创新性的管理理念等特征。

2. 一般技术创新驱动型企业

除了突破性技术创新外,更多的企业是一种非常普通的技术创新,包括工艺创新、过程创新和流程创新。这些创新虽然不像突破性技术创新那样带来产业发展方式的根本性变革,但同样会给企业带来成本的降低、收益的上升和竞争力的提高,而且是一般企业能够做到的创新。如 2015 年 1 月报道过的大量中国游客到日本购买的马桶、电饭煲等产品就属于这一类技术创新。日本的马桶技术虽然算不上突破性技术创新,但其创新能够给消费者带来更多的便利,而且所获得的附加价值非常高,一般的马桶价格在 1000 元左右,但日本的马桶高达 2000 多元,电饭煲的价格更是高达 4000 元左右。所以一般的技术创新同样能够带来非常大的收益。

3. 非技术创新驱动型企业

技术创新虽然是企业创新的核心,但并非所有的企业都需要技术创新,比如服务型企业的创新并非由技术创新推动,可能是由商业模式的创新驱动而获得稳定的利润。因此,这一类企业的创新更多的体现在内部的制度创新、管理创新、文化创新等方面,以及利用最新的信息化提升商业模式的创新水平和能力等方面。在商业模式的创新方面,如现在的旅游消费。旅游公司在国内寻找旅游消费者目标群体,通过在国外价格低廉的观光游,开拓国外消费市场。一般的形式就是通过免费消费,让旅游消费者感受到消费品的差异和价值所在,然后刺激顾客消费。如国内旅游者到日本抢购电饭煲,首先就是通过让顾客消费用该类电饭煲做的米饭,真实感受其产品的差异性,进而达到营销的目的。

7.4.3.3 创新型企业成长路径

1. 培养具有创新精神的企业家

新兴产业的特点决定了拥有创新精神的企业家是其第一存在法则。著名的管理学者彼得·杜拉克(Peter F.Drucker)(2000)指出世界经济已经由"管理型经济"转变为"创业型经济",企业只有重视创新和企业家精神,才能再创企业的生机。熊彼特曾经指出企业家的本质和企业家精神的核心就是创新。从国内外优秀企业的成长历程也可以看出,一个企业只有在具有创新精神企业家的带领下,才会取得更多的创新成果,才有可能真正培养出具有竞争优势的企业。

我国新兴产业导向型省级区域已经完全具备培养具有创新精神企业家的基础和条件,其主要原因有两个方面。一是我国产业发展的阶段性倒逼企业家的创新。依靠传统的资源、资本等要素投入模式推动企业的发展,必将会使企业的竞争力下降,而企业注入新的要素——创新成为企业必然的选择。二是我国新兴产业导向型企业的创新条件和基础已经具备,经过多年的积累,相应省级区域的技术研发实力和水平明显提高,从事研究与开发的人员逐年稳步增长,研发的成果比较明显,在市场中的竞争力稳步上升。培育具有创新精神的企业家主要从以下三方面入手。①提高企业家的创新素质。相对于一般的企业家,具有创新精神的企业家拥有更高的创新素质。其创新素质集中体现为:对市场具有非常强的敏锐性,能够把握市场技术的发展趋势以及技术竞争的角逐点;具有比较强的创新理念,创新理念是支撑企业家进行创新研究与开发的精神支柱;具有良好的创新个性特质,主要是更具有挑战性、冒险性和强烈的求胜欲望。②提高企业家的创新能力。创新素质仅仅是创新隐性的表现,要使隐性表现为显性的创新,必须具备创新的能力。创新能力主要表现为技术创新能力、管理创新能力和体制机制创新能力。③促进创新型企业家知识的学习。企业家的创新知识是企业家创新素质、创新能力不断激化的基础,是技术创新、组织创新、管理创新的综合表现。只有具有丰富的创新知识,创新才有可能完成。知识学习的重点是人文科学知识、自然科学知识以及对所从事行业的专业知识等三个方面。

2. 整合与集聚以研发为核心的创新资源

创新型企业的重要标志就是具有非常高的研究与开发能力。深圳华为成为我国创新的典范,其成功的重要基石在于拥有全球研发体系,研发人员占员工总数的 60%以上,研发经费占全部收入的 15%左右。因此,研发投入、研发强度与研发人才是研发水平和能力的根本性反映。只有研发水平的提高,创新型企业的成长才具有可能性。因此,创新型企业的成长,必须强调以创新为核心的创新资源的集聚,吸引与培育优秀的创新型人才,组建优秀的研究与开发团队,拥有最前沿的研究与开发硬件,提供最强大的研究与开发资金支持,这些都是创新资源的重要内容。

3. 加快推动创新型人才的建设与培养

创新型人才的培养是创新型企业成长的核心,因此统筹推动创新人才的建设与培养工程应基于市场需求和企业的发展实际,重点培养创新的领军人才和技术开发高级人才、管理人才和信息化人才,建立统一的高级人才"一站式"服务体系,组建以优秀人才为核心的创新团队,从整体上提高创新型企业的人才质量,优化人才结构。

7.5 新兴产业导向型省级区域新型工业化道路的实现机制

新兴产业导向型省级区域新型工业化道路实现机制的核心就是促进创新的发展,因此,基于产业、企业与政府三个维度构建工业化实现机制应尽可能地实现这一主题。从产业层面看,即致力于构建促进新兴产业发展以及新兴产业带动第一、三产业发展的内生机制;从企业层面看,塑造创新型企业创新成长的机制;从政府层面看,则是构建政府支撑产业与企业发展的内生机制;从区域层面看,应该建立区域创新内生机制。

7.5.1 新兴产业发展的内生机制

任何产业的发展都有其内生机制,就是基于产业自身的特性,通过产业内在的关联驱动产业的自我发展、自我衍生与辐射。对于新兴产业而言,其自我发展的内生机制在于产业从孕育期到成长期到成熟期的过程变化的功能与激励机制。如产业在孕育期得以发展就在于创新激励机制与创新实现的机制,成长期就在于加速产品的产业化、市场化,提高市场占有率的运行机制,以及核心产业衍生出新的产业的机制。成熟期阶段的机制重点是市场占有率的维持以及对这一产业发展趋势的把握,和新的产业替代升级的机制。简单来看,这一过程就是一个新的产业由孕育到成熟自我发展的机制,产业得以成长的关键突变点在于研究与开发的产生、研发成果的应用——研发的产品化、市场化到商业化的逻辑运动过程。

1. 促进创意的产生与研发推进的风险投资机制

对于技术推进型的新兴产业而言,由于成长初期的研究开发投资比较高、风险比较大,从国外比较成熟的市场规则看,建立一个良好的风险投资机制推动其发展是必要条件。虽然近年来我国风险投资发展比较迅速,但与亟须发展的新兴产业对资金的需求相比,还面临着比较大的缺口,而且风险投资的运作机制也不成熟。随着我国金融市场化改革的深入推进,风险投资这一新的资本运作模式的建设就具备了条件。为了促进具有发展潜力和市场竞争力的新兴产业发展,应充分发挥市场主体的作用,鼓励社保基金、保险公司和其他金融与产业公司参与风险投资的建立,为新兴产业的研究与开发注入新的动力。

2. 促进研发成果产品化与商业化的机制

研究与开发成果的产品化和商业化是新兴产业得以发展的第二个关键阶段,是风险投资者高度关注的阶段,所以直接决定着研发能否展开、研发是否有比较好的前途。这一机制的建立应当是以企业为主体,联合风险投资机构和政府共同作用的过程,企业应该建立内生的产品化与市场化的渠道,风险投资的参与者需要建立促进产品商业化和产业化的良好方案并参与其中,政府需要为新产品的产品化与市场化提供基础设计和政策支持。

3. 建立促进新兴产业发展的要素培育与发展机制

新兴产业不同于传统产业发展的机制在于其最急需的要素是高素质的人力资本、多元化的金融资本、具有创新精神的企业家。所以既要在集聚优势人才方面建立完善的体制和机制，又要充分发挥各省级区域高等院校、科研院所的优势，下大力气培养各省级区域内部亟须的高级人才，建立多元的融资体制以及吸纳优秀的、高素质管理者的人力资本。

4. 促进产业之间的关联成长机制

新兴产业发展不仅需要自身内部的发展，而且还需要吸收其他产业发展的优点，同时其他产业也需要新兴产业的支持，所以产业之间的关联是相互的。产业关联是由技术创新关联、市场共享关联与企业合作关联构成。这一关联机制可以保证每一个新兴产业都可以自我发展，效率必然会持续上升。

7.5.2 新兴产业导向型省级区域创新型企业成长机制

创新型企业是在企业内部和外部多种因素综合影响下逐步形成和成长的（宋英华等，2011），因而机制也比较多，重点包括培育机制、成长动力机制与管理机制三个方面的内容。

1. 创新型企业培育机制

不同省级区域由于拥有的创新资源优势不同，其创新型企业的成长路径和培育机制各异。总结起来，基本上有三种类型。①高等院校、科研院所相对偏少，以市场为引导，充分发挥企业的科研优势和政府的政策优势的培育机制。这一类企业以深圳为典型，其他省级区域中省会城市之外的区域也具有这一特点。②通过完整的产学研一体化+创新型产业园区的双向互动机制来催生创新型企业的建立和培育。这一类企业的培育主要以长江三角洲，特别是上海为主。产业园区就是区域创新中心，集聚着最雄厚的资本、技术和研发人员，创新型企业数量较多，且创新的知识溢出效率高，创新效果好。③以北京为中心的环渤海区域集中了中国最优势的科技创新资源，形成了优势科技资源驱动的创新型企业。这一类企业进入门槛较高，创新的要求较高，多从事着原始创新和集成创新的业务，如中关村科技园内的很多企业。

2. 创新型企业成长动力机制

创新型企业成长的动力机制主要包括内部动力机制和外部动力机制。内部动力机制的构成要素重点包括具有创新精神的企业家、企业系统的创新战略和推动战略落实的步骤、企业适应创新要求的管理变革、激励员工不断创新的优秀文化。外部动力机制包括比较完善的市场化竞争机制、良好的区域创新体系构建和政府对创新的一系列政策支持等。

3. 创新型企业管理机制

创新型企业是建立在创新要素集聚基础上的企业，对企业的管理提出了新的要求，需建立完善的创新型企业管理机制。这一管理机制能最有效地配置企业内部的资源，能有效地沟通、整合各种创新要素，使得创新产出最大化，设计的重点包括企业富有成效的治理机制、业务流程管理机制、运营与发展的决策与执行机制和员工努力工作的激励机制。

7.5.3　新兴产业导向型省级区域工业化实现的政府作用机制

新兴产业发展中的政府作用主要包括：①建立新兴产业导向的发展环境，使其从硬环境向软环境转变，包括基础设施建设；②建立创业创新的激励体系，与企业共同对全面投入创业创新的企业给予激励和支持；③教育导向新兴化，使高等院校和职业学校对新兴产业全面接轨，全面提升区域基础性研究的水平和实力，将各部门的科学研究机构职能放大，举省级之力推动新兴产业的研究与开发；④人才导向的新兴化。

1. 塑造有利于创新型企业成长的微观机制

创新型企业成长的微观机制重点包括良好的市场竞争机制、政府对创新的管理机制、富有成效的激励机制以及市场环境的建设。建立良好的市场竞争机制的核心在于营造效率优先、科学合理的资源配置机制，保障创新要素的合理流动，建立创新要素实现其利益最大化的制度，保证市场主体公平竞争的参与。政府对市场的管理机制涉及政府法律法规和技术服务体系的建设以及扶持创新企业的基金的建立。富有成效的激励机制建设重点包括对创新性企业的税收减免支持、对优秀人才引进的支持、对做出重大创新发明的人才的激励等。市场环境建设包括市场的基础设施建设、信息化建设以及公平参与制度、监督管理制度的建设。

2. 建立创新型产业发展的生态机制

创新型企业的成长是一个系统的过程。从产业看，创新型企业包括战略性新兴产业、一般的新兴产业以及其他类型的服务业，甚至农业。从企业看，创新型企业包括大中小等各类企业，特别是中小企业。因此，良好的产业发展生态机制有利于各类型的产业或企业充分共享技术、知识等溢出的要素，实现各类企业之间合理的分工与协作。

3. 建立完善的区域创新系统

区域创新系统包括政府、产业、企业、第三方机构与公众共同参与的区域，是促进区域创新的内生型机制，其有利于从根本上建立一个激励产业和企业创新的体系，是由各类创新主体共同作用形成的创新制度、创新机制、创新精神、创新文化等，其目的是推动区域的技术、知识、人力资本的生产、流动和转化。

区域创新系统建设应以政府为主导、企业为核心、市场为导向、官产学研相结合。①构建企业、政府、科研院所和大学互动的创新机制。战略性新兴产业是正外部性非常强的产业,在充分发挥企业核心作用的同时,需要政府的规划、引导和扶持,需要科研院所、大学的共同参与,充分发挥各自的优势,从而在区域内部创造更多的知识,增强创新能力。②推动制度创新。技术创新和制度创新相互依存、相互发展,没有制度创新的技术创新缺乏根基,没有技术创新的制度创新效益低下。制度创新包括企业研发制度创新、产学研合作驱动制度建立及其创新、市场制度创新和中介组织、社会资本参与战略性新兴产业发展制度创新等。③建成完善的中介服务机构。意大利第三产业区的集聚是通过数量众多的中间服务机构结成网络,与原料供应商、销售者、竞争者等形成竞合关系。战略性新兴产业集聚区中介服务机构是联系集聚区内各创新主体的重要纽带,是价值由区内向区外延伸的桥梁。在中介服务机构建设中,应重点建设技术创新的金融服务中介、技术创新成果转化中介、技术创新产业化和商品化服务中介等。

第8章 政府职能改革、省区协调与政策支持体系构建

我国省级区域工业化实现模式与机制的设计是建立在政府职能改革不断推进、省级区域之间良好沟通与协作和完善的政策支持体系上的。推进政府职能改革有利于充分发挥其对工业化的调控主体和执行主体的职能；良好的沟通与协作能力是工业化区域发展最优资源配置和追求范围经济的需要；完善的政策支持体系则保障着工业化实现模式与机制富有效率地运行。

8.1 深化我国各省级区域政府职能改革

8.1.1 工业化的过程反映政府和市场共同配置资源

市场和政府都是一种资源的配置方式，但在不同的经济体制下二者的功能不一样，各自发挥的作用也不一样。在完全计划经济体制下，由于政府拥有绝对的资源配置权利，市场不能发挥任何作用，因此政府依靠有限的信息进行资源配置。在市场经济体制下，政府对资源的配置权力有限，相当多都是依靠市场来完成的。实践证明，在资源配置中，既不能绝对地依靠政府配置，也不能绝对地依靠市场配置，只有将二者有机地结合，充分发挥"看不见的手"和"看得见的手"的作用，资源配置才能最优化。日本著名经济学家山口重克（2007）在《市场经济：历史·思想·现在》中指出，"新自由主义倾向较强的主流派经济学者和评论家对中国的社会主义市场经济进行批判，认为中国将社会主义与市场经济捏在一起如同在树上嫁接了竹子一样，是注定要失败的。即使现在，仍有人这样说。实际上，这种意见恰恰是他们对市场经济无知的表现。不由国家和政治管理、规制的市场经济不但过去未曾有过，现在也不存在，即使是将来也不会有的"。

工业化的发展过程本质上是依靠政府和市场共同作用。我国工业化历经三个阶段，在每一个阶段政府和市场配置资源发挥的作用完全不一样（表8-1）。

表8-1 我国市场与政府作用下的工业化发展

体制基础	畸形重工业发展观	市场经济规律发展观	市场经济与科学发展观
所有制	纯粹公有制	公有制为主体、多种经济成分并存	公有制为主、多种经济成分共同发展
资源配置	指令计划	计划经济逐渐向市场经济转变	市场配置资源日趋完善和规范
经济体制	计划经济体制	计划与市场并存	完善市场经济体制
政府的作用	政府绝对控制	政府与市场相结合	市场为主政府调控为辅

计划经济体制阶段，政府拥有资源配置的绝对支配权力，市场基本上不发挥作用。由于政府的绝对权威和我国当时的国情，我国选择了重化工业优先发展的道路。但是政府掌握资源配置的信息有限，仅依靠政府配置资源是缺乏效率的，重化工业优先发展也违背了经济发展的规律，这注定了计划经济体制下高度重化工业的失败。因此政府释放部分配置资源的权利，让位于市场配置资源便成为改革的必然路径。这样就不难理解，我国"改革"的本质就是重新厘定政府和市场配置资源的权限，让市场发挥的作用多一点，政府发挥的作用少一点。从计划经济过渡到有计划的商品经济便是政府释放配置资源权利，让市场更多地发挥作用的具体体现。按照经济发展规律在这一阶段重新选择工业化道路，所以我国的工业化取得了初步成功。但过于放纵市场配置资源的权力是否可行呢？随着市场配置资源的权限增大，不足越来越明显，在个人利益最大化的驱使下，市场主体过于重视自身利益，忽视了公共利益，造成资源使用的浪费，污染严重，环境破坏。因此重新厘定政府的职责，规范政府和市场配置资源的权限，将政府的经济功能从过去干预市场向宏观调控市场，监督、引导市场主体配置资源转变，走出了一条科学的工业化发展道路。

8.1.2 充分发挥地方政府推动工业化的作用

中国特色新型工业化在区域层面表现为更多地依靠地方政府和市场的作用，因此涉及中央政府、地方政府和地方市场的关系，这也意味着处理好这几者之间的关系是工业化在区域层面推进的前提条件。尽管中央政府和地方政府都是国家权力的执行者，但所处的层次不同，决定了各自对应的权力、责任和地位都不一样。中央政府拥有的权力和责任大，地方政府拥有的权利和责任小，中央政府处于控制、支配地方政府的主动状态，地方政府处于被治理、执行者的状态，这容易造成地方政府在治理过程中仅仅作为一个"执行者"的角色，很难发挥其创造性，也容易造成部分地方政府在区域经济竞争中，由于中央政府的"偏爱"而获得更多的发展优势。此外，中央政府和地方政府的关系是一种纵向的分权，中央政府赋予地方政府发展地方经济、管理地方行政事务的权利，是一种事实上的"委托-代理"关系，代理者可以严格遵循委托者的要求推动地方经济发展，也有可能以代理者的身份最大化谋取自身利益。因此地方政府在推动区域经济发展中具有双重特性，要么依靠地方政府的理性和创新，要么就取决于中央政府严格的制度约束和监督机制，否则难以推动区域经济的发展。

从我国区域层面的政府和市场关系看，区域市场化程度差异大，东部地区较高，而中西部地区比较低。由此可见，我国许多省区，特别是西部省区由于市场化建设不到位，地方市场分割、不完善，政府行政干预市场等问题依然严峻，市场化建设任重道远。一般而言，经济的发达程度与市场化程度和政府的治理能力正相关，具有较高经济发展水平的地区，市场化水平高，政府的治理能力较强，反之亦反。因此经济落后区域的政府职能改革和市场化建设一样重要，在特色新型工业化区域发展中不能忽视。

8.1.3 深化政府职能改革和市场体制创新

1. 中央政府应以更加公平的视野权衡地方政府之间的竞争

从某种程度上而言，中国区域工业化的发展就是地方政府之间的竞争，这种竞争反映了中央政府在地方政府之间竞争的偏好，偏好的强弱与中央政府干预的力度相关。如在计划经济体制向市场经济体制迈进的过程中，中央政府的东部优先发展政策使得东部地区在地方政府竞争中占据优势。尽管目前我国市场经济体制日渐成熟，政府经济调控职能到位，似乎地方政府可以在一个"公平"的市场环境下竞争，但是由于东部地区较高的经济发展水平使其竞争优势能够大幅提升，落后地区地方政府竞争力偏弱，很难在地方政府竞争中胜出。因此，中央政府在专注于宏观调控时，更应该从公平的视野出发，权衡地方政府在工业化发展之间的竞争，给予落后地区更多的扶持和帮助。这样，区域的统筹协调发展才有可能实现得更快。如果单纯依靠市场自发的力量，可能反而会使区域差距越拉越大，难以达到工业化发展的目的。

2. 推进地方政府职能由执行型向创新型转变

中央和地方政府之间的管理经历了三个阶段：改革开放初期，中央和地方政府关系的规范化；计划商品经济时期，中央和地方政府关系左右摇摆的非程式化状态；第三个阶段，中央宏观调控加强与权力进一步向地方下放同步进行(杨小云，1997)。这三个阶段表现出两个特征，一是地方政府的权力越来越大，二是市场发挥作用的领域越来越广。这必然对地方政府职能提出全新的要求，即提高创新性。由于中央政府在制定决策和宏观调控时，更多的是基于全局视野，而不是区域的差异性考虑，仅仅具有宏观指导意义。这就要求地方政府创造性地落实中央政府的决策，由执行型政府向创新型政府转变，推动地方经济的发展。创新型政府的特征是政府部门将创造性的改革作为提高行政效率、改善服务质量、增进公共利益的基本手段(俞可平，2008)，要求政府重视管理的效率和结果，关注管理的质量，对不同利益需求者提供富有成效的服务，并通过不断学习来开阔视野，更新传统固有的观念，提高思维能力，指导创新实践。

3. 推动区域层面的社会主义市场经济体制建设与发展

市场经济作为一种资源配置方式，它的产生、发展和运行规律都不以人的意志为转移，具有客观性。但是市场经济发挥作用有一个过程，需要一定的客观基础，特别需要政府的理性行为，否则就会出现政府对市场的过渡干预或者干预不足，因此市场化的过程就是政府角色定位的过程。尽管我国市场化程度普遍提高，但地方市场分割和地方保护主义依然存在。这虽然在一定程度上保护了本地企业，但从市场可持续发展的角度看，这些行为引致价格形成机制扭曲、市场信息失真，严重影响市场体系的建设和完善，也很难培育出本地具有竞争优势的企业。所以建立完善的市场经济，必须规范政府行为，减少政府在微观经济领域的干预，创新政府的发展观念，完善市场主体建设，加强市场机制建设，为公平竞争创造条件。同时，政府应该放宽对垄断领域的管制，逐渐在公共事务领域引进竞争机制，在政府垄断的资源能源产业引进多元化投资主体，创造条件实现更大程度的市场化竞争，为工业化区域实现提供制度基础。

8.2 加快推动工业化省级区域间的协调互促

8.2.1 区域协调的本质是加强区域之间的合作

在市场经济条件下，要素的流动能够按照边际生产率来完成。当某一个区域要素的边际生产效率较高时，必然吸引其他区域的要素流入，这对流出的区域来讲，不利于区域经济的发展。因此，区域协调机制的建立是必要的。区域协调是否应该由市场作为主要调节手段呢？新自由主义者认为通过市场的协调，最终会使得区域之间的差距缩小，该观点前提条件为区域市场化比较完善，但对于市场经济不太发达、地区经济发展差异较大的地区，单纯依靠市场只可能使区域协调发展更加难以实现，必须同时发挥政府的作用。

由于区域发展差异的客观性，促进区域协作、建立协调机制十分必要。随着我国以科学发展观为核心的新型工业化在各区域展开，推动区域经济全面、协调、可持续发展是区域经济发展的重要要求。区域协调机制的本质就是加强区域之间的合作与交流，合作的对象是资金、技术、劳动力、信息等生产要素(孙久文等，2003)，合作的主体是企业和政府。企业合作以追求经济利益为主，对于区域的协调发展能够发挥一定的作用，政府合作以追求社会利益为主，主要通过非市场途径实现要素在地区之间的流动，谋求地区的协调发展，在弥合区域经济发展差距方面占据主导地位。

8.2.2 推动三类省级区域间的协调互动

推动省级区域的协调，一要在国际国内区域发展战略上进行统筹；二是在实践中坚持一个基本判断，即资源产业依赖型省级区域实现了工业化，那么其他省级区域的工业化就已经完成。

从国际区域开放与合作战略上看，党和国家领导人先后提出了一系列战略构想。习近平在2013年9月17日访问中亚四国时提出共同建设"丝绸之路经济带"，李克强访问印度等国时提出建设孟中印缅经济走廊，开发海上丝绸之路经济带。这是国家对外开放的战略性布局，对于促进西部地区的经济发展具有十分重大的意义。从国内区域经济发展战略上看，李克强提出依托长江构建新增长极。国际区域开放与合作战略与国内区域发展战略完全可以在一个范畴上统一，形成国家大区域开发战略。这一战略是以长江下游的上海、江苏、浙江等作为核心先导区，长江上、中游包括四川、重庆和湖北等腹心区，以新疆北丝绸之路经济带构建中国西北联动发展区，以广西、云南等南丝绸之路经济带构建中国南向联动发展区。以国家大区域开发战略统筹推动区域工业化发展，缩小区域工业化差距。

在区域工业化的实践中，以推动资源产业依赖型省级区域的工业化实现为中国特色新型工业化的核心。资源产业依赖型省级区域工业化的实现,一是要充分发挥自然资源优势、劳动力与土地资源优势。我国西部12省(市、自治区)土地面积约占全国土地总面积的56%,拥有足以支撑全国工业化的各种自然资源,是我国工业化资源的储备库。此外,劳动力和土地等生产要素成本优势是发展劳动密集型产业的基础。二要充分利用新兴产业导向型省级区域产业转型升级的机遇,承接其大量的劳动密集型产业,吸引科技、人才和资金,支持资源产业依赖型省级区域的产业和工业化发展,并与其他两个类型的省级区域形成良性循环的工业化道路。

8.2.3 促进省级区域协调的重要举措

1. 建立科学的区域经济协调发展战略

最近几年,在比较均衡的发展战略下,我国区域经济发展已经具备一定的基础,自20世纪90年代末提出西部大开发后,先后又提出了中部崛起、东北振兴等区域发展战略,成立了相应的机构,制定了区域发展规划。但是在各区域的发展规划中很少提及区域协调发展战略,不同于区域经济发展战略,区域经济协调发展战略是在区域发展基础之上,从全国视角和区域平衡发展出发制定的区域协调发展的方向性、指导性战略,强调区域的协调性。具体而言,区域经济协调发展战略包括区域之间协调发展的主体、对象和方式。协调发展的主体主要是中央政府和地方政府、企业等的合作战略,对象主要是区域经济社会发展,包括产业发展、区域之间的合作与交流、对落后地区的扶持计划战略等,方式包括资金支持、技术支持、人力资源的培训战略等。

2. 建立区域经济协调发展中心

建立区域经济协调发展中心是基于我国行政和财政体制以省为单位基本不变的情况。我国目前的东、中、西部的划分,虽然在地理位置上具有一定的相似性,但主要是根据省级行政区来最终确定的区域划分。由于我国行政区划的权利比经济区划的权利大,并且行政区划的财权、事权具有高度的独立性,这导致各地以行政区划为中心推动经济发展而不是以经济区划为中心发展经济。因此,建立具有权威性的区域经济协调发展中心可以保证区域内部的统筹和协调,加强区域之间的交流和合作。初步构想是区域经济协调发展中心隶属于国务院,然后四大区域各设一个次中心,负责区域内部以省级为界限的经济发展战略协调,促进产业发展协调、就业协调和区域协调。

3. 继续探索区域协调发展的新机制

区域经济协调发展过程本身就是区域协调创新机制的探索与建立的过程,我国在此过程中采取了消除市场分割和垄断的市场化制度建设,建立统一开放的国内外市场,大力推动区域城镇化建设。随着区域工业化的继续推进,农村劳动力、技术、管理和知识等高级生产要素在区域内部和跨区域之间的流动性加强,因此改革历史遗留的户籍制度、探索行政协调机制建设、加强区域行政合作、促进资源共享机制的建立等都是区域协调发展新机制建立的重要方面。

8.3 加快推动落后区域工业化发展的变革创新

1. 深化户籍制度改革

户籍制度一直是农村改革的主要障碍,是农村资源非均衡配置的根源所在。取消农村户籍制度对农民的束缚和对农村的不平等待遇,实现城乡资源和产业资源的优势互补是新农村建设的重要内容。应加快推进城乡户籍制度改革,建立城乡统一的户口登记制度、户籍迁移制度和居民省份制度,加强户籍管理。

2. 实现土地合理流转

现行土地制度对农民的限制和束缚使得新农村建设步履维艰,土地流转的限制让农村产业无法集约化、农村劳动力无法合理转移、农村市场无法开拓。建立和实施土地的合理流转制度,可以培育土地流转市场、创造多样化的土地流转制度创新,出台更加灵活的土地流转政策,实现农村资源的集约化、规模化、产业化和专业化,新农村建设才能更加流畅。

3. 完善农村社保制度

对未来预期的不明朗使得农村的居民储蓄一直居高不下,农村消费低迷。建立完善的农村社会保障制度,解除农民的后顾之忧,广大农村的内需潜力才能释放,市场才能扩大,巨额的储蓄才能转化为投资,进而才能解决新农村建设所需要的巨额资金需求。完善社保制度建设,应提高国家缴纳农民社会保险比例,引入合作保险,强化对农村社会保险的监督与管理,探索多样化的保障形式。

4. 完善农业产业政策

一直以来,农村的产业体系很不合理,各产业之间的搭配不协调,导致农村产业的发展扭曲。制定合理的农村产业政策,优化农村各产业之间的协调与互补,促进各产业资源的互动,实现农村内部产业与城镇产业的互补,才能极大地促进农村产业的合理化,进而推动新农村建设中的产业体系发展具有可持续性。产业政策的制定,应建立市场导向的农村产业结构导向机制、多元化的农产品质量保障体系和农业产业发展支持体系。

5. 完善财政支农政策

财政政策对"三农"的支撑主要表现在局部领域的产业优化和灵活的资金刺激政策。财政政策的支撑必须根据当地"三农"发展和新农村建设规划的实际合理倾斜。应完善财政支持"三农"发展的投入、运行与保障机制,支持农业重大创新和支持农业的基础设施建设。

6. 完善农村金融保障

金融是经济运行的润滑剂,是新农村建设最大的缺口。必须完善农村信用社和乡村银行对农业、农村的支持力度,加速探索小额贷款对"三农"和新农村建设的支持方案。应强化金融对农村教育、农村市场的培育和农业产业一体化的形成以及城镇化发展的支持力度。所有新农村建设支持政策和配套体系必须组合使用才能更高效地推动新农村建设的步伐。

8.4 建立完善的工业化政策支持体系

8.4.1 产业扶持政策

经济全球化下的新型工业化发展,是以新的信息技术方式为主导的工业化,即推动信息化与工业化的深度融合,是工业化进入中期阶段服务业与工业产业相结合的工业化,即服务化与工业化的协调发展,是充分发挥金融虚拟产业作用于实体产业,即工业化与金融化相互渗透的工业化。因此,工业产业政策的着力点应集中于三个方面。

(1) 出台推动信息化与工业化深度融合的政策。信息化与工业化的深度融合是信息技术与工业化的快速发展促进二者相互交织、相互叠加和相互渗透的过程。二者融合的本质是信息化带动工业化,工业化促进信息化。这意味着信息技术、信息产业和信息化的发展提高了新型工业化的发展效率,也意味着新型工业化的发展推动着信息技术和信息产业水平的提高。信息化与工业化的深度融合是全方位多层次的融合,是技术融合、产业价值链信息化、产业衍生与社会信息化"四位一体"的融合过程。因此政策的支持应以这四个方面为主,即技术融合政策、产业价值链信息化政策、产业衍生政策和促进社会信息化的政策。

(2) 制定服务化与工业化协调发展的政策。服务化是随着工业化的发展,三次产业结构优化、服务业比例不断上升并在三次产业中占绝对优势并主导工业化的过程。新型工业化阶段,服务化与工业化的协调意味着工业化的过程也就是服务化的过程。由于信息技术在我国工业化各领域得到广泛运用,社会分工的专业化程度不断提高,生产过程的服务化表现越来越明显,服务化与工业化协调趋势不断增强。生产信息化、社会化、专业化导致"生产软化系数逐渐增大"(李江帆,1994),生产制造才会形成对服务业的强劲需求,工业化中的服务化才有可能增强,服务业才会得到发展。当然,也只有服务业向工业领域延伸,为工业化提供服务,才有可能在整体上提升服务化和工业化的水平。制造业服务化是新型工业化过程中服务化与工业化协调发展的核心。服务化与工业化的协调,就是传统制造业向服务型制造业的转变过程,就是由专注于生产制造向专注于研究与开发和售后服务体系的建设,专注于全方位制造方案解决的过程。因此,促进工业化与服务化的协调政策关键在于:制定制造业服务化的政策,包括资源产业服务化政策,提高资源产业服务业的比例;传统制造业服务化政策,加快传统制造业服务化转型;新兴产业服务化政策,促进新兴产业与服务业持续协调。

(3) 推进金融化与工业化相互渗透发展的政策。金融化是指金融动机、市场、参与者和机构在国内及国际经济运行中的地位不断提升(Epstein, 2005), 是金融深化的动态演化, 是工业革命以来借贷资本从生产资本和商业资本中分离出来, 由服务于生产和商业流通到主宰生产和商业流通的过程。在人类利益最大化、市场自由化和放松金融监管的多种因素作用下, 金融技术和金融工具的不断创新使得金融化不断摆脱物质形态的束缚, 最终取得经济发展的主导地位。金融化的过程本质上反映出金融资本对经济发展的支撑, 当其与实体经济发展保持一致时, 将会使市场交易更加活跃、便利、成本更加节约、效率更高。金融化与新型工业化保持协调是金融化与工业化发展的第一要求, 过度或滞后的金融化都不利于工业化的发展。新型工业化的发展产生了对金融的强劲需求, 必然推动金融产品和金融工具创新, 这必然要求建立与之相适应的金融监管体系, 否则就会阻碍工业化的进步。当然, 金融化的不断深化会在更高的水平上促进工业化的发展, 从而形成工业化进步的动力。加快金融化与工业化相互渗透的政策, 要求金融政策服务于工业化的发展, 同时工业化的发展需要配套的金融支撑政策。其重点在于深化金融领域的改革, 包括健全宏观调控制度、多层次资本市场建设、利率市场化改革、金融资产管理和完善金融风险预警机制建设。

8.4.2 创新支持政策

实现要素驱动向技术创新转变, 推动"中国制造"向"中国创造"转变, 建立创新型国家是中国特色新型工业化的根本保障。与之相应, 技术创新政策、产业创新政策和创新型国家政策是支撑该转变得以实施的必然选择。

1. 技术创新政策

我国新型工业化的技术创新必须形成以自主创新为主、模仿创新为辅的创新格局, 特别是突破性技术创新、战略性产业技术创新、关键技术创新和共性技术创新必须以自主创新为主。因此, 建立完善的自主创新政策体系, ①重点出台创新支持政策; ②优秀企业建立符合自身特点的技术创新政策支持。技术创新的先行者并不一定就是市场优势的控制者, 日本佳能公司并不是复印技术的创新先行者, 但却长期保持市场的领先地位, 其关键在于良好的技术创新定位, 企业技术创新定位需要根据自身的特点、优势、资源状况和市场竞争格局等选择保持领先型、跟进性、防御型和撤退型创新策略; ③是出台企业技术创新战略联盟的政策支持。技术创新战略联盟是基于市场竞争、企业技术优势互补和战略性合作的需要而组建的研究与开发联盟, 是企业外部组织创新的结果, 有利于合作方的利益共享, 风险共担, 产生新的技术成果, 甚至形成新的技术标准体系, 是企业技术创新战略的重要组成部分。应鼓励企业创新联盟政策的出台, 在资金、税收等方面实施政策支持。

2. 产业创新政策

我国产业创新发展的总体定位是发展高技术、高效率和高附加值的产业, 形成产业的特色化、动态化、柔性化和国际化。在产业的发展上，以优化、改造提升资源型产业和传统制造业为基础，重点发展高端装备制造业和具有国际竞争优势的新兴产业。产业创新政策重点包括激励企业技术创新的政策、推动创新成果运用与发展的政策、促进产业组织模式和运营模式创新的政策、激励优秀人才创新的政策以及特殊产业专项发展的政策等。

3. 创新型国家发展政策

创新型国家发展政策是当一国经济发展处于较高水平，创新意识、创新知识与创新技术不断积累后的必然要求，关键是构建以政府为主导、市场为导向、企业为主体，产学研结合，充分发挥区域和产业创新支撑作用的国家创新。我国应以政府为主导，坚持走中国特色自主创新道路，确定创新的战略性方向，加快技术、信息、知识、人才等创新要素的配置，提供相应的财政、金融、制度等政策支持，建立研发产业化平台、法规，创造适宜创新的软环境。以市场为导向，因为市场是技术创新的起点和终点，创新成败需要市场检验，只有那些满足市场需求的创新成果，才是最具竞争力和生命力的创新。以企业为主体，产学研结合意味着企业的创新主体地位，以及其他相关机构在研究中的支撑性地位，"四位一体"的创新主体共同将新的或改进的产品、过程或服务引入市场，不断满足消费者的需求。区域层面应积极推动创新主体、功能、环境等的建设，打造与创新投入相互作用的创新网络、制度供给与环境建设。产业层面应以知识、信息、技术等要素在组织创新、市场创新的作用下改变现有产业结构或创造新的产业。因此政策的着力点也就在于政府主导的创新制度建设、企业主导的创新支持政策以及产业层面的创新整合政策等。

8.4.3 知识型人力资源开发政策

人力资源的优势是我国工业化发展进程中比较明显的优势，但主要是数量上的优势，缺乏比较明显的质量优势。数量上的优势有利于发展劳动密集型产业，这也是我国对外加工制造业具有竞争优势的重要原因。但随着产业转型的发展，以及对高素质劳动力需求的不断增加，知识型人力资源的需求旺盛。因此，促进人力资源的转型，培育具有高素质的知识型人力资源就成为发展的必然。促进知识型人力资源的开发需要因人而异，掌握知识型人力资源开发的内在规律，进行有针对性的培养，同时需要政府建立知识型人力资源开发的顶层设计，实施资金和政策支持，鼓励企业和社会共同努力，建立多元的知识性人力资源开发资金，共同推动人力资源素质的转型。

参 考 文 献

汉密尔顿，1989. 关于制造业的报告[M]. 北京：三联书店.

约翰·伊特维尔，1992. 新帕尔格雷夫经济大学辞典(第二卷)[M]北京：经济科学出版社：93.

《中国共产党第三次全国代表大会文件汇编》编委会，1987. 中国共产党第三次全国代表大会文件汇编[G]. 北京：人民出版社：15-16.

《中国共产党第十六次全国代表大会文件汇编》编委会，2002. 中国共产党第十六次全国代表大会文件汇编[G]. 北京：人民出版社：21.

《中国共产党第十五次全国代表大会文件汇编》编委会，1997. 中国共产党第十五次全国代表大会文件汇编[G]. 北京：人民出版社，20，21.

阿米泰·埃兹厄尼，张君一，1980. "再工业化"的由来[J]. 外国经济参考资料，1980（10）.

艾伯特·赫希曼，1991. 经济发展战略[M]. 北京：经济科学出版社.

艾德加·M. 胡佛，1992. 区域经济学导论(中译本)[M]. 上海：上海远东出版社：239.

安虎森，颜银银，2011. 贸易自由化、工业化与企业区位——新经济地理视角中国FDI流入的研究[J]. 世界经济研究，(2).

彼得·杜拉克著，2000. 创新与企业家精神[M]. 彭志华译. 海口：海南出版社.

毕道村，1999. 挣扎在前工业化大潮中的英国小农[J]. 湖北师范学院学报(哲学社会科学版)，4：14.

蔡昉，2011. 中国的人口红利还能持续多久[J]. 经济学动态，(6)：3-7.

陈佳贵，黄群慧，钟宏武，2006. 中国地区工业化进程的综合译价和特征分析[J]. 经济研究，6.

陈劲，戴凌燕，李良德，2002. 突破性创新及其识别[J]. 科技管理研究，5：22-28.

陈京民，2000. 大型企业技术突破性创新管理研究[J]. 科技进步与对策，11：57-59.

大卫·李嘉图，2013. 政治经济学及赋税原理[M]. 北京：商务印书馆.

大琢启二郎，刘德强，村上直树. 2000. 中国的工业改革[M]. 上海：上海人民出版社.

道格拉斯·C.诺斯，1991. 经济史中的结构与变迁[M]. 上海：上海三联书店.

樊纲，王小鲁，朱恒鹏，2011. 中国市场化指数——各地区市场化相对进程2011年报告[M]. 北京：经济科学出版社.

范利祥，2006. 四类主体功能区划浙江先做[J]. 21世纪经济报道.

冯邦彦，邵帅，2010. 珠江三角洲产业结构趋同问题研究[J]. 工业技术经济，(6)：61-65.

冯长根，2010. 选择培育战略性新兴产业的几点建议[J]. 科技导报，9：19-21

冯中宪，姜昕，赵驰，2010. 资源诅咒传导机制之"荷兰病"——理论模型与实证研究[J]. 当代经济科学，7：74-82.

付敬东，2010. 借助主体功能区规划推动工业经济增长方式转变[J]. 中国城市经济，(11).

高觉民，李晓慧，2011. 生产性服务业与制造业的互动机理：理论与实证[J]. 中国工业经济，(6).

顾保国，1999. 省级行政建制的演变与改革[J]. 探索与争鸣，(5).

关凤峻，2004. 自然资源对我国经济发展贡献的定量分析[J]. 资源科学，26(4).

管驰明，赵超超，徐爱华，2009. 改革开放以来的工业金亨对东部沿海地区经济增长影响的实证研究[J]. 华东经济管理，(11).

佚名，2008. 中共广东省委广东省人民政府关于加快建设现代产业体系的决定[N]. 南方日报，2008-07-28.

郭京福,毛海军,2004. 特色产业的有效性评价[J]. 统计与决策,10:52.

郭俊华,2007. 产业融合与西部地区新型工业化道路[M]. 北京:中国经济出版社.

郭克莎,2000. 中国工业化的进程、问题与出路[J]. 中国社会科学,(3):61-71.

郭克莎,1993. 中国:改革中的经济增长与结构变动[M]. 上海:上海三联书店.

国际货币基金组织,1997. 世界经济展望[M]. 北京:中国金融出版社.

国务院办公厅,2010. 全国主体功能区规划——构建高效、协调、可持续的国土空间开发格局[R].

汉密尔顿,1989. 关于制造业的报告[C].//美国的历史文献. 北京:三联书店.

郝华勇,2012. 中部六省新型工业化与城镇化协调发展评价与对策[J]. 湖南行政学院学报,(1).

胡华,2012. 资源诅咒命题在中国各区域成立吗——基于省级面板数据的实证研究[J]. 云南财经大学学报,(3).

黄烨菁,2010. 何为"先进制造业"?—对一个模糊概念的学术梳理[J]. 学术月刊,(7).

吉利斯,波金斯,罗默,等,1998. 发展经济学[M]. 北京:中国人民大学出版社,6.

贾根良,2013. 第三次工业革命与新型工业化道路的新思维——来自演化经济学和经济史的视角[J]. 中国人民大学学报,2:43-52.

姜安印,2007. 主体功能区:区域发展理论新境界和实践新格局[J]. 开发研究,(2).

蒋伏心,2005. 中国工业化模式的发展与转换[J]. 江海学刊,(4).

杰拉尔德·迈耶,约瑟夫·斯蒂格利茨,2003. 发展经济学前沿——未来展望[M]. 北京:中国财政经济出版社.

金碚,2013. 现阶段我国推进产业结构调整的战略方向[J]. 求是,4:56-58.

柯炳生,2007. 关于加快推进现代农业建设的若干思考[J]. 农业经济问题,(2).

孔祥智,关付新,2003. 特色农业:西部农业的优势选择和发展策略[J]. 农业技术经济,(3).

雷斯金斯,1976. 劫掠时代[M]. 英国:朗曼出版社:151.

李炳坤,2006. 发展现代农业与龙头企业的历史责任[J]. 农业经济问题,(9).

李长久,2012. 西方经济危机与经济学的革命[J]. 红旗文稿,(3):21-23.

李江帆,1994. 第三产业发展规律探析[J]. 生产力研究,2:49-53.

李朴民,2010. 关于加快培育战略性新兴产业的思考[J]. 中国经贸导刊,8:10-11.

李群,邹自平,2008. 前工业化时期城乡关系对西欧城市经济发展的影响[J]. 湖南城市学院学报,1:26.

李锐,1988. 新兴产业与传统产业结构[J]. 经济工作通讯,(5).

李斯特,2013. 政治经济学的国民体系[M]. 邱伟立译. 北京:华夏出版社.

李伟,王明山,2000. 对传统产业结构理论的再认识[J]. 昆明理工大学学报,(2).

李伟娜,2009. 新兴产业:现状、问题与对策[J]. 中山大学研究生学刊(社会科学版),(4).

李毅中,2013. 制定实现工业化标准与民生指标关联[N]. 中国新闻网,2013-1-19.

李悦,1988. 新兴产业与传统产业结构[J]. 经济工作通讯,(5).

廖元和,2000. 中国西部工业化的总体战略探讨[J]. 改革,(4).

林毅夫,2011. 新结构经济学——重构发展经济学框架[J]. 经济学季刊,(1):1-32.

刘建国,杨欢亮,1991. 发展经济学与中国区域经济发展研讨会综述[J]. 内蒙古大学学报(哲学社会科学版),(4).

刘君德,1996. 中国行政区划的理论与实践[M]. 上海:华东师范大学,10.

刘明宇,芮明杰,2009. 全球化背景下现代产业体系的构建模式研究[J]. 中国工业经济,(5)

刘淑兰,1982. 英国产业革命史[M]. 吉林:吉林人民出版社.

刘婷,平瑛,2009. 产业生命周期理论研究进展[J]. 湖南农业科学,(8).

刘拥军, 2005. 我国农业增长与工业增长关系的实证研究[J]. 中国农村经济, 10: 14-19.

鲁道夫·吕贝尔特, 1983. 工业化史(中译本)[M]. 上海: 上海译文出版社, 1.

鲁方, 2001. 对改造传统产业的再认识[J]. 山东纺织经济, (3).

陆大道, 2002. 关于"点-轴"空间结构系统的形成机理分析[J]. 地理科学, (2).

陆园园, 2009. 企业管理创新的基本要素与理论模型研究[J]. 科学学与科学技术管理, (12).

吕铁, 邓洲, 2013. 我国到2020年基本实现工业化的主要标志及其指标评价[J]. 经济研究参考, (68).

吕铁, 2010. 发达国家淘汰落后产能的做法与经验[J]. 学习月刊, (3).

罗斯托, 1979. 经济成长的阶段[M]. 北京: 商务印书馆.

罗斯托, 1960. 经济成长的阶段: 非共产党宣言[M]. 北京: 商务印书馆.

马尔科姆姆·吉利斯, D.H.帕金斯, 等, 1989. 发展经济学(中译本)[M]. 上海: 上海译文出版社: 698.

牛方曲, 刘卫东, 2012. 中国区域科技创新资源分布及其与经济发展水平协同侧度[J]. 地理科学进展, (2).

牛勇平, 肖红, 2012. 高端产业相关研究评述与展望[J]. 经济学动态, (2).

钱津, 2013. 论中国的工业化的基本实现[J]. 黑龙江社会科学, (1).

钱纳里, 等, 1999. 工业化与经济增长的比较研究[M]. 上海: 上海三联书店、上海人民出版社, 89.

全俄中央执行委员会直属经济区划问题委员会, 1961. 苏联经济区划问题[M]. 北京: 商务印书馆: 82.

任保平, 2004. 基于工业区位理论的西部新型工业化机器路径转型[J]. 西北大学学报(哲学社会科学版), (7).

任歌, 李治, 2009. 资源诅咒与富资源地区产业结构转型问题[J]. 财经论丛, (5).

芮明杰, 1994. 超越一流的智慧——现代企业管理的创新[M]. 上海: 上海译文出版社.

山口重克, 2007. 市场经济: 《历史·思想·现在》[M]. 北京: 社会科学文献出版社, 1.

盛洪, 1995. 中国的过渡经济学[M]. 上海: 上海三联书店.

世界经济概论编写组, 2001. 世界经济概论[M]. 北京: 高等教育出版社, 人民出版社: 306-312.

舒尔茨, 1987. 改造传统农业[M]. 北京: 商务印书馆.

舒庆, 刘君德, 1994. 一种奇异的区域经济现象——行政区经济[J]. 战略与管理, (5): 1-4.

宋小芬, 王岳平, 2006. 新型工业化模式及其在西部地区的应用展望[J]. 经济研究参考, (64).

宋英华, 庄越, 2011. 创新型企业成长的内部影响因素实证研究[J]. 科学学研究, 29(8): 1274-1280.

宋宗宏. 2011. 发达国家推进战略性新兴产业发展的启示[J]. 广东经济, 2.

苏东水. 2010. 产业经济学[M]. 北京: 高等教育出版社: 205.

苏迅, 2007. 资源贫困: 现象、原因与补偿[J]. 中国矿业, 10: 11-14.

孙久文, 叶裕民, 2003. 区域经济学教程[M]. 北京: 中国人民大学出版社, 163.

孙理军, 方齐云, 郑晓军, 2005. 传统行业产业链的延伸发展[J]. 经济管理, (1).

孙庆刚, 秦放鸣, 2010. 资源诅咒在我国省级层面传导机制研究[J]. 经济问题, (9).

孙永平, 赵锐, 2010. 资源诅咒悖论国外实证研究的最新进展及其争论[J]. 经济评论, (3).

孙智君, 2012. 中国新型工业化理论研究、回顾与展望[J]. 学习与实践, (3): 36-46.

谭崇台, 2001. 发展经济学[M]. 太原: 山西经济出版社.

田红娜, 佟光霁, 2007. 区域创新体系的国内外研究综述[J]. 哈尔滨商业大学学报(社会科学版), (1).

涂文明, 2009. 中国特色新型工业化道路的区域实现及其与主体功能区的耦合[J]. 现代经济探讨, (5).

涂文明, 2015. 中国特色新型工业化道路区域实现研究[M]. 成都: 四川大学出版社.

托夫勒, 2006. 第三次浪潮[M]. 北京: 中信出版社.

参考文献

万钢, 2010. 把握全球产业调整机遇培育和发展战略性新兴产业[J]. 求是, (01): 28-30.

王必达, 王春辉, 2009. 资源诅咒制度视域的解释[J]. 复旦学报, (5).

王磊, 徐涛, 2008. 我国产业结构高度化判别及国际比较[J]. 技术经济与管理研究, (6).

王小侠, 1999. 工业化时期的美国城市化[J]. 辽宁大学学报, 1: 40.

王章辉, 孙娴, 1995. 工业社会的勃兴[M]. 北京: 人民出版社: 247-248.

威廉. 配第, 1978. 政治算术[M]. 陈冬野译. 上海: 商务印书馆.

魏后凯, 2008. 改革开放30年中国区域经济的变迁——从不平衡发展到相对平衡发展. 经济学动态, 5: 10.

吴金明, 重键能, 黄进良, 2007. 龙头企业、产业七寸与产业链培育[J]. 中国工业经济, (1).

武力, 温锐, 2006. 1949年以来中工业化的"轻、重"之辨[J]. 经济研究, 9: 40-49.

西蒙·库兹涅茨, 1989. 现代经济增长[M]. 北京: 北京经济学院出版社, 72.

夏杰长, 2010. 迎接服务经济时代的来临[J]. 财贸经济, 11: 11-12.

夏丽丽, 闫小培, 2009. 基于重化工业发展的珠江三角洲工业空间结构演变分析[J]. 人文地理, (6).

谢沃斯季扬诺夫, 1978. 美国近代史纲[M]. 北京: 三联书店: 601-602.

辛文, 1996. 区域经济发展差距的过分扩大不利于社会稳定[J]. 社会科学研究, 3: 21-26.

徐康宁, 韩剑, 2005. 中国区域经济的"资源诅咒"效应: 地区差距的另一种解释[J]. 经济学家, (6).

徐康宁, 王剑, 2006. 自然资源丰裕度与经济发展水平关系的研究[J]. 经济研究, (1): 78-80.

徐仪红, 郭忠兴, 2012. 中国省级经济增长资源诅咒的实证分析[J]. 河北师范大学学报, (3).

薛跃, 1991. 支柱产业、主导产业、新兴产业的递进发展与社会生产力的飞跃[J]. 生产力研究, (6): 41-45.

亚当·斯密, 1974. 国民财富的性质和原因的研究[M]. 北京: 商务印书馆.

杨国才, 2001. 三次产业革命进程中知识要素作用的提升[J]. 生产力研究, (6).

杨小云, 1997. 论我国中央与地方关系的改革[J]. 政治学研究, 3: 22-28.

杨雪冬, 1999. 西方全球化理论: 概念、热点和使命[J]. 国外社会科学, 3: 36-42

姚予龙, 周洪, 谷树忠, 2011. 中国资源诅咒的差异及其驱动力剖析[J]. 资源科学, (1).

尹成杰, 2002. 关于农业产业化经营的思考[J]. 管理世界, (4).

尹继东, 陈斐, 2003. 中部六省工业化水平比较与发展对策[J]. 经济研究参考, (75).

俞可平, 2008. 改革开放30年政府创新的若干经验教训[J]. 国家行政学院学报, 3: 19.

约翰·伊特维尔, 1992. 新帕尔格雷夫经济学辞典(第二卷)[M]. 北京: 经济科学出版社: 93.

约瑟夫·熊彼特, 1979. 资本主义、社会主义和民主主义[M]. 北京: 商务印书馆: 79、102.

詹懿, 2014. 我国东部地区工业化发展经验及其西部借鉴[J]. 经济研究参考, (32).

张广海, 李雪, 2007. 山东省主体功能区划研究[J]. 地理与地理信息科学, 4: 57-61.

张军, 1997. 双轨制经济学: 中国的经济改革1978—1992[M]. 上海: 上海人民出版社, 上海三联书店.

张军, 2002. 资本形成、工业化与经济增长: 中国的转轨特征[J]. 经济研究, 6: 3-13.

张可云, 1992. 空间经济学新论[J]. 开发研究, (2).

张美云, 2012. 工业化阶段划分理论综述——兼谈对我国目前工业化所处阶段的判定[J]. 三门峡职业技术学院学报, 1: 100-104.

张培刚, 1984. 农业与工业化(上卷)[M]. 武汉: 华中工学院出版社: 70, 71, 191-192, 198.

张守一, 1989. 美国产业和就业结构的变化[J]. 数量经济技术经济研究, (7).

张馨, 牛叔文, 丁永霞, 等. 2010. 中国省域能源资源与经济增长关系的实证分析——基于资源诅咒假设[J]. 自然资源学报, (12).

赵定涛，毕军贤，林寿富，2008. 中部县域工业化与环境负荷关系研究[J]. 经济理论与经济管理，(11).

赵奉军，2005. 西部开发必须警惕"资源诅咒"[J]. 西部论丛，10：43-44.

中共中央文献研究室，2002. 江泽民论有中国特色社会主义[M]. 北京：中央文献出版社：243-253.

中共中央文献研究室编，1998. "三中全会"以来重大决策的形成和发展[M]. 北京：中央文献出版社：557-558.

中国共产党第三次全国代表大会文件汇编编写组，1987. 中国共产党第三次全国代表大会文件汇编[M]. 北京：人民出版社：第15-16页.

中国共产党第十八次全国代表大会报告[R].

中国共产党第十六次全国代表大会文件汇编编写组，2002. 中国共产党第十六次全国代表大会文件汇编[M]. 北京：人民出版社：21.

中国共产党第十五次全国代表大会文件汇编编写组，1997. 中国共产党第十五次全国代表大会文件汇编[M]. 北京：人民出版社：20-21.

中国经济年鉴编辑委员会，1981. 中国经济年鉴[M]. 北京：经济管理出版社，.

周丽永，2007. 地区特色产业及其评价指标体系的构建[J]. 统计与决策，5：72.

周叔莲，裴叔平，1984. 试论新兴产业和传统产业的关系[J]. 经济研究，(8)：35-41.

Abreu M，Grinevich V，Kitson M，et al.，2008. Taking Services Seriously：How Policymakers can Stimulate the 'Hidden Innovation' in the UK's Service Economy[M]. London： NESTA.

Alfred W，1929. Theory of the Location of Industries[M]. Chicago： The University of Chicago Press.

Arezki R P，2007. Can the natural resource curse be turned into a blessing? the role of trade policies and institutions[N]. IMF Working Paper.

Audretsch D B，Feldman M P R，1996. Spillovers and the geography of innovation and production[J]. American Economic Review，86(4).

Auty R M，1993. Sustaining Development in Mineral Economics： the Resource Curse Thesis [M]. London： Routledge.

Woodward C V，1971. Origins of the New South (1877—1913) [M]. Louisiana： Louisiana State University Press：120.

Collier P，Goderis B，2008. Commodity prices，growth，and the natural resource curse：reconciling a conundrum[N]. Mpra Paper，2008.

Cooke P，1992. Regional innovation systems：competitive regulation in the new Europe[J]. Geoforum，23： 365-382

Corden W M，Neary J P，1982. Booming sector and deindustrialization in a small open economy[J]. The Economic Journal，92(368)：825-848.

Defoe D，1927. A Tour through England and Wales[M]. London： Gilman Press.

Epstein G，2005. Financialization and the global economy[J]. Nimmo.

Erickcek G A，Watts B R，2007. Emerging industries：looking beyond the usual suspects：a report to WIRED[R].

Ettlie J E，Bridges W P，O'Keefe R D，1984. Organization strategy and structural differences for radical versus incremental innovation[J]. Management Science，30(6)：682-695.

Gort M，Klepper S，1982. Time paths in the diffusion of product innovations[J]. Economic Journal，92(367)：630-653.

Gylfason T，2000. Natural resources，education，and economic development[J]. European Economic Review，45(4-6)：847-859.

Heckscher E F，Ohlin B G，Flam H，et al.，1991. Heckscher-Ohlin trade theory[M]. Commonwealth： MIT Press.

Heffernan P，Phaal R，2009. The emergence of new industries[R]. IFM Emerging Industries Programme.

Hewitt-Dundas N，Roper S，2000. Strategic re-engineering-small firms' tactics in manufacturing industry[J]. Dundas.

Hutton T A, 2004. Service industries, globalization, and urban restructuring within the Asia-Pacific: new development trajectories and planning responses[J]. Progress in Planning, (61).

Kaya Y, 2010. Globalization and industrialization in 64 developing countries, 1980—2003[J]. Social Forces, 88(3): 1153-1182.

Knarvik K H M, 2000. International trade, technological development, and agglomeration[J]. Review of International Economics, 8(1): 149-163.

Low M B, Abrahamson E, 1997. Movements, bandwagons, and clones: industry evolution and the entrepreneurial process[J]. Journal of Business Venturing, 12(6)(6): 435-457.

Lundvall B A. National Innovation Systems: Towards a Theory of Innovation and Interactive Learning[M]. London: Pinter Publishers.

Macdonald, et al., 2010. New and emerging industries national research[J]. Development and Extension Strategy.

Manzano O, Rigobón R, Lederman D, et al., 2001. Resource curse or debt overhang?[J]. Social Science Electronic Publishing: 41-70.

Mathieu V, 2001. Service strategies within the manufacturing sector: benefits, costs and partnership[J]. International Journal of Service Industry Management, 12(5): 451-475.

Mathieu V, 2001. Service strategies within the manufacturing sector: benefits, costs and partnership[J]. International Journal of Service Industry Management, 12(5): 451-475.

Mehlum H, Moene K, Torvik R, 2006. Institutions and the resource curse[J]. The Economic Journal, 116(508): 1-20.

Meier G M, 1994. From Classical Economics to Development Economics[M]. New York: St.Martin's Press: 174-175.

Miller D, Friesen P, 1992. Innovation in conservative and entrepreneurial firms: two models of strategic momentum [J]. Strategic Management Journal, (3).

Moore W B, Joseph J F, Tyler T L, 1988. Developing Dixie Modernization in a Traditional Society[M]. New York: Greenwood Press, 1988: 264.

Murshed M, 2004. When does natural resource abundance lead to a resource curse?[J] Environmental Economic Programme Discussion.

Nurkse R, 1953. Problems of capital formation in lesser-developed areas[J]. Journal of the Royal Statistical Society, 116(4).

Ottaviano G, Tabuchi T, Thisse J F, 2002. Agglomeration and trade revisited[J]. International Economic Review, 43(2): 409-435.

Papyrakis E, Gerlagh R, 2004. The resource curse hypothesis and its transmission channels[J]. Journal of Comparative Economics, (1): 181-193.

Porter M E, 1980. Competitive strategy[M]. NewYork: FreePress.

Rogers E M, Larsen J K, 1984. Silicon Valley Fever[M]// Silicon Valley Fever : Growth of High-Technology Culture.New York: Basic Books.

Rosenstein-Rodan P N, 1943. Problems of industrialisation of eastern and south-eastern Europe[J]. The Economic Journal, 53, : 202-211.

Rostow W W, 1960. The stages of economic growth[M]. Gambridge: Gambridge University Press.

Sachs J D, Andrew M, 1995. Natural resource abundance and economic growth[N]. National Bureau of Economic Research Working paper, 5398.

Sala-i-Martin X, Subramanian A, 2003. Addressing the natural resource curse: an illustration from nigeria. http://www.econ.upf.edu/docs/papers/downloads/685.

Šmihula D, 2010. Waves of technological innovations and the end of the information revolution[J]. Journal of Economics and

International Finance, 2(4).

Stata R, 1989. Organizational learning: the key to management innovation[J]. Sloan Management Review, (Spring): 63-74

Tornell A, Lane P R, 1999. The voracity effect[J]. American Economic Review, 89(1): 22-46.

Torvik R, 2002. Natural resources, rent seeking and welfare[J]. Journal of Development Economics, 67 (2).

Toynbee A, 1969. Lectures on the Industrial Revolution of the 18th Century in England: Popular Addresses, Notes and Other Fragments[M]// Lectures on the industrial revolution of the 18th century in England. Longmans: Green: 113-114.

Utterback M J, 1996. Mastering the Dynamics of Innovation [M]. Boston: Harvard Business Press.

Vandermerwe S, Rada J, 1988. Servitization of business: adding value by adding services[J]. European Management Journal, 6(4): 314-324.

Vernon R, 1996. International investment and international trade in the product cycle[J]. International Executive, 8(4): 307-324.

Veryzer R W, 1998. Discontinuous innovation and the new product development process[J]. Journal of Product Innovation Management, 15(4): 304-321.

Weber, Alfred, 1929. Theory of the Location of Industries[M]. Chicago: The University of Chicago Press.

Woodward C V, 1971. Origins of the New South, 1877-1913[M]. Louisiana: Louisiana State University Press: 120.

Woodwell J C, 1998. A simulation model to illustrate feedbacks among resource consumption, production, and factors of production in ecological-economic systems[J]. Ecological Modelling, 112(2-3): 227-248.

Wright G, 2001. Resource-based growth then and now[J]. Psychology of Music, 101(2):683-707.

Zell M, 1994. Industry in the Countryside: Weal den Society in the Sixteenth Century[M]. Cambridge: Cambridge University Press: 228.

后　　记

　　本书是在我前期研究成果《中国特色新型工业化道路区域实现研究》的基础上，从更加微观的经济单元——省级行政区域视角出发对我国工业化实现加以研究的成果，这一研究也是将我多年关注和思考中国工业化问题推向一个新阶段的结果。

　　我对工业化的研究最早可以追溯到 2004 年，当时我有幸参加了四川省经济和信息化委员会组织的《四川工业强省战略研究》，负责调研课题《成都市产业政策绩效与偏差研究》，该课题曾经获得调研一等奖，这极大激发了我对工业经济研究的兴趣。2005 年，我攻读四川大学蒋永穆教授的博士，开始重点研究我国的工业化问题。2007 年我参与国家社科基金重大招标项目《中国特色新型工业化道路研究》并负责子课题《新型工业化道路的西部实现》，该成果获得四川省第十五次哲学社会科学优秀成果一等奖。2008 年，我选择《中国特色新型工业化道路的区域实现》作为博士论文。在完成博士毕业论文的基础上，并结合平时的调研积累、理论思考与现实反馈，2010 年，我以《新型工业化道路省级区域实现模式与机制研究》为题申报国家社科基金，并成功立项。

　　项目的研究超过预期规划的时间，从项目立项到提纲的确立、调查研究的展开、论文各章节的撰写以及最终稿件的形成过程中，我收获了无数的艰辛、痛苦、欢乐与兴奋。在项目研究过程中，先后调研四川省成都市、阿坝藏族羌族自治州、凉山彝族自治州、广元市、德阳市、绵阳市、巴中市，及重庆市、湖北省、安徽省、上海市、广东省等地区，为四川省级政府部门撰写调研报告 3 份，对四川省战略性新兴产业发展、四川工业经济转型升级产生一定影响，获得相关部门较高认可。

　　本项目研究成果的产生是项目组成员共同努力的结果。项目组成员主要有成都大学许明强博士、副教授，成都大学唐凯江博士、副教授，重庆三峡学院财经学院副院长刘耀森博士、教授，重庆巴南区委党校詹懿博士、副教授在项目提纲确定、研究内容构思、调查研究设计、各章节撰写等方面投入了较多的时间和相当多的精力。

　　项目的立项和研究推进要感谢四川大学蒋永穆教授、蒋和胜教授、杜肯堂教授，每当我们在研究过程中遇到难以克服的困难，我都会虚心向他们请教，他们都会毫无保留地提出建议，并时刻关注项目的研究进展和研究中遇到的挑战。他们给予我们研究上的关心、支持和帮助，化作我们研究的动力。

　　感谢我的学生四川大学产业组织理论与政策博士生王丽程、河南科技大学杨文丰、安徽金通安益投资管理合伙企业（有限合伙）投资经理朱涛、成都信息工程大学商学院研究生刘玥、刘畋佚、梁玉莹等，他们在课题研究过程中花费了较多的精力，帮助我收集、整理资料，打印文稿和最终修改论文。

　　在项目研究即将结束和上报评审中，感谢四川农业大学杨启志教授、成都理工大学刘厚平教授，成都信息工程大学曹邦英教授，给予本项目非常中肯的修改建议。感谢全国匿名评审专家对本项目中肯的评价。

  本书的研究既是理论研究探索的结果，又是我长期服务于地方经济发展的结果。我多次参与四川省经济和信息化委员会、四川省人民政府关于工业化发展的战略研究，本书的部分内容甚至就是服务地方工业经济的结果。比如四川省根据战略性新兴产业的发展情况，提出五大高端成长型产业，并对五大高端成长型产业分别提出了应该重点发展的领域及推进的路径。这些思想在本论文传统产业主导型省级区域工业化实现模式与机制中有所体现。新兴产业导向型省级区域工业化实现模式与机制研究的部分内容与我近几年研究战略性新兴产业的内容密切相关，2013年我申报了四川省科技厅支持的战略性新兴产业区域集聚的范式演进与实现路径课题，对四川省战略性新兴产业的发展进行了深入的研究，提出了有益的建议。这些研究对我国工业化水平比较高的发达省区明显具有指导与借鉴意义。故此，本书的研究一直贯穿理论研究与现实相互交融，使本书研究既有理论高度，又有现实支撑。

  衷心感谢成都信息工程大学给予本书出版的资助，真诚感谢科学出版社的各位编辑，正是他们一丝不苟的工作精神，才使我的专著顺利出版。

  选择从事社会科学研究是我一生的事业，这一过程让我获得较大的收获，感谢我的家人，是他们的支持让我快乐地耕耘在这一片肥沃的土壤上。

2017年4月15日于成都锦江飞龙巷